MASS UND MITTE
UND
VISIONEN

MASS UND MITTE UND VISIONEN

FESTSCHRIFT
FÜR ALBERT WEBER

DG VERLAG

ZUM GELEIT

Dieses Buch ist der Dank von Freunden und Weggefährten und der Frankfurter Volksbank an Albert Weber. Es soll einiges von dem erkennen lassen, was diesen Mann auszeichnet, wodurch er sich Anerkennung erworben hat, was ihn ein ungemein tätiges Leben lang beschäftigt und bewegt. Es ist ein Dokument der respektvollen Zuneigung.
Der Bogen der Themen ist weit gespannt, weil Albert Weber viel mehr als der erfolgreiche Vorstandsvorsitzende einer der großen Volksbanken Deutschlands ist.
Die Autoren, die Albert Weber mit ihren Beiträgen Reverenz erweisen, sind mit Arbeit überhäuft. Daß sie freudig bereit waren, für Albert Weber zu schreiben, bestätigt die Wertschätzung dieses Mannes. Daß sie ihre Beiträge rechtzeitig geliefert haben, danken ihnen die Herausgeber.
Dieses Buch ist kein Abschied. Albert Weber gibt zwar am 30. Juni 1997 den Vorsitz im Vorstand der Frankfurter Volksbank auf. Er bleibt aber der Freund seiner Freunde, der Berater, der Bürger. Auch in Zukunft wird viel von ihm verlangt werden. Denn „unser Zeitalter leidet an einem Überfluß von Personen mit Geltungsdrang, aber einem Mangel an Persönlichkeiten"*.

Frankfurt am Main, im Mai 1997

Hans-Wolfgang Pfeifer — Hans-Joachim Tonnellier

* K. Peltzer, An den Rand geschrieben

INHALT

HANS-WOLFGANG PFEIFER

MASS UND MITTE UND VISIONEN

ALBERT WEBER UND DIE FRANKFURTER VOLKSBANK EG

Ein wenig seltsam ist es schon: Die Stabilität der Währung, die Staatsverschuldung, Geld und Kredit beschäftigen Deutsche sehr viel mehr als die Bürger anderer Länder. „Die Gesellschaft der Bundesrepublik ist weit davon entfernt, die politischen Aufgaben, die sich unserem Land im neu zu ordnenden Europa stellen, zu erkennen und sich entsprechend einzustellen und darauf vorzubereiten“, der private Wohlstand ist ihr wichtiger, resümiert Kurt Sontheimer[1]. Der Umgang mit Geld und Banken zählt deshalb zum Alltäglichen. Fast jeder hat ein Bankkonto. Die wenigen, denen es verweigert wird, beklagen sich lauthals. Die meisten sind mit den Leistungen der Banken zufrieden. Gleichwohl mögen insbesondere Intellektuelle Banken und Bankiers nicht. Zutreffender: Sie halten es für ihre moralische Pflicht, die Banken als die Verursacher allen Übels anzusehen und die Bankiers herablassend-spöttisch als kulturelle Nonvaleurs zu behandeln. Das Geschäft mit Geld ist für sie bestenfalls eine vielleicht notwendige, aber doch ganz und gar bedenkliche Tätigkeit.
Die, die gern Intellektuelle sein möchten, tun's ihnen nach. Noch vor kurzem sagte eine Kunsthistorikerin im schönen Weimar, das von ihr gezeigte Gebäude sei mit den Spenden einer Bank restauriert worden. „Die hat das aber auch bitter nötig, um wenigstens einen Teil ihrer Untaten gutzumachen.“ Was das für Untaten waren, vermochte sie freilich nicht zu erklären. Das erinnert an Bert Brechts ironisches Urteil, es sei verwerflicher, eine Bank zu eröffnen, als sie zu berauben.
An Untersuchungen fehlt es nicht, weshalb es als fortschrittlich gilt, Banken unfreundlich und vorwurfsvoll zu kritisieren. Sie liefern Splitter aufschlußreicher Einsichten. Mehr aber nicht. Triftige Gründe für die Aversion und für die Geringachtung sind nicht erkennbar. Sobald die Schichten von Unkenntnis, Neid und einer allgemeinen Furcht vor angeblich dunklen Mächten weggeräumt sind, bestätigt sich, daß starre Denkfiguren, die Welt als Wille und Vor-

stellung, eitler Autismus den klaren Blick verstellen und Zivilisationspessimismus fördern.
Wer sich über Intellektuelle und ihre Voreingenommenheiten verbreitet, kann sich des Beifalls sicher sein. Jeder, der nachzuweisen versucht, daß sich Intellektuelle bei der Beurteilung der Wirklichkeit irren, erregt Aufmerksamkeit – besonders an Stammtischen.
Allgemeiner Beifall sollte allerdings skeptisch machen. Und so ist es denn gewiß auch falsch, die Einschätzung der Banken und der Bankiers durch Intellektuelle mit einem wissenden Kopfschütteln als Weltfremdheit, ideologische Verblendung oder als effekthascherische Eigenbrötelei abzutun. Sie haben schon recht. Sie haben aber auch unrecht.
Das Wirtschaftsleben, dessen Motor die Banken sind, ist in der Tat dauernd in der Gefahr, aus der „ethischen Mittellage“[2] zu geraten. Seine Protagonisten lassen zuweilen im Rausch vermeintlicher Macht Selbstdisziplin, Fairneß, Gemeinsinn und die Achtung vor der Menschenwürde des anderen vermissen. Es gibt den Bänker, der wenig mehr als „Geld im Kopf“ hat und im Bewußtsein seiner wirtschaftlichen Möglichkeiten selbstherrlich auftritt, wenig Sinn für den Markt als „moralisch überlegene Veranstaltung“ und für Ethik als Mittel zur Effizienzsteigerung[3] hat und nur ausnahmsweise bereit ist, jungen Unternehmern zu helfen. Es gibt Banken, die vergessen, daß sie ganz überwiegend mit ihnen anvertrautem Geld arbeiten. Und es ist zumindest zweifelhaft, ob es einer Volkswirtschaft guttut, wenn große Banken mit Industrie- und Dienstleistungsunternehmen verflochten sind.
Dennoch ist es absurd, die Banken zu verdammen und ihre Vorstände für Fehlentwicklungen in der Gesellschaft verantwortlich machen zu wollen. Sie sind, ebenso wie Industrie, Handel, Gewerbe und Freie Berufe, Schöpfer, Teilhaber und Gestalter der Sozialen Marktwirtschaft mit ihren unübersehbaren Vorteilen für jeden einzelnen Menschen, aber auch mit ihren Schwächen, die geringer wiegen. Ohne die Banken hätte die deutsche Wirtschaft nach der Vernichtung der nationalsozialistischen Herrschaft nicht den in der Welt bewunderten Aufstieg erreicht. Ohne Banken wäre ein „Aufschwung Ost“ undenkbar. Für eine moderne Wirtschaftsgesellschaft sind sie unentbehrlich. Und um Kultur und Kunst wäre es schlecht bestellt, wenn ihre Vorstände nicht immer wieder hülfen – viel häufiger altruistisch, als ihre Gegner wahrhaben wollen. Müller-Armack[4] meinte, zu Recht, die Soziale Marktwirtschaft sei der Versuch

„einer Synthese zwischen Einsichten in die Unabdingbarkeit des Marktgeschehens und der Bemühung, dieses marktwirtschaftliche Organisationsgebilde mit sozialen und gesellschaftlichen Fortschritten vereinbar zu machen". Den Volksbanken ist dieser Versuch gelungen. Sie sind gleichsam Paradigmen einer humanen Form der Kreditwirtschaft. Aus der bürgerlichen Freiheitsbewegung hervorgegangen, demokratisch organisiert, auf Partizipation ausgerichtet, erfüllen sie den Wunsch unzähliger Menschen nach einer gerechten Gesellschaftsordnung, nach Zuwendung und nach gelebter Solidarität. Sie verwirklichen die Prinzipien der kollektiven Selbstbestimmung, der Selbstverwaltung und der Selbstverantwortung. Sie sind überschaubar in ihrer Struktur, der jeweiligen Region, ihren Bewohnern und ihrer Wirtschaft verbunden. Sie sind nicht mächtig. Und sie wollen es auch nicht sein. Sie imponieren nicht mit Größe und mit einschüchterndem Glanz. Sie sind aber gesellschaftspolitisch einflußreich, weil sie dem einzelnen wirtschaftliche Geltung verschaffen, die Kreativität des Mittelstandes unterstützen, Machtbildung zumindest begrenzen und sich bemühen, das einzelwirtschaftliche Handeln nicht in Widerspruch zu sozialen Zwecken und zur Freiheit des anderen geraten zu lassen. Sie gewährleisten Unabhängigkeit und vermitteln ein Gutteil Sicherheit. Ihren Vorständen und den Mitarbeiterinnen und Mitarbeitern ist die Bedeutung menschlicher Kontakte vertraut. Sie empfinden sich, bei aller professionellen Kompetenz oder gerade ihretwegen, als Partner ihrer Kunden. Die sind nicht einer „virtuellen Bank" ausgeliefert. Bei den Volksbanken beraten gut ausgebildete und erfahrene Menschen und nicht anonyme Organisationen die Kunden und bemühen sich gemeinsam mit ihnen um erfolgreiche Entscheidungen. Sie interessieren sich für die Geschäfte ihrer Kunden. Sie begleiten die Kunden, die sich auf ihre Volksbank verlassen können. „Der Bank darf ... nicht in erster Linie daran gelegen sein, die richtige Bilanzstruktur oder die richtige finanzielle Infrastruktur durch Bereitstellung von Krediten zu schaffen. Sie wird vielmehr manchem Unternehmer einen guten Dienst erweisen, wenn sie ihn vor falschen Entscheidungen bewahrt ...", umreißt Albert Weber[5)] den sozialethischen Aspekt des genossenschaftlichen Bankwesens. Die personale unmittelbare Kommunikation, die andere nicht leisten können, die Vertrautheit mit dem Markt der Kunden, die über die Kreditgewährung hinausgehende Beratung sind Ursachen der Erfolge der Genossenschaftsbanken. Ihre Dienste werden zunehmend in Anspruch genommen werden, weil die Arbeits- und die Freizeitgesellschaft sich in die Vereinzelung und in die Unübersichtlichkeit entwickelt, die Menschen nicht zuträglich ist. Was andere, zuweilen etwas krampfhaft, mit vielerlei das Bankgeschäft begleitenden Aktivitäten versuchen, um kommunikationsfähig zu werden, ist der Arbeit der Volksbanken immanent: Sie schaffen Begegnungen in der Überzeugung, daß Wirtschaft und Gesellschaft nicht nur auf Kapital und Arbeit beruhen. Rupert Lay ist zuzustimmen, wenn er darauf aufmerksam macht, daß die Besinnung auf das sich wandelnde und sich neu artikulierende allgemeine Bewußtsein zugleich eine Rückbesinnung auf das genossenschaftliche System ist.[6)]

Das Bankgeschäft ist schwierig. Es verlangt eine umfassende und gründliche Ausbildung, die auch befähigt, in einer sich rasch verändernden Wirtschaftswelt die immer vielfältigeren Bedürfnisse der Kunden zu befriedigen, Seriosität und Redlichkeit.

Das genossenschaftliche Bankgeschäft verlangt darüber hinaus die Bereitschaft, Menschen zu dienen, Hilfe zur Selbsthilfe zu leisten, ohne damit wirtschaftlichen Einfluß zu gewinnen. Erfolg hat bei einer Genossenschaftsbank nur der, der Sachkunde mit Verständnis und mit humaner Gesinnung verbindet.

Albert Weber ist ein solcher Mann.

Er stammt aus dem Odenwald, hat in Michelstadt sein Abitur gemacht und ist in dieser schönen Stadt von einer Volksbank zum Bankkaufmann ausgebildet worden. Lange schon lebt er in der Nähe Darmstadts. Diese deutsche Landschaft und ihre Menschen gefallen ihm. Sie haben ihn wohl auch beeinflußt. Kasimir Edschmid[7)] nannte Darmstadt und sein Umland „sehr klar, sehr nobel ..., im Grunde konservativ und trotzdem aber von allen neuen Dingen immer wieder angegriffen und in Bewegung gehalten". Das alles trifft auch auf Albert Weber zu.

Von der Volksbank Odenwald wechselte er mit 23 Jahren zum Raiffeisenverband Rhein-Main. Als Verbandsprüfer, später als Oberprüfer, konnte er Volksbanken, Raiffeisenbanken und andere Genossenschaften kennenlernen, ihre Besonderheiten, ihre Stärken und ihre Schwächen. 1968 vertraute der Verband ihm das wichtige Referat „Grundsatzfragen des Prüfungswesens" an.

Die Jahre als Prüfer schärften Webers analytischen Verstand und festigten seine kritische Unabhängigkeit. Ihm ging es darum, den von ihm geprüften Genossenschaften ein den tatsächlichen Verhältnissen entsprechendes Bild ihrer Vermögens-, Finanz- und Ertragslage zu vermitteln, um ihnen so zu helfen. Beckmesserisches lag ihm fern. Gleichsam beiläufig lernte er die Ursachen für Erfolge und Mißerfolge kennen. Das kam ihm zugute, als er sich entschloß, vom Wächter zum Handelnden zu werden und ein Angebot der Genossenschaftlichen Zentralbank, der späteren Südwestdeutschen Genossenschaftszentralbank, anzunehmen. Schwer wird ihm dieser Wechsel nicht gefallen sein. Denn Weber ist nach seinen reichen Anlagen ein Mensch, den es zur Gestaltung drängt. Mit der Behutsamkeit des verantwortungsvollen Könners, der Chancen und Risiken wohl abzuschätzen versteht, will er zupacken, etwas bewegen, etwas bewirken. Das Kontemplative allein ist seine Sache nicht. Es dient ihm freilich als Grundlage für seine Entscheidungen.

Seine außergewöhnlichen Fähigkeiten und seine Lauterkeit beeindruckten seine Vorgesetzten. Sie übertrugen ihm die Leitung der Organisation und die Innenleitung, bestellten ihn zum Leiter des Vorstandssekretariats, zum Direktor und zum Prokuristen. Mit nicht einmal 41 Jahren wurde er zum Mitglied des Vorstands der Genossenschaftlichen Zentralbank berufen. Dort erweiterte sich sein Arbeitsfeld. Er leitete das Rechnungswesen, betreute die Filialen, war für das Kredit- und Anlagengeschäft verantwortlich, kümmerte sich um Personal, Aus- und Weiterbildung. Als wäre das nicht schon genug, übernahm er Ende 1976 den Geschäftsbereich Zahlungsverkehr In- und Ausland, Wertpapier- und Depotgeschäft und das Kreditgeschäft mit Kunden im Inland außerhalb des Geschäftsbereichs der Zentralbank. Nach der Fusion der Genossenschaftlichen Zentralbank und der Südwestdeutschen Genossenschaftszentralbank im Dezember 1978 betrieb er als Vorstandsmitglied die Schaffung eines einheitlichen Instituts. Außerdem war er für die Kreditgenossenschaften im Wiesbadener Bezirk und in Rheinland-Pfalz, für das Personal und die Allgemeine Verwaltung der Zentrale, für deren Kreditgeschäft, ihr Auslands- und Wertpapiergeschäft und ihr Rechnungswesen verantwortlich oder mitverantwortlich.

Weber hätte bei dieser bedeutenden Bank gewiß noch manches Jahr Erfolg an Erfolg gereiht, gäbe es die Frankfurter Volksbank nicht. Die entwickelte sich in der zweiten Hälfte der 70er Jahre keineswegs so, wie das ihre Mitglieder und ihr Aufsichtsrat erwarten konnten. Das zwang den Aufsichtsrat im Sommer 1979 zu Personalentscheidungen, die die Suche nach einem neuen Vorstandsvorsitzenden dringlich machten.

Für die Frankfurter Volksbank war es eine glückliche Stunde, in der Wilhelm Küchler, der damalige Aufsichtsratsvorsitzende, Albert Weber kennenlernte. Der widerstand den Bitten des Aufsichtsrats nicht und wurde am 1. November 1979 zum Vorsitzenden des Vorstands der Frankfurter Volksbank bestellt.
Besonnen und tatkräftig ordnete Weber in wenigen Monaten, was zu ordnen war, richtete die Geschäfte der Bank neu aus und vermittelte den Mitarbeiterinnen und Mitarbeitern die Schutzgewißheit, ohne die eine sinnvolle Arbeit kaum möglich ist. Die Bank gewann verlorenes Ansehen zurück, festigte alte Verbindungen, knüpfte neue und wurde wieder erfolgreich. Zusammen mit den Vorstandsmitgliedern Walter Bühl und Hans-Joachim Tonnellier entwickelte er neue Konzepte und Strategien, die sich günstig auswirkten. Seine umsichtige Geschäftspolitik und seine Verläßlichkeit erwarben ihm das Vertrauen der Mitglieder, der Aufsichtsräte und Vorstände benachbarter Volksbanken, die sich zum Wohl ihrer Kunden mit der Frankfurter Volksbank zusammenschlossen.
Heute ist die Bank modern, leistungsfähig und leistungsbereit, der Zukunft zugewandt. Sie hat einen sicheren Platz unter den geachteten Geldinstituten in Frankfurt am Main und in Deutschland.
Zu alldem widmet sich Albert Weber unermüdlich den Gemeinschaftsaufgaben der deutschen Genossenschaften. Er tut es nicht, um gelobt zu werden; er tut es in der Gewißheit, daß der genossenschaftliche Verbund die „Grundlage für die erfolgreiche Entwicklung der genossenschaftlichen Kreditwirtschaft" ist.
So sagt und schreibt[8)] er es. Wer ihn näher kennt, weiß allerdings, daß ihn an Bank und Verbund mehr als das Kommerzielle, das Nützliche, fesselt. Wirtschaft ist für ihn nicht Selbstzweck. Sie ist Teil der freiheitlichen und sozialen Gesellschafts- und Werteordnung, der er verbunden ist. Deshalb stellt er seinen Rat uneigennützig denen zur Verfügung, die für den abendländischen Freiheitsbegriff der Rechte der menschlichen Person eintreten, die dem Staat Schranken setzen, die die Entfaltung der Persönlichkeit fördern, Gemeinschaft in Freiheit bilden – den Unternehmen des genossenschaftlichen Verbunds eben und dem Verbund.
Seine Funktionen lassen sich nicht aufzählen. Sie sind zu vielfältig und zu zahlreich. Erkennbar ist, daß es niemals behagliche Positionen waren, die er sich aussuchte. Er wollte mitarbeiten, gestalten, Institutionen und Verbänden hel-

fen, nicht nur erfolgreich zu sein, sondern erfolgreich zu bleiben. Es ging ihm nie um Ehrenämter oder um die Mehrung seiner Geltung. Er ruht in sich selbst und buhlt deshalb nicht um Applaus. Und die, die ihn wählten, wußten, daß sie da keinen bequemen Mann bekommen würden. Weber ist zu pflichtbewußt, um nur dabei zu sein oder um des lieben Friedens willen zu schweigen oder gar zuzustimmen. Seinen nach gewissenhaften Prüfungen gebildeten Überzeugungen ist er treu, Argumenten ist er zwar aufgeschlossen, aber er ist nicht nachgiebig. Kompromisse schließt er nur, wenn sie sachlich geboten sind und seinen Grundüberzeugungen nicht widersprechen. Das Ethos des Vermittelns ist ihm nicht fremd. Die Anerkennung moralischer Werte ist für ihn gerade im Bankgeschäft selbstverständlich. Er ist davon überzeugt, daß eine menschengerechte Wirtschaftsordnung nur durch eine enge Verflechtung ethischer und ökonomischer Prinzipien entsteht und erhalten wird. Zu den Werten, zu denen er sich bekennt, zählt auch ein entschieden vernünftiges Handeln. Der beherrschte Mann wird ungeduldig, wenn Gesprächs- oder Geschäftspartner Unvernünftiges sagen oder tun. Ihn stört nicht nur das Vernunftwidrige als Verstoß gegen die Logik, sondern vor allem als Verletzung des Grundsatzes, Menschen ein allgemeines Gesetz zu geben.

Es sind wohl gerade seine Kenntnisse, seine Klugheit, seine Charakterstärke und sein Durchsetzungsvermögen, die ihm als Aufsichtsrat der Bausparkasse Schwäbisch Hall, als Mitglied und Vorsitzender des Verbandsrats des Bundesverbands der Deutschen Volksbanken und Raiffeisenbanken, als Kurator angesehener Stiftungen, als Mitglied von Beiräten und in vielen anderen Gremien einen Einfluß verschaffen, der sich mit seiner Stellung als Vorstandsvorsitzender der Frankfurter Volksbank allein nicht erklären läßt. Daß so viele angesehene Unternehmen und Vereinigungen seinen Rat und seine Hilfe suchen, daß sie ihm die Leitung übertragen, ist ein schöner Beweis dafür, daß im Genossenschaftswesen die „Kultur der Persönlichkeit" höher als die „Funktionalisierung" (Wilhelm Röpke) geschätzt wird. Dies nicht zuletzt macht die Genossenschaften zu einem Zukunftsmodell, das den meisten anderen gesellschaftsrechtlichen Formen überlegen ist.

François Furet[9)] wirft dem europäischen Bürgertum vor, sein „wahres Bestreben (bestehe darin), sich einen Markt zu schaffen, der staatsbürgerliche Gedanke hingegen (interessiere) es wenig". Ein hartes Verdikt. Albert Weber trifft es nicht. Er ist Staatsbürger, Citoyen, nicht Bourgeois, und ihn leitet der staatsbürgerliche Gedanke. Als Bürger ist er ehrenamtlicher Finanzrichter, Mitglied der Hauptversammlung der Industrie- und Handelskammer Frankfurt am Main und vieles mehr. Seine wirtschaftlichen Möglichkeiten nutzt er, um mit ethisch gebundener Autorität Menschen für unser Gemeinwesen, sie für das Ganze zu gewinnen.

Albert Weber ist ein gebildeter Mann, ein Meister des geschriebenen und gesprochenen Wortes. Der Klarheit seiner Gedanken korrespondiert die Makellosigkeit seiner Formulierungen. Er scheut Emphase und Polemik. Er will nicht überreden, sondern überzeugen. Er beschönigt nichts, redet und schreibt nicht um die Dinge herum, sondern schildert Tatsachen klar und unmißverständlich und leitet aus ihnen, für jeden begreifbar, seine Schlußfolgerungen ab. Wo immer ökonomische Praktiken mit moralischen Werten kollidieren, gibt er dem moralischen und nicht dem ökonomischen Wert den Vorrang. Seine Wirkung beruht auch auf seiner redlichen und differenzierten Argumentation.

Reiches Wissen, die Erfahrungen eines aufmerksam und sinnvoll gelebten Lebens, das Streben nach Klarheit, Vernunft und Verantwortungsbewußtsein haben Albert Weber davor bewahrt, dem Reiz von Utopien zu verfallen. Der Frankfurter Volksbank ist das zugute gekommen. Sie hat sich nicht in gewagte Finanzgeschäfte verstrickt, und sie hat aussichtslose Pläne nicht unterstützt. Sie arbeitet mit dem ihr anvertrauten Geld gewissenhaft und so, wie es die genossenschaftlichen Grundüberzeugungen gebieten.

Die Veränderungen, die die Wirtschaft in Deutschland erheblich belasten, hat Albert Weber früh wahrgenommen. Er hat seine Geschäftspolitik und seinen Rat nicht nur den jeweiligen Anforderungen angepaßt, sondern manches vorweggenommen. Webers Vision von einer stets modernen Bank, die ihre Wurzeln nicht verleugnet und die ihren genossenschaftlichen Auftrag nicht in Zweifel zieht, hat zu kundenfreundlichen Strukturen und zu kundenfreundlichen neuen Dienstleistungen maßgeblich beigetragen. Sie sind nach sorgfältigen Untersuchungen und - auch - nach leidenschaftlichen Diskussionen im Vorstand und mit Mitarbeiterinnen und Mitarbeitern entstanden. Die Qualifikation der Vorstandsmitglieder und der Mitarbeiterinnen und Mitarbeiter hat Weber gleichsam gebündelt und so Mißerfolge vermieden.

Ihm liegt daran, Unternehmensziele klar zu definieren und sie den Mitarbeiterinnen und Mitarbeitern zu vermitteln, damit möglichst alle an der Gestaltung der Bank teilnehmen. Er sucht die Übereinstimmung, scheut aber auch nicht den Gegensatz, wenn er von seiner Ansicht überzeugt ist. Weil er die Bank kennt, seine Entscheidungen sorgfältig und frühzeitig vorbereitet, die Mitarbeiterinnen und Mitarbeiter an ihnen beteiligt, Konzepte sachlich begründet und Einwendungen gewissenhaft prüft, erreicht er manches, was in anderen Unternehmen im aufgebrachten Disput wenig Informierter scheitert.

Albert Weber weiß, daß David den Goliath schlug, daß aber gerade am Bankenplatz Frankfurt eine Bank eine gewisse Größe braucht, um leistungsfähig zu sein. Er weiß auch, daß kleine Volksbanken, die im Wirtschaftsraum Rhein-Main ein eher beschauliches Dasein fristen, ihre Kunden in einer immer komplizierter werdenden Wirtschaft nicht sachgerecht fördern können. Er hat sich deshalb für unumgängliche Zusammenschlüsse verwandt, um Verschmelzungen, die der Kraft des genossenschaftlichen Bankensystems und damit seinen Kunden nützen, ohne die genossenschaftlichen Besonderheiten zu zerstören. Ihn bewegen der Wegzug alter Kunden in das ihnen verlockender erscheinende Umland und das so zweifelhaft gewordene „Ortsprinzip". Es widerstrebt ihm, um eines solchen Prinzips willen langjährige Geschäftsverbindungen aufzugeben und die Leistungsfähigkeit „seiner" Bank zu gefährden. Das Überkommene ist für diesen weitsichtigen Mann nur dann erhaltenswert, wenn es auch unter veränderten Bedingungen bestehen kann. Er hält es für seine Pflicht, Zukunft nicht nur zu prognostizieren, sondern sie zu ermöglichen und deshalb auch ungewohnte Wege zu gehen.

Er sieht, daß der Strukturwandel in der Wirtschafts- und Arbeitswelt, das veränderte Selbstverständnis der Menschen, die Globalisierung der Märkte und die neue Geschäftspolitik in- und ausländischer Aktienbanken und der Sparkassen die Volksbanken nicht unberührt lassen. Er weiß, daß selbst nicht sinnvolle, aber akzeptierte Entwicklungen das eigene Tun beeinflussen müssen, daß unzureichende Anpassungsfähigkeit und Verkrustungen sehr rasch zum Ruin auch traditionsreicher und jahrzehntelang unerschütterbar scheinender Unternehmen und Unternehmensverbände geführt haben. Gerade weil er von dem genossenschaftlichen Banksystem überzeugt ist, weil er es intelligenter und noch wirksamer machen will, beschäftigt er sich kritisch mit seinem Aufbau und mit seinem Zusammenwirken. Er hat auf die Risiken der Dreistufigkeit und auf die zuweilen von Partikularegoismen oder Inflexibilität behinderte Verbesserung des Dienstleistungsangebots aufmerksam gemacht, als das

Gewohnte noch das Bleibende zu sein schien. Von dem Lehrsatz, Voraussagen über den Wirtschaftsverlauf seien nicht möglich, hält er nichts. Diese evolutionstheoretische ökonomische Denkweise ist ihm fremd. Weil er die Informations- und Kommunikationstechniken mit ihren Möglichkeiten und Grenzen in seine strategischen Pläne einbezieht und die Interdependenz aller Bestandteile der Gesellschaft berücksichtigt, ist er ein im besten Sinn moderner Unternehmer. Er ist es aber auch, weil er vor den Gefahren warnt, die sozialutopische Bestrebungen für die Wirtschaft und für die Arbeitsplätze in Deutschland haben.

Für manche sind seine aus sorgfältigen Beobachtungen und aus einer tiefen Erkenntnis volkswirtschaftlicher Notwendigkeiten herrührenden Vorstellungen von einer modernen Volksbankenstruktur revolutionär und schon deshalb ärgerlich. Seinen Kritikern, allerdings, geht es ein wenig wie den Helden E.T. A. Hoffmanns. Auch die meinten, die Lösungen von Problemen in einer eingebildeten Welt zu finden. Sie übersehen, daß es in einer stürmischen Übergangs- und Umbruchzeit für nichts und für niemanden eine Garantie auf die Erhaltung des Bewährten gibt. Wer solche Garantien verspricht, verhindert nicht nur die Modernisierung der Wirtschaft insgesamt oder die der Banken, sondern behindert die unvermeidbare Anpassung und zerstört so das Entstandene. Weber hat erfahren müssen, daß kaum einer, der aus stationären Verhältnissen zu neuen Ufern aufbrechen will, mit allgemeiner Zustimmung rechnen kann. Das hat ihn nicht resignieren lassen. Er ist davon überzeugt, daß er handeln muß, wenn ihm das seine Einsicht gebietet. Und er tut es umsichtig, mutig, werbend, im Bewußtsein der notwendigen Gemeinsamkeit, die er gerade im genossenschaftlichen Verbund für unentbehrlich hält. Kluge Kritik ist für ihn nicht ein Mittel, Konflikte zu schüren, sondern ein vorzügliches Mittel der Kooperation. Antagonismus ist zwar für ihn kein Wert. Aber er scheut die Auseinandersetzung nicht, wenn Schweigen unredlich wäre. Daß er auf volles eigenes Risiko handelt, verdient Anerkennung.

Die Vorstände der Volksbanken sind darauf angewiesen, mit ihren Aufsichtsräten zusammenzuarbeiten. Über Aufsichtsräte gibt es viele boshafte Äußerungen. Aber auch die sachliche Kritik an ihrer Arbeit wächst. Sie wird in manchen Aufsichtsräten durch Parteiungen und dadurch beeinträchtigt, daß sich Aufsichtsratsmitglieder als Interessenvertreter der Gruppen verstehen, von denen sie gewählt worden sind, und darüber das Ganze aus dem Auge verlieren[10]. Wer Zeitungen liest, kennt die Berichte über Unternehmen, die von einem unfähigen oder korrupten Vorstand beharrlich in den wirtschaftlichen Ruin geführt worden sind; und der Aufsichtsrat war ahnungslos. Aufsichtsräte verteidigen sich dann meist mit der Behauptung, sie hätten gar nicht wissen können, was da vorgegangen sei, weil ihnen die Sachkunde fehle, weil sie der Vorstand mit schönen Worten getäuscht habe, weil sie keine Zeit zur genauen Kontrolle gehabt hätten und was derartiger Ausreden mehr sind.[11]

Neben Sorglosigkeit sind es auch strukturelle Mängel, die die Arbeit der Aufsichtsräte der großen Aktiengesellschaften belasten. Genossenschaften leiden unter ihnen nicht. Sie haben keine bestimmenden Anteilseigner, die über ein Aufsichtsratsmandat einen nicht immer sachbezogenen Einfluß gewinnen wollen. Anstelle des Gegensatzes von Arbeit und Kapital besteht das Miteinander gleichberechtigter und gleichverpflichteter Menschen. Die Aufsichtsratsmitglieder einer Genossenschaftsbank begreifen sich als Vertreter der Mitglieder, als Wächter ihrer Belange, die gleichzeitig die Belange der Bank und ihrer Mitarbeiterinnen und Mitarbeiter sind.

Hartmut Glenk nennt zutreffend den Aufsichtsrat einer Genossenschaftsbank „ein Vertrauensorgan der Mitglieder".[12] Dieses besonderen Vertrauens hat er sich würdig zu erweisen: Die gesetzlichen und die satzungsmäßigen Bestimmungen seiner Aufgaben stellen nur Mindestanforderungen an seine Arbeit. Aus seiner besonderen genossenschaftlichen Funktion folgt seine besondere Aufmerksamkeit. Deshalb ist das Verhältnis des Vorstands zum Aufsichtsrat sehr sensibel. Wer als Mitglied des Aufsichtsrats der Frankfurter Volksbank ein gutes Stück des beruflichen Weges mit Albert Weber gehen konnte, spürt, daß er das Miteinander dieser Organe nicht anders beurteilt. Er bemüht sich, den Aufsichtsrat umfassend zu unterrichten, ihn frühzeitig an den Überlegungen des Vorstands teilnehmen zu lassen. Er achtet seine Meinung, bezieht sie in seine Pläne ein, sucht das Gespräch mit Aufsichtsratsmitgliedern, deren Geschäfts- und Lebenserfahrung er der Bank dienstbar macht.

Wer Albert Weber kennt, gibt sich allerdings auch nicht der Illusion hin, er sei über die Zusammenarbeit mit dem Aufsichtsrat stets glücklich gewesen. Disharmonien belasten diesen sensiblen Mann. Er erwartet zwar nicht ein ungetrübtes Wohlbehagen in gemeinsamen Sitzungen von Vorstand und Aufsichtsrat. Notwendige Diskussionen entsprechen seinen Vorstellungen. Ihn stören aber nicht streng sachbezogene Auseinandersetzungen. Er wünscht den der

Bank förderlichen Konsens. Er wahrt die Distanz, die das Gesetz vorschreibt, und versucht nicht, den Aufsichtsrat für sich zu vereinnahmen. Man könnte auch formulieren, daß Weber alles tut, um wohlfeile Entschuldigungen des Aufsichtsrats zu vereiteln. Dies und seine unbestrittene Sachkompetenz und die Wertschätzung, die er als Mensch genießt, sind der nüchternen Entscheidungsfindung ungemein nützlich.

Hat dieser Mann, dessen Verdienste um die Frankfurter Volksbank, um den genossenschaftlichen Verbund und um unser Gemeinwesen außerordentlich sind, ein Privatleben? Vorstellbar ist es kaum, wenn man die Fülle seiner Verpflichtungen kennt. Er spricht auch selten über Privates. Seine noble Zurückhaltung hindert ihn an weitschweifigen Schilderungen seiner privaten Vorlieben. Aber es gibt ihn schon, den privaten Albert Weber, den Ehemann, Vater und Großvater, den Freund seiner Freunde. Zuweilen gelingt es, ihm zu entlocken, daß er mit seinen Enkeln verreist, mit Freunden wandert, Ausstellungen besucht und auf den Spuren der Vergangenheit sein reiches Wissen vergrößert. Er hat sich die Neugierde für die Schönheiten der Welt bewahrt, die Freude am gepflegten Gespräch mit Menschen, die er achtet. Er ist eben nicht nur der erfolgreiche Bänker, er ist ein Mensch der Mitte, des Maßes und der Visionen, ein vir ver humanus, dem die Frankfurter Volksbank viel verdankt.

---

1) Kurt Sontheimer, Das geeinte Deutschland auf der Flucht vor der Macht?, Texte + Thesen + Visionen, Zürich 1992, Seite 204

2) Wilhelm Röpke, Jenseits von Angebot und Nachfrage, Bern/Stuttgart 1979, Seite 184

3) Norbert Walter in Markt und Moral, herausgegeben von der Bertelsmann-Stiftung u. a., Bertelsmann-Stiftung, Gütersloh 1994, Seite 48

4) Alfred Müller-Armack, Genealogie der Sozialen Marktwirtschaft, Bern/Stuttgart 1974, Seite 221

5) Albert Weber, Von der Gewerbekasse zur Volksbank in Freiheit und Verantwortung, München 1991, Seite 388

6) Rupert Lay, Genossenschaft und Wertewandel in Zwischen Wirtschaft und Christentum, München 1986, Seite 56

7) Kasimir Edschmid, Westdeutsche Fahrten, Societätsverlag, Frankfurt am Main 1933, Seite 191

8) Albert Weber, a. a. O.

9) François Furet, Das Ende der Illusion, München/Zürich 1996, Seite 27

10) Dazu Dietrich Hoffmann, Der Aufsichtsrat, 3. Auflage, München 1994, Randnummer 108 f.

11) Hans-Wolfgang Pfeifer, In der Praxis häufig zu schwach und unfähig zum Handeln, Blick durch die Wirtschaft, 24. Dezember 1991; Lebrecht Rürup, Prüfung des Jahresabschlusses und des Lageberichts durch Aufsichtsrat und Abschlußprüfer in Rechenschaftslegung im Wandel, München 1995, Seite 543 ff.

12) Hartmut Glenk, Die eingetragene Genossenschaft, München 1996, Seite 156

PETER LÜCKEMEIER

DER ODENWALD

TYPOGRAMM EINER LANDSCHAFT UND IHRER MENSCHEN

Der Odenwald ist nicht so schroff und dunkel wie der Schwarzwald, nicht so karg und grau wie die Eifel, nicht so lieblich und licht wie der Taunus, nicht so anmutig und verwunschen wie der Spessart. Doch er hat von alldem etwas. Der Schriftsteller Rudolf Hagelstange, der aus Nordhausen im Harz stammte, wählte Erbach als Wohnsitz und schrieb eine Eloge auf seine Wahlheimat: „Der Odenwald ist bescheidener, liebenswürdiger als der Harz, noch entgegenkommender, privater, verschwiegener, aber zugleich auch südlicher, romantischer, kultivierter ... Und noch eines: im Dreieck Würzburg, Darmstadt, Heidelberg ist Deutschland am liebenswürdigsten." Vielleicht ist der Odenwald das vielseitigste, vielfältigste unter den deutschen Mittelgebirgen. Sicherlich ist er das ursprünglichste geblieben. Der Fremdenverkehr hält sich in Grenzen – allzu engen, wie die Tourismus-Manager der Region meinen. Die zumeist grundsoliden mittelständischen Betriebe, die in den vergangenen zwanzig, dreißig Jahren hier angesiedelt wurden, haben das Landschaftsbild kaum belastet. Der immer noch strukturschwachen Region verhalfen sie zu wirtschaftlichem Aufschwung unabhängig von Fremdenverkehr und Landwirtschaft.

Der Odenwald hat rauhe Seiten, aber auch anheimelnde. Weltoffene und verschlossene. Offenliegende und verborgene. Mal wirkt er einladend und südlich, mal kühl und zurückhaltend. Nie freilich drängt er sich wuchtig und atemberaubend auf. Immer hält er Maß. Ein sattes Grün an den Berghängen wie in den Tälern entschädigt für manche Wetter-Unbill. Zur Bergstraße hin, der westlichen Begrenzung des Odenwalds, wird das Klima ohnehin mild. Milder als anderswo in Deutschland, fast subtropisch, was sich vor allem im Frühjahr an den prächtig und zeitiger als andernorts blühenden Forsythien, Magnolien und Obstbäumen erweist.

Das Mittelgebirge im Dreiländereck von Hessen, Baden-Württemberg und Bayern besitzt ebenso wie sein südlicher, höherer und weniger zahmer Nachbar, der Schwarzwald, einen westlichen Teil mit Granit als Urgestein, das den Bergen die Form von Kegeln oder Kuppen gibt, und eine östliche Tafel aus Buntsandstein. Die höchste Erhebung des Odenwalds, der 628 Meter hohe Katzenbuckel, ragt als Vulkankegel aus der Landschaft empor. Sanfte Hügel bestimmen weithin das Bild. In engen Tälern sammelt sich der Nebel. Bäche murmeln im tiefen Grund. Da und dort verrichtet noch eine Wassermühle ihren Dienst. Eine Landschaft wie aus dem Märchenbuch. Auf den Höhen jedoch weitet sich der Blick, zeigt sich ein sanft gewelltes Plateau, eine Hochfläche, mit dichten Wäldern bestanden.

Ganz sicher ist nicht, woher der Odenwald seinen Namen hat. Mit dem wildromantischen Charakter des verkehrstechnisch zwar umfassend erschlossenen, aber von der Hektik der Großstädte in seiner weiteren Umgebung weithin verschonten Gebiet verbindet sich am besten die ins Sagenhafte greifende Etymologie. Auch wenn hier wohl die Phantasie die Mutter des Gedankens ist. Odins Wald. Der Wald des obersten Germanengottes. Der dunkle, undurchdringliche, geheimnisumloderte Bezirk des nordisch-heidnischen Göttervaters, mit dem, folgt man den ältesten Überlieferungen oder auch Richard Wagners Umformung des Mythos, der Drachentöter Siegfried verwandt ist. Schließlich gilt der Odenwald als einer der Hauptschauplätze der Nibelungensage. Die Recken des burgundischen Geschlechts ritten von ihrem Herrschersitz Worms aus hierher, um zu jagen. Und Siegfried, den größten Helden aus grauer deutscher Vorzeit, ereilte im Odenwald sein Schicksal: Als er sich an einer Quelle unter einer Linde am frischen Wasser labte, erschlug ihn der heimtückische Hagen von Tronje. So will es jedenfalls das Nibelungenlied. Heute streiten sich mehrere Odenwälder Gemeinden darum, den Lindbrunnen in ihrer Gemarkung zu haben. Es gibt die Nibelungenstraße, Wandervorschläge werden nach Kriemhild oder Brunhild benannt. Odins Wald. Der Wald der Sagen. Der Wald der Götter. Der Wald der Imagination.

Oder doch schlicht: der „oede Wald"? Erstmals 627 wird der „Otenwald" urkundlich erwähnt, später heißt es „Odenwalt", die Schreibweise hat sich in fast anderthalbtausend Jahren kaum verändert. Mittelhochdeutsch „oede", das heißt: leer, unbebaut, unbewohnt. Ein unbebauter und unbewohnter Grund im Gegensatz zum „Bauland", zum „Bauernland", das sich östlich des Waldgebietes anschloß und auch heute noch mit fruchtbaren Feldern und Wiesen die Nachbarschaft bildet. Dies ist die wahrscheinlichste Erklärung des Namens für das bergige Gebiet zwischen Neckar, Main und Rhein. „Oede", das meint auch: arm, schwach, gering. Wer hier lebte, fristete ein karges Los. Der Boden gab nicht viel her, und das rauhe Klima machte das Leben nicht leichter. Der „oede Wald". Ein abgelegenes Gebiet. Unterschlupf für Räuber. Eine unwirtliche Heimat. Aber keine Ödnis, denn die Berge sind mit Feldern und Waldungen bedeckt. Ein deutsches Mittelgebirge, dessen Menschen von den harten Lebensbedingungen geprägt waren. Wohlhabende, gar reiche Bauern gab es hier kaum, die traditionellen Behausungen mit ihrer Holzschindelverkleidung und ihren niedrigen Räumen verraten es. Reich aber war das Land immer schon an Sagen und Legenden. Und jenseits aller Sagen und Legenden: an Geschichte. Der Odenwald war römisches Grenzland. Hier verlief der Limes. Bei Oberscheidental und Osterburken gab es Kastelle. Überall finden sich die Zeugnisse der römischen Kultur. Und römischer Kulte. Im „Felsenmeer" haben die Römer Granit bearbeitet. Am lebendigsten freilich ist im Odenwald die Zeit des Mittelalters. Unzählige Burgen zeugen von der Epoche der Ritter und des Minnesangs. Auf der Wildenburg soll Wolfram von Eschenbach einen Teil seines „Parzival" geschrieben haben. „Gralsburg des Odenwalds" wird die Wildenburg denn auch genannt.

Zeugnissen der Geschichte begegnet man im Odenwald auf Schritt und Tritt. Sie sind in die Landschaft eingebettet, künden von fernen und gar nicht so fernen Zeiten - wie der Galgen bei Beerfelden, der, wie versichert wird, besterhaltene dreischläfrige Galgen in deutschen Landen. 1804 fand hier zum letzten Mal eine Hinrichtung statt. Eine Zigeunerin wurde gehenkt, weil sie zwei Laib Brot und ein Huhn für ihr krankes Kind gestohlen haben soll. Vom Galgenberg aus bietet sich ein imposantes Rundpanorama: eine makabre Vorstellung, daß die Delinquenten hier ihr Leben aushauchten.

In erster Linie ist es die Natur, die seit den Tagen der Romantik die Menschen in den Odenwald gezogen hat. So schrieb vor etwa hundert Jahren der Reisende Franz Como überschwenglich: „Hinter der Wand der Bergstraße liegt der Odenwald. Enge Talpforten führen hinein ins Gebirge. Da steigen die Kuppen, ragen die Gipfel, leicht zu erwandern die einen, schwerer schon die anderen. So schafft der Odenwald eine Landschaft von Leben und Schwung, bildet die Massen reich und kühn, und gestaltet sie in neuen, immer wieder sich aufdrängenden Gedanken, zieht Linien in Kraft und Geist, überquellend wie Freude und Spiel. Hier die Täler sich engen, bald aber auch wieder die Berge auseinanderdrängen, dort breite Mulden sich weiter in die Tiefen höhlen, drüber ein Tälchen sich herwindet, ein neues den Weg öffnet und zwischen Wald und Wiese in der Nähe auf Suche geht, und weil in den Tälern und Tälchen Bäche und Wässerlein in reicher Zahl fließen und sprudeln, auf den Höhen die Wälder sich breiten und buchten, bald in lichten Streifen, bald in dunklen Bändern auf den Hängen sich stauen, die Äcker voll im Ton der ungebrochenen Erde in die grünen Wiesen schatten, ist so viel Anmut über diese Erlebnislandschaft Odenwald gegossen, erfüllt mit wacher Freude."

Derlei Lob mag den Odenwäldern, so es ihnen zu Ohren gekommen ist, merkwürdig vorgekommen sein. Wer inmitten landschaftlicher Schönheit wohnt, nimmt sie oft als etwas Selbstverständliches hin. Zumal, wenn er mit hartem Tagwerk sein Dasein fristen muß. Josef Bader notierte 1840: „Das Volk ernährt sich ausschließlich vom Landbau, von Viehzucht und Holzhandel. Es hat alle gewöhnlichen Tugenden und Fehler der Gebirgsbewohner, es ist fromm, genügsam und munter, aber auch derb. Eine allgemeine Beschreibung desselben würde schwer zu geben sein, da seine Tracht, seine Mundart und Sitten ebenso vielfach wechseln als die Täler und Höhen, welche es bewohnt." Und Bader merkt kulturpessimistisch an, daß „das künftige Jahrhundert" von den alten Odenwäldern wohl kaum noch ein deutliches Bild besitzen werde, da sich das „charakteristische Gepräge der ursprünglichen Volksbeschaffenheit" zusehends abschleife. In der Gegenwart, da die Dorfschänke längst nicht mehr der Mittelpunkt ist und die modernen Massenmedien auch dem verstecktesten Dorf den Anschluß ans Weltgeschehen ermöglichen, ist die Verwischung der Unterschiede rasant vorangeschritten. Aber: Die Sprache bleibt. In ihr ist vieles festgehalten und aufgehoben, was typisch für eine Region und ihre Menschen ist.

Der „Oureweller" gilt noch immer als eher ernst, verschlossen und ein wenig derb. Aber auch als fröhlicher und humorvoller Zeitgenosse, der erst genau prüft, ob er Respekt vor jemandem haben soll oder nicht. Immerhin erträgt er gelassen, daß sein Landstrich „Winterhauch" genannt wird – so heißt die Gegend rund um den Katzenbuckel. Auch, daß er in „badisch Sibirien" leben soll oder aber in den „Schwanzhaaren des hessischen Löwen". Der Odenwälder macht keine großen Umstände, er ist gastfreundlich, auch wenn er keine übertriebene Freundlichkeit an den Tag legt. Alles Aufgesetzte ist ihm fremd. Er gibt seine Meinung geradeheraus zu erkennen – wenn er denn den Mund aufmacht und es nicht vorzieht, in beredtem Schweigen zu verharren. Spricht er sich freilich aus, dann klingt dies für Zugereiste zunächst sehr bestimmt und unverrückbar. Der Dialekt, der von Ortschaft zu Ortschaft wechselt, hält manches eigentümliche Wort bereit, und etliche Ortsnamen klingen im heimatlichen Idiom ziemlich anders, als ihre schriftsprachliche Form vermuten läßt. Mitunter gar weicht der Name, den die Einheimischen ihrem Dorf geben, gänzlich vom Amtsgebrauch ab. So heißt Schönmattenwag, als Unter- und Oberschönmattenwag heute Teil der Großgemeinde Wald-Michelbach, im Volksmund „Schimmeldewoog": „Schimmelche wog's" soll einst ein Reiter seinem weißen Roß zugerufen haben, als ihm drunten im Tal Wasserfluten den Weg versperrten und er es dennoch wagen wollte, sie zu durchqueren. Als das Wasser abgeflossen war, erinnerte sich der Reiter an die beschwerliche Überquerung und gab der Siedlung, die er hier gründete, den Namen „Schimmeldewoog". Vielleicht aber hatten die Einwohner auch nur ihre Schwierigkeiten, das Wort Schönmattenwag auszusprechen und verballhornten es entsprechend.

Von der offenen, unkomplizierten Art der Odenwälder künden die Geschichten vom Raubacher Jockel, einem Original, das mit seiner Baßgeige von Kerwe zu Kerwe, von Hochzeit zu Hochzeit zog, um dort aufzuspielen. Einmal soll ihn mitten im düsteren Wald ein Herr gefragt haben, wie er nach Wald-Michelbach komme. Der Jockel antwortete: „Da müßt ihr den Buckel 'nunter, den Buckel 'nauf und den Buckel wieder 'nunter." Der Herr, von dieser Antwort offenbar nicht sonderlich beglückt, sagte, ob er denn nicht wisse, daß er den Grafen von Erbach-Fürstenau vor sich habe. Der Jockel war nicht zu beeindrucken. „Auch wenn Ihr der Graf von Erbach-Fürstenau seid, wenn Ihr nach Wald-Michelbach wollt, müßt Ihr den Buckel 'nunter, den Buckel 'nauf und den Buckel wieder 'nunter."

Schlagfertigkeit und ein Humor, der kein Blatt vor den Mund nimmt, zeichneten den Raubacher Jockel aus, aber auch eine gewisse Schwerfälligkeit. Der pfiffige Schelm, dem nachgesagt wird, er habe Wein, Bier, Most, Korn und Kartoffelschnaps nicht verachtet, landete einmal im Straßengraben. Sein Freund, der die Klarinette blies, rief: „Mensch, Maier, Jockel, dei' Baßgeig', die ist im Arsch ..." Darauf antwortete der im Graben liegende Musikant: „Daß du dich

net täuschst, mein Arsch, der ist fei in der Baßgeig' drin." Von Beruf war der Jockel Gemeindediener, Waldarbeiter, Köhler und auch Totengräber. Als er eines Tages in letzterer Funktion eine Grube aushob, kam der Arzt des Städtchens vorbei und scherzte: „Ei, guten Tag, Herr Bestattungsrat." Der Jockel überlegte nicht lange und replizierte: „Ei, gure Tag, Herr Lieferant." Man beachte das zum „r" gewordene „t", typisch für den Erbacher Dialekt. Von Beerfelden aus führt eine Wanderroute auf die Spuren des Raubacher Jockels.
Wer als Wanderer den Odenwald durchstreift, wird heute noch manche Entdeckung machen: überraschende Ansichten, einsame Waldwege, weitgehend unberührte Natur. Auf den Straßen freilich geht es oft gar nicht geruhsam zu. Das Mittelgebirge ist Naherholungsgebiet für die Rhein-Main- wie für die Rhein-Neckar-Region. Aus Frankfurt und Darmstadt, Mannheim und Heidelberg strömen an Wochenenden die Ausflügler in den Odenwald, die grüne Stube der Großstädter. Das Tal der Mümling um Michelstadt herum ist das touristische Zentrum. Rings um den Hauptort des Odenwalds breiten sich stille Wälder aus, finden sich Fremdenverkehrsorte wie Vielbrunn.
Wo Michelstadt aufhört, beginnt Erbach. Und umgekehrt. Seit altersher gibt es zwischen den beiden Nachbarstädten eine gewisse Rivalität. Die Erbacher werden von den Michelstädtern „Lorpser" genannt – weil sie das „t" wie ein „r" aussprechen. Die Michelstädter dagegen heißen bei den Erbachern „Bie". Weil sie so stechen. Die Michelstädter freilich deuten ihren „Kosenamen" anders – sie werden so genannt, sagen sie, weil sie bienenfleißig seien. So haben sie denn auch vor gut dreißig Jahren als Konkurrenz zum größten Fest des Odenwalds, dem Erbacher Wiesenmarkt, einen „Bienenmarkt" ins Leben gerufen. Und richten sich selbstverständlich nicht nach der Zeitrechnung der Erbacher. Bei denen teilt sich das Jahr nämlich in die Zeit vor und nach dem Wiesenmarkt.
„Michlinstadt" hieß das fränkische Königsgut, das wahrscheinlich aus einer römischen, im Schutz des Odenwald-Limes liegenden Siedlung hervorgegangen ist. So weit waren die Römer nach Nordosten vorgestoßen. „Michel", das bedeutet nichts anderes als „groß". Um eine große Siedlung hat es sich also gehandelt, mitten im damals noch unwegsamen Odenwald. Einhard, Gelehrter, Berater und Biograph Karls des Großen, erhielt 815 die Mark Michelstadt von Ludwig dem Frommen. Schon 819 hat Einhard sie dem Kloster Lorsch vermacht, damals eines der Zentren der Kultur – in religiöser wie wirtschaftlicher

Hinsicht: Die Menschen wurden christianisiert, die Wälder gerodet. Im Michelstädter Ortsteil Steinbach steht die Einhardsbasilika, 821 begonnen. Der fromme Mann hat aus Rom die Reliquien der Heiligen Marcellinius und Petrus in den tiefen Odenwald bringen lassen. 828 freilich zog Einhard mitsamt den Gebeinen von dannen - nach Seligenstadt. Die Kirche war ein Jahr zuvor vollendet worden. Nirgendwo sonst nördlich der Alpen ist eine Basilika aus karolingischer Zeit so vollständig erhalten wie hier: Fast unversehrt die Jahrhunderte überstanden haben die Apsis, das Mittelschiff, der nördliche Nebenchor und die Gangkrypta. Der Geist des frühen Mittelalters weht einen an, die Geschichte scheint stillzustehen. Ganz in der Nähe liegt Schloß Fürstenau, und wer nach der „Basilika" fragt, kann schon einmal die Antwort erhalten, man könne schließlich nicht alle Dienstmädchen des Grafen kennen.

Michelstadt zeige ein „kleinstädtisches Charakterbild von seltener Liebenswürdigkeit", urteilte der Kunsthistoriker Georg Dehio. Das Städtchen befindet sich heute in einem blendend restaurierten Zustand, Stadtmauer und Burg erstrahlen in neuem Glanz, Miniatur-Schrebergärten bedecken die einstigen Wallmauern. Am Marktplatz steht das Rathaus aus dem Jahr 1484, eines der ältesten Eichenholzbauten in Deutschland mit einer großen offenen Halle, einem spitzen Giebel und zwei Erkertürmen.

Der Ort ist der Inbegriff deutscher Städteromantik, mit seinem Bild wird überall auf der Welt für Deutschland geworben. Der rote Sandsteinbrunnen, die Kellerei, die Kirche und zahlreiche Gebäude in der verwinkelten Altstadt fügen sich zu einer von den Monstrositäten der Moderne kaum getrübten Idylle.

In Erbach geht es herrschaftlicher zu: Das grandiose Renaissanceschloß der Grafen gibt dem Marktplatz der Nachbarschaft ein großartiges Gepräge. Das Museum im Schloß präsentiert, was die Grafen früher von ihren Reisen mitzubringen pflegten. Und da die Grafen von ihren Vätern die Auflage bekommen hatten, wenn sie schon mit prall gefülltem Geldbeutel durch die Welt zögen, sollten sie wenigstens ein Handwerk erlernen, kann Erbach heute mit etwas ganz Besonderem aufwarten. Franz zu Erbach nämlich wählte vor etwa zweihundert Jahren das Elfenbeinschnitzen als Handwerk. Seither sind in Erbach und Umgebung Elfenbeinwerkstätten zu Hause. Im Deutschen Elfenbeinmuseum werden die schönsten Stücke gezeigt, zusammengetragen in aller Welt. Da das Elfenbein in Verruf geraten ist, benutzt man, um des Tier-

schutzes willen in jüngster Zeit Ersatzmaterialien. Mammutstoßzähne aus dem sibirischen Eis etwa.
Erbach und Michelstadt liegen an der „Ferienstraße Ostsee - Alpen", der B 45, die von Dieburg über Höchst bis Erbach am Neckar verläuft und dabei immer tiefer in den Odenwald und schließlich wieder aus ihm herausführt ins liebliche Neckartal mit seinen Burgen und Schlössern. Links und rechts der Straße gehen viele Wege ab, die hügelauf, hügelab führen, in eine unübersichtliche Vielzahl von Tälern, durch Fichten- und Buchenwälder, über Kuppen mit Wiesen und Feldern, an einzelnen Gehöften vorbei, deren Bauten sich unter großen Kastanien oder Linden ducken. Dörfer mit ihren kecken Kirchturmspitzen tauchen auf. In den Bauerngärten blühen Goldlack, Flieder und Rosen. Die Häuser sind frisch herausgeputzt, strahlen in weißem Glanz, zeigen gelegentlich dunkles Fachwerk.
In den Tälern zwischen dem bayerischen Amorbach und dem hessischen Michelstadt hat der Fremdenverkehr vielerorts die Landwirtschaft ergänzt oder gar ganz ersetzt. Aber es ist bis heute nicht zu jenen Übertreibungen gekommen, die andere Feriengebiete mittlerweile für einen Teil des Publikums unattraktiv machen. Der Charme des Odenwalds, was die kulinarischen Genüsse angeht, ist derb und deftig geblieben, man setzt auf Hausmannskost und die eine oder andere Spezialität wie Wildschweinschinken und selbstgekelterten Apfelwein oder Most. Und immer noch wird „Schnitz mitsamt de Bach" serviert, Kartoffeln in der Brühe, zu denen Ochsenbrust gehört - ein traditionelles Gericht, auch wenn früher bei den armen Bauernfamilien die Fleischbeilage selten gereicht wurde.
Die Ferienhäuser und Ferienwohnungen passen sich der Umgebung an, Urlaub auf dem Bauernhof wird angeboten, und vor allem die Orte in den kleinen Tälern können auf Stammgäste vertrauen, die Jahr für Jahr wiederkommen: ins Sensbachtal bei Beerfelden oder ins Brombachtal nördlich von Michelstadt, um nur zwei Beispiele zu nennen. Freilich leidet auch der Fremdenverkehr im Odenwald darunter, daß die Deutschen immer seltener Urlaub im eigenen Land verbringen. Ungeachtet aller Anstrengungen beim Ausbau der Infrastruktur und mancher Verbesserung bei Service und pauschalen Arrangements, trotz einer Fülle von Veranstaltungen, die mit den Traditionen der Landschaft und ihrer Bewohner vertraut machen: Die Zahl der Kurz- wie der Langzeiturlauber nimmt kontinuierlich ab. Nach einer Erhebung der Industrie- und

Handelskammer Darmstadt ist die Zahl der Übernachtungen im hessischen Odenwaldkreis binnen zehn Jahren um mehr als 87.000 gesunken.
So überlegen sich die Verantwortlichen, wie sie ihre Gegend für Urlauber noch attraktiver gestalten können, und denken sich Fitneß- und Sportprogramme aus, bieten Reitunterricht an oder Wanderungen unter sachkundiger Führung. Wildparks mit Hirschen, Rehen, Wildschweinen locken die Städter an, überall im Naturpark Bergstraße-Odenwald, dem der größte Teil des Odenwalds angehört, gibt es Aussichtstürme, Grillhütten, Spiel- und Liegewiesen, Wasserflächen. Und natürlich Wanderwege, bestens ausgeschildert: Schon lange, bevor das Wandern zum Volkssport wurde, hat der Odenwaldclub Wege markiert. Burgen, Schlösser, Klöster, Dörfer und Städtchen wollen erobert werden, die Burgen am Neckar gibt es zu besichtigen und natürlich die karolingische Königshalle in Lorsch. Überhaupt macht es den besonderen Charme dieses Mittelgebirges aus, daß es nicht isoliert ist, sondern in Gegenden von ebenfalls großem landwirtschaftlichen und kulturellen Reiz übergeht: Neckartal, Bergstraße und im Osten der Main mit dem Bocksbeutel-Gebiet. Wie dies alles besser zu vermarkten sei, überlegt sich die neu gegründete Odenwald-Regionalgesellschaft.
Mit dem ausgebauten Touristik-Zentrum im Alten Rathaus zu Erbach geht man neue Wege, indem man mit Hilfe der elektronischen Medien die Besucher zu beeindrucken sucht und mit den vielfältigen Angeboten der Region vertraut machen will. Multimedia-Präsentationen und ein computergestütztes Informationssystem geben Auskunft über Sehenswürdigkeiten, Möglichkeiten der Freizeitgestaltung, Hotels und Gaststätten. Das digitale Zeitalter hat auch den Odenwald erreicht.

WOLFGANG GRÜGER

STABILITÄT UND MITTELSTAND

VERBESSERUNG DER WIRTSCHAFTLICHEN RAHMENBEDINGUNGEN

Hermann Schulze-Delitzsch erkannte schon vor mehr als 100 Jahren: „Der Mittelstand ist der unentbehrliche Träger jeder gesunden politischen wie sozialen, geistigen wie materiellen Entwicklung." Diese zu seiner Zeit richtungweisende und progressive Einsicht Schulze-Delitzschs ist heute in der Bundesrepublik Deutschland unbestritten. Knapp 50 Jahre nach der Geburtsstunde der Sozialen Marktwirtschaft im westlichen Teil unseres Vaterlandes besteht über die große Bedeutung des Mittelstandes für Staat, Wirtschaft und Gesellschaft ein Grundkonsens. Quer durch alle demokratischen Parteien betonen Politiker, aber auch die verschiedensten Interessengruppen und Institutionen die wichtige Rolle kleiner und mittelständischer Unternehmen.

Daß der Mittelstand die tragende Säule der deutschen Wirtschaft darstellt, unterstreicht ein Blick in die gesamtwirtschaftlichen Zahlen: 2,5 Millionen oder mehr als 99 % der deutschen Unternehmen sind mittelständisch geprägt. Sie stellen knapp 70 % der Arbeitsplätze in Deutschland und bilden 80 % aller Lehrlinge aus. Angesichts dieser Daten und der allseits geäußerten Bekundungen sollte eigentlich eine mittelstandsorientierte Wirtschaftspolitik eine Selbstverständlichkeit sein.

Leider hat man jedoch zunehmend den Eindruck, daß es sich bei dem Bekenntnis zu kleinen und mittleren Unternehmen lediglich um Lippenbekenntnisse handelt. Denn die wirtschaftlichen und rechtlichen Rahmenbedingungen am Standort Deutschland sind nicht so, wie es die Aussagen der Verantwortlichen vermuten ließen. Dabei braucht der Mittelstand ein stabiles Umfeld nötiger denn je. Stabilität und Mittelstand sind zwei Seiten der einen Medaille, die da heißt: gesunde Volkswirtschaft.

Immer noch wird jedoch auf die berechtigten Belange mittelständischer Unternehmen zu wenig Rücksicht genommen. Groß sind die Worte, klein die

Taten. Die Wirtschaftspolitik des Staates ist in vielen Fällen wenig transparent und verläßlich. Die Standortfaktoren für die wirtschaftliche Betätigung der Unternehmen in der Bundesrepublik Deutschland haben sich in vielen Bereichen spürbar verschlechtert.

Hohe Belastungen der Wirtschaft durch Steuern und Sozialabgaben, Reglementierungen und Auflagen haben das Erstellen von Gütern und Dienstleistungen in unserem Land in vielen Fällen unrentabel gemacht. Die Folge ist, daß international tätige Konzerne Arbeitsplätze und Einkommen in Regionen mit den niedrigsten Produktionskosten und den geringsten Steuersätzen verlagern – mit allen negativen Konsequenzen bis hin zu einer Entsolidarisierung unserer gesamten Gesellschaft.

Für die mittelständische Wirtschaft sind die Auswirkungen dieser Entwicklung besonders belastend. Der Mittelstand muß in zunehmendem Maße die gesellschaftlichen Lasten alleine tragen. Er wird seine wichtige Funktion jedoch nur dann auf Dauer erfüllen können, wenn ihm ein stabiles gesamtwirtschaftliches Umfeld die nötige Luft zum Atmen läßt. Statt dessen jedoch müssen die Träger der deutschen Wirtschaft mit Standortbedingungen leben, die ihnen Fesseln anlegen und Lasten aufbürden, welche die Grenzen des Zumutbaren längst überschritten haben und die wirtschaftliche Leistungsfähigkeit beeinträchtigen.

Zu einem stabilen Umfeld gehört vor allem eine steuerliche Entlastung der in Deutschland tätigen Unternehmen. Denn die steuerliche Last hat mittlerweile ein Niveau erreicht, das den Unternehmen, die in unserem Land ihre Steuern zahlen, die Luft abzuschnüren droht. Der Handwerksmeister oder der Gewerbebetrieb um die Ecke haben nicht die Möglichkeit wie die Großindustrie, ihre Einkünfte ins Ausland zu verlagern. Während die sogenannten Global Player eine Steuervermeidungsstrategie fahren, müssen umgekehrt die kleinen und mittleren Unternehmen mit hohen Steuersätzen fertig werden und zudem noch die hohen Soziallasten tragen. Dies ist in höchstem Maße ungerecht und wettbewerbsverzerrend.

Ein Blick in die Verteilung der Steuerzahlungen der deutschen Kreditwirtschaft macht dieses Mißverhältnis mehr als deutlich. Während beispielsweise die deutschen Volksbanken und Raiffeisenbanken im Jahr 1995 gut 4,5 Milliarden DM Steuern von Einkommen und Ertrag an den deutschen Fiskus abgeführt haben, haben die deutschen Großbanken zusammen bei gleichem

Geschäftsvolumen lediglich 800 Millionen Steuern gezahlt. Die Steuerzahlungen einer mittelständisch geprägten Bankengruppe waren also fünfmal so hoch wie die aller Großbanken zusammen. Eine solche einseitige Belastung kann auf Dauer nicht hingenommen werden. Das Beispiel unterstreicht deutlich die Notwendigkeit einer steuerlichen Entlastung des Mittelstandes.

Die in den Plänen zur Steuerreform vorgesehene Senkung der Einkommensteuersätze weist in die richtige Richtung. Denn die Einkommensteuer ist die Hauptsteuer des Mittelstandes. Es muß auf jeden Fall sichergestellt werden, daß am Ende eine echte Entlastung bei der Einkommensteuerlast steht und nicht lediglich eine Neuverteilung. Der Mittelstand braucht eine Steuerpolitik aus einem Guß, die ebenso entlastend wie berechenbar ist. Niedrige Steuersätze sind die allerbeste Mittelstandspolitik. Denn nur eine Entlastung, die diesen Namen auch verdient, führt zu mehr Investitionen und schafft somit letztlich mehr Arbeitsplätze. Es ist zu hoffen, daß sich bis zur endgültigen Verabschiedung der Steuerreform diese Einsicht bei allen Vertretern von Politik und Wirtschaft, insbesondere bei der Opposition und den Gewerkschaften, durchsetzt und daß das grundsätzlich richtige Steuerkonzept nicht durch zahllose faule Kompromisse zerredet und verwässert wird und somit im schlimmsten Fall wirkungslos verpufft.

Zu der dringend notwendigen Verbesserung der wirtschaftlichen Rahmenbedingungen in Deutschland gehört es darüber hinaus, die hohe Belastung von Wirtschaft und Bürgern durch Sozialabgaben abzubauen. Dazu müssen die Auswüchse der sozialen Sicherungssysteme zurückgeschnitten werden. Das heißt natürlich nicht, die Kernaufgaben der verschiedenen Versicherungssysteme radikal zu beseitigen und womöglich Härtefälle durch das soziale Netz fallen zu lassen. Das Gegenteil ist der Fall. Gerade wenn wir die soziale Komponente unserer Marktwirtschaft auf Dauer sichern wollen, müssen die kostenintensiven und letztlich arbeitsplatzvernichtenden Übertreibungen der Vergangenheit auf ein vernünftiges Maß reduziert werden. Wenn dies nicht mit Mut und Entschlossenheit angegangen wird, ist die Funktionsfähigkeit der über Jahrzehnte bewährten Sozialversicherungen mittelfristig ernsthaft gefährdet.

Das aktuelle Niveau der Sozialleistungen ist nicht mehr finanzierbar. Es hat zu einer Belastung der Unternehmen mit Lohnzusatzkosten geführt, die Arbeitsplätze vernichtet und Wachstumschancen zerstört. Der Gesamtbeitragssatz zur

Sozialversicherung ist allein in den letzten sechs Jahren von 35,2 auf 41,7% angestiegen. Für Arbeitgeber und Arbeitnehmer bedeutet dies eine Summe im Jahr 1997 von fast 700 Milliarden DM.

Der steile Anstieg der Lohnzusatzkosten muß dringend gestoppt werden. Dies geht aber eben nur durch eine schonungslose Überprüfung von sozialen Wohltaten, die jede für sich genommen vielleicht kurzfristig den Menschen Gutes bringen, auf Dauer aber nicht mehr finanzierbar sind. Wer objektiv an die Sache herangeht, wird sich dieser Erkenntnis wohl kaum verschließen können. Ludwig Erhard, der in diesem Jahr 100 Jahre alt geworden wäre, hat einmal gesagt: „Nichts ist in der Regel unsozialer als der sogenannte Wohlfahrtsstaat, der die menschliche Verantwortung erschlaffen und die individuelle Leistung absinken läßt." Diese Maxime sollten sich diejenigen, die bei der geringsten Einschränkung sozialer Leistungen den Untergang des sozialen Abendlandes herbeireden, wieder in Erinnerung rufen.

Beim Thema Sozialabgaben sollten sich alle Verantwortlichen deutlich machen, worum es bei den vernünftigen Einschränkungen überbordender sozialer Leistungen geht: nämlich um den Erhalt bestehender und die Schaffung neuer Arbeitsplätze. Mit einem „Weiter so" in Sachen soziale Sicherungssysteme ist keinem einzigen Arbeitslosen gedient. Damit der Mittelstand auch weiterhin beschäftigungspolitische Verantwortung übernehmen kann, führt an der Rückführung der Sozialabgaben kein Weg vorbei.

Ein Blick in die Statistik zeigt diese Verantwortung deutlich: So hat in der Europäischen Union der Mittelstand in den letzten sieben Jahren über zwei Millionen neue Arbeitsplätze geschaffen, während in der gleichen Zeit die Großunternehmen 1,5 Millionen Arbeitsplätze abgebaut haben. In der Kreditwirtschaft sind die Fakten ebenfalls eindeutig: Die Volksbanken und Raiffeisenbanken sowie die Sparkassen haben in den letzten drei Jahren ihren Personalbestand um 18.000 Stellen erhöht, die Großbanken dagegen 5.000 Stellen abgebaut. Die mittelständischen Banken und Unternehmen werden sich jedoch nur dann weiterhin in dieser Intensität engagieren können, wenn die immer wieder in Aussicht gestellte Entlastung von Steuern und Abgaben von der Politik endlich in die Tat umgesetzt wird.

Doch anstatt hier die dringend notwendige Handlungsfähigkeit unter Beweis zu stellen, mischt sich der Staat nach wie vor in viel zu viele Bereiche der Wirtschaft ein. Im Bereich der staatlichen Reglementierungen und gesetzlichen

Auflagen für die Wirtschaft besteht in der Bundesrepublik Deutschland erheblicher Handlungsbedarf.
Für mittelständische Bankunternehmen ist die bürokratische Gängelei kaum noch erträglich, denn die Mehrzahl der Bankleiter gerade in diesem Bereich der dezentralen Banken ist mittlerweile mit der Umsetzung staatlicher Reglementierung und nicht mehr mit ihrer eigentlichen Aufgabe, nämlich dem Betreiben von Bankgeschäften, befaßt.
Doch damit nicht genug: Nicht nur, daß der Umfang aller von den Kreditinstituten in Deutschland zu beachtenden Gesetze, Verordnungen und Vorschriften ein in dieser Form bisher nie dagewesenes Ausmaß erreicht hat, zusätzlich wird die sich daraus ergebende hohe Arbeitsbelastung noch durch permanente Novellierungen und Ergänzungen der rechtlichen Rahmenbedingungen in schöner Regelmäßigkeit verschärft.
Hier ist ein größeres Augenmaß für die Belange mittelständischer Bankengruppen erforderlich. Denn diese Bankengruppen tragen die deutsche Kreditwirtschaft. 75 % des deutschen Bankenmarktes werden sehr effizient von den mittelständisch geprägten Banken, den Volksbanken und Raiffeisenbanken sowie den Sparkassen bearbeitet. Die Frage ist deshalb mehr als berechtigt, warum alle Regeln, die für global agierende multinationale Bankkonzerne nach anglo-amerikanischem Vorbild gelten, auch für regional orientierte mittelständische Kreditinstitute komplett angewendet werden müssen. Es ist an der Zeit, die rechtlichen Rahmenbedingungen den Erfordernissen der Bankengruppen anzupassen, die die Stützpfeiler der deutschen Kreditwirtschaft sind. So wie zum Beispiel für mittelständische Unternehmen vereinfachte Kündigungsvorschriften gelten, könnte auch in anderen Regelungsbereichen die rechtliche Zwangsjacke für die mittelständische Kreditwirtschaft gelockert werden.
Dieses Erfordernis gilt um so mehr, als in ganz besonderer Weise die dezentralen Bankengruppen durch die Vorbereitungen auf die Europäische Währungsunion zusätzlich belastet werden. Obwohl in Deutschland 95 % der Privatkunden eine Bankverbindung zu den dezentralen Bankengruppen unterhalten, wird in der Diskussion möglicher Szenarien auf deren spezifische Belange noch zu wenig Rücksicht genommen. Im Ergebnis führt dies dazu, daß Volksbanken und Raiffeisenbanken sowie die Sparkassen mit der Umstellung von über 250 Millionen Kundenkonten die Hauptlast der Währungsunion

zu tragen haben, während umgekehrt zentralistische international tätige Filialbanksysteme sich einen relativ großen Vorteil aus der Währungsunion versprechen.

Eine markt- und stabilitätsorientierte Politik muß diese besonderen Belastungen bei der Gestaltung der rechtlichen Rahmenbedingungen berücksichtigen. Auf dem Feld der Bankengesetzgebung ist deshalb ein sofortiger Regulierungsstopp notwendig, damit die gewaltige Arbeitsbelastung der Banken nicht zusätzlich durch immer neue Anforderungen weiter potenziert wird. Dies wären echte Taten für den Mittelstand.

Es wäre zugleich ein deutliches Zeichen, daß der Ruf nach dem Staat beileibe nicht das Allheilmittel für eine positive Entwicklung der Wirtschaft darstellt. Allerdings hat man zur Zeit den Eindruck, daß insbesondere im europäischen Ausland die Vorstellungen in eine andere, in eine stabilitätsgefährdende Richtung gehen. Insbesondere vor dem Hintergrund der bevorstehenden Europäischen Währungsunion sind Bestrebungen im Gange, die einer Stabilitätspolitik, wie sie die deutsche Bundesregierung und die Bundesbank vertreten, diametral entgegenlaufen. Viele unserer europäischen Nachbarn scheinen in der Europäischen Wirtschafts- und Währungsunion in erster Linie ein Instrument für eine aktive staatliche Wachstums- und Beschäftigungspolitik zu sehen. Da ist von einer „pouvoir politique" als Gegenpol zu einer Europäischen Zentralbank die Rede. Gerade bei der für 1999 geplanten Europäischen Währungsunion hätte eine Abkehr von einer stabilitätsorientierten Politik fatale Folgen. Das Resultat wäre nichts anderes als Inflation. Und Inflation würde die Zinsen in die Höhe treiben und damit Investitionen verteuern; mit der Konsequenz von Wachstumseinbußen und noch mehr Arbeitslosigkeit. Vor diesem Hintergrund muß die Währungsunion unter allen Umständen eine Stabilitätsgemeinschaft werden. Deshalb müssen die Stabilitätskriterien des Maastrichter Vertrages punktgenau eingehalten werden. Diese strikte Einhaltung muß Vorrang vor Terminen haben. Auch nach dem Zustandekommen der EWU darf eine notwendigerweise konsequent auf Preisstabilität gerichtete Geldpolitik der unabhängigen Europäischen Zentralbank nicht etwa durch einen Wirtschaftsrat, wie er von französischer Seite gefordert wird, unterlaufen werden. Dies würde dem Ziel einer stabilen Gemeinschaftswährung zuwiderlaufen. Eine verläßliche und streng auf Preisniveaustabilität gerichtete Geldpolitik muß frei von staatlichen Eingriffen sein.

Wir stehen in Europa am Scheideweg zwischen einer marktorientierten Politik einerseits und einer staatsdirigistischen Politik andererseits. Es muß alles daran gesetzt werden, daß die strikte Stabilitätsorientierung nicht durch einen neuen europäischen Keynesianismus unterlaufen wird. Denn keynesianische Konjunkturprogramme aus der Mottenkiste würden lediglich die Staatsverschuldung noch weiter in die Höhe treiben – mit allen negativen Konsequenzen für die Volkswirtschaft. Das Gegenteil muß der Fall sein: Die Staatsausgaben müssen deutlich zurückgeführt werden, dazu zählt vor allem der Abbau von staatlichen Subventionen und Transferzahlungen.

Eine markt- und stabilitätsorientierte Politik muß sich dazu bekennen, daß der Markt die Probleme eher lösen kann als der Staat. Eine Reduzierung der Staatsquote ist die daraus zwingend zu ziehende Schlußfolgerung. Zur Zeit beansprucht der Staat 50,6 % des Bruttoinlandsproduktes in Deutschland für sich. Diese Quote muß gesenkt werden. Mehr Markt und nicht mehr Staat muß die Richtschnur für die Zukunft sein.

Mehr Markt und stabiles Geld sind auf nationaler und auf europäischer Ebene die Prinzipien der Wirtschaftspolitik, die angesichts der bevorstehenden Herausforderungen für die Zukunftsgestaltung Deutschlands und Europas ohne Alternative sind. Die Politik hat hier die große Chance, in den beschriebenen Handlungsfeldern das Bekenntnis zu Stabilität und Mittelstand nicht nur in politischen Schaufensterreden auf den Lippen zu tragen, sondern aktiv in eine spürbare Verbesserung der wirtschaftlichen Angebotsbedingungen umzusetzen. Wenn Deutschland auf dem Weg ins 21. Jahrhundert weiterhin zu den führenden Wirtschaftsnationen zählen will, führt an dem aktiven Handeln für mehr Markt und weniger Staat kein Weg vorbei.

HUGO MÜLLER-VOGG

REALISMUS STATT PESSIMISMUS

ANMERKUNGEN ZUM STANDORT DEUTSCHLAND

Ein Gespenst geht um in Deutschland, das Gespenst des Niedergangs. Es kommt auf drei Beinen daher: Massenarbeitslosigkeit, Zusammenbruch der sozialen Sicherungssysteme, Gefährdung der Demokratie. Es löst Ängste und Sorgen aus. Diese apokalyptische Vision dient als Grundlage für manche politische Rede, für viele wirtschaftspolitische Kommentare, für zahllose gesellschaftspolitische Leitartikel. Aber die Fülle der Wiederholungen erhöht nicht ihren Wahrheitsgehalt. Doch offenbar befriedigen diese düsteren Prophezeiungen die scheinbar unstillbare Nachfrage nach Untergangsparolen.
Der pessimistische Tenor der derzeitigen Diskussion um die Zukunft unserer Wirtschaft, um die Zukunft des Standorts Deutschland ist nicht beunruhigend. Denn die Deutschen waren schon immer ein übelgelauntes Volk, dem es gut geht. Die Methode, in einem Diagramm den Kurvenverlauf der letzten Jahre einfach in die Zukunft zu verlängern, ist beliebt, die Neigung, aktuelle Daten zu wahren Horrorszenarien hochzurechnen, stark ausgeprägt. In kaum einem anderen Land wurde den Schreckensbotschaften des „Club of Rome" Anfang der siebziger Jahre so viel Glauben geschenkt wie in der Bundesrepublik. Nirgendwo sonst wurden die Warnungen, was geschehen könnte, wenn sich nichts ändere, so begierig als scheinbar unausweichliche Tatsache interpretiert.
Wir haben in den vergangenen dreißig Jahren mehr als eine „Katastrophe" erlebt, überlebt und dabei recht gut gelebt. Erinnern wir uns an die Ölpreiskrise Ende der siebziger Jahre: Der für Ende der achtziger Jahre prognostizierte Preis von 80 Dollar je Faß galt als unabwendbares Schicksal. Der Abstieg der Industrieländer schien programmiert, der Aufstieg der OPEC-Staaten unaufhaltsam. Namhafte deutsche Konzerne verabschiedeten Stimmrechtsbeschränkungen, um den drohenden Ausverkauf der deutschen Industrie an Öl-Potentaten wenigstens zu erschweren. Diese Prognose, die keine war,

wurde allerdings von der Wirklichkeit schnell widerlegt. Denn angesichts dieser Herausforderung zeigten sich die Industrieländer viel flexibler und anpassungsfähiger, als sie sich selbst eingeschätzt hatten.

Die Neigung der Deutschen, die Lage zu dramatisieren, schlägt sich in den Ergebnissen der Meinungsforscher nieder. Bei einer Umfrage der Mannheimer „Forschungsgruppe Wahlen" schätzten im Dezember 1996 52 Prozent der Befragten „die eigene Wirtschaftslage" als „gut" ein, nur acht Prozent nannten sie „schlecht". Auf die Frage „Wie schätzen Sie die allgemeine Wirtschaftslage ein?" antworteten jedoch 34 Prozent mit „schlecht" und nur elf Prozent mit „gut".

Deutschland paradox: Die meisten Bürger sind mit ihrer wirtschaftlichen Situation zufrieden. Vor dem Fernseher oder bei der Zeitungslektüre erfahren sie aber immer wieder, wie schlecht es dem Land angeblich geht. Folglich wollen sie sich beim Gespräch am Arbeitsplatz oder am Stammtisch nicht isolieren - und drehen kräftig mit an der Jammer-Spirale und stimmen ein in die Elend-Litanei. So kommt es, daß die mit ihrer wirtschaftlichen Lage mehrheitlich zufriedenen Deutschen davon überzeugt sind, dem Land gehe es insgesamt schlecht.

Das Verständnis im Ausland für die Klagen der Deutschen ist verhältnismäßig gering; die nörgelnden Germanen werden vielerorts eher belächelt als ernstgenommen. Zwar ist in London, Paris und New York die einst geäußerte Befürchtung, ein wiedervereinigtes Deutschland werde als ökonomisches „Power house" Europa dominieren, der Einsicht gewichen, daß der „Aufbau Ost" zunächst die deutsche Volkswirtschaft geschwächt hat. Gleichwohl wird im Ausland eher erkannt als hierzulande, daß die deutsche Wirtschaft neben der ohnehin schwierigen Anpassung an die dramatisch veränderten internationalen Wettbewerbsverhältnisse zusätzlich noch die Umstellung der ehemaligen DDR-Wirtschaft „von Marx auf Markt" zu bewerkstelligen hat.

In diesem Zusammenhang wird im Westen gerne über die „Kosten der Einheit" geklagt. Doch schon der Begriff ist falsch. Die Einheit hat nichts gekostet, wenn man einmal von dem deutschen Beitrag zur Finanzierung des Rückzugs der Roten Armee absieht. Geld kostet allein die Sanierung der ehemaligen DDR, die 1989 wirtschaftlich so ausgehöhlt war, daß die ratlosen Wirtschaftslenker zuletzt fast alles zum Kauf anboten, was Devisen versprach: bis hin zu Kopfsteinpflaster, das aus ostdeutschen Straßen entfernt und in den Westen exportiert wurde. Lothar de Maizière, der erste und letzte frei gewählte Regierungschef der DDR, hat seine Rolle im nachhinein als die eines „Konkursabwicklers und Liquidators“ beschrieben. Inzwischen wissen wir, daß die DDR ohne Wirtschafts- und Währungsunion im Sommer 1990 zahlungsunfähig geworden wäre.

Vor diesem Hintergrund ist die Aufbauleistung im Osten zu sehen. Tatsächlich haben die Deutschen etwas fertiggebracht, was ohne historische Parallele ist: Die alte Bundesrepublik „fusioniert“ mit der konkursreifen DDR, einem Land mit der Bevölkerungszahl der Niederlande, saniert dieses „Unternehmen“ von Grund auf und finanziert das alles, ohne daß deshalb im Osten oder im Westen eine erhebliche Zahl von Bürgern existentielle Not leiden müßte.

Diese historische Aufbauleistung belastete und belastet die Volkswirtschaft. Die Westdeutschen zahlen für den Neuanfang im Osten indirekt durch Verzicht auf staatliche Leistungen und gestiegene Zinsen, direkt durch Solidaritätszuschläge, mehrere Steuererhöhungen und gestiegene Sozialbeiträge. In den ersten sechs Jahren nach der Vereinigung (1991/96) flossen nach Angaben des Bundesfinanzministeriums netto, also nach Abzug der in den neuen Ländern gezahlten Steuern und Abgaben, aus öffentlichen Kassen rund 750 Milliarden Mark in die neuen Bundesländer. Das entsprach jährlich etwa 6% des westdeutschen Bruttoinlandsprodukts. Anders ausgedrückt: Das gesamte Wirtschaftswachstum der alten Länder reichte für den „Aufbau Ost“ nicht aus, der zusätzliche Finanzbedarf mußte deshalb mit Krediten finanziert werden.

Der „Aufbau Ost“ ist das größte Programm dieser Art, das die Welt je gesehen hat. In den neuen Bundesländern entsprechen die West-Gelder rund 65% des Inlandsprodukts. Zum Vergleich: Der Marshall-Plan steuerte bei der Gründung der Bundesrepublik lediglich 2% zum Sozialprodukt bei. Allerdings war die Lage 1949 ganz anders gewesen als 1990: Damals half der ehemalige Kriegsgegner den Besiegten, heute helfen die Deutschen, denen das Schicksal günstig gesinnt war, ihren mehr als 40 Jahre lang benachteiligten Landsleuten.

Die sogenannten „Kosten der Einheit“ sind höher, als zu erwarten war. Auch läßt sich im nachhinein unschwer feststellen, daß manche Transfer-Milliarde nicht optimal eingesetzt wurde und manches schiefgegangen ist. Das tut der ungeheuren Aufbauleistung indes keinen Abbruch. In wenigen Jahren ist in den neuen Ländern eine moderne Infrastruktur geschaffen worden, haben sich einige hunderttausend Gründer selbständig gemacht, können sich seit sechs Jahren Millionen Haushalte vieles zuvor Entbehrte leisten. Selbst der Lebensstandard von Arbeitslosen ist heute im Durchschnitt höher als von „Werktätigen" der untergegangenen DDR. Im übrigen sind die Transferzahlungen für die neuen Länder auch im übertragenen Sinn gut angelegtes Geld, haben sie doch dazu beigetragen, eine Veränderung von historischer Dimension zu finanzieren, die im Herzen Europas den Frieden sicher macht und die Fundamente legt für ein politisches, kulturelles und wirtschaftliches Zusammenrücken der einst durch den „Eisernen Vorhang" getrennten Länder Europas.

Die hohen Aufwendungen für den „Aufbau Ost" werden gerne mitverantwortlich gemacht für Staatsverschuldung, hohe Abgabenlast und die zum Teil rückläufige Wettbewerbsfähigkeit der deutschen Wirtschaft. Das kann man, wenn man will, so sehen. Allerdings lassen sich die Transfer-Milliarden auch positiv interpretieren, nämlich als Zeichen ökonomischer Stärke. Ließe sich doch leicht ausrechnen, wie es theoretisch um die öffentlichen Haushalte, die sozialen Sicherungssysteme oder die Lohnnebenkosten stünde, wenn die Transferleistungen für die Menschen in den neuen Ländern nicht notwendig wären.

Die deutsche Volkswirtschaft hat diese Zusatzbelastung nicht so leicht schultern können, wie das mancher 1989/90 erwartet und vor allem erhofft hatte. Aus der Portokasse läßt sich das Jahrhundertwerk „Sanierung der ehemaligen DDR" eben doch nicht finanzieren. Folglich ist die Staatsverschuldung deutlich gestiegen, was wiederum dazu geführt hat, daß die Bundesrepublik derzeit zwei von drei Maastricht-Kriterien nicht erfüllen kann. Das Defizit der öffentlichen Haushalte liegt mit 3,9% (1996) über dem Maastricht-Limit von 3%. Und: Bei der Staatsverschuldung, die nicht mehr als 60% der Wirtschaftsleistung übersteigen darf, liegt Deutschland knapp zwei Prozentpunkte über dem Limit.

Folgt daraus, daß der einstige wirtschafts- und finanzpolitische Musterknabe Deutschland sich mit den europäischen Nachbarn nicht mehr messen kann? Mitnichten: In bezug auf Preisstabilität ist Deutschland nach wie vor die Nummer eins. Beim Haushaltsdefizit verfehlten im Jahr 1996 mit Ausnahme von Luxemburg, Dänemark und Irland alle anderen Währungsunions-Kandidaten ebenfalls die Drei-Prozent-Marke. Und bei der Staatsverschuldung liegt Deutschland mit 62 Prozent des Sozialprodukts nur knapp hinter Frankreich und Großbritannien mit jeweils 56% und schneidet deutlich besser ab als etwa Österreich (72%), die Niederlande (79%) oder Schweden (81%) - alles Länder ohne nationale Sonderbelastung.

Im wiedervereinigten Deutschland ist die Arbeitslosigkeit höher, als sie jemals in der alten Bundesrepublik gewesen war. Das hat mit dem aus der Globalisierung herrührenden Wettbewerbsdruck zu tun, ebenso aber mit der Beschäftigungssituation in den östlichen Bundesländern. Allzu leicht wird vergessen, daß die Umstrukturierung der einstigen DDR-Wirtschaft zwangsläufig zu einem außerordentlichen Anstieg der Arbeitslosenquote geführt hat. Gleichwohl wird häufig von dem „historischen Höchststand" geredet, als wäre der Arbeitsmarkt nicht um die international nicht wettbewerbsfähige DDR erweitert worden. Dennoch nimmt die Bundesrepublik selbst bei der Arbeitslosenquote im europäischen Vergleich immerhin einen Platz im Mittelfeld ein.

Schwierigkeiten anderer Länder können kein Grund zur Selbstzufriedenheit sein, schon gar keine Entschuldigung für hausgemachte Fehler. Gleichwohl: Wenn die Deutschen in der ökonomischen Europa-Liga trotz der Finanzierung der Einheit nach wie vor in der Spitzengruppe liegen, sollte das eher ein Grund zur Zuversicht denn zum Pessimismus sein.

Europa ist freilich nur ein Teil der Welt, sogar nur ein kleiner. Auf den Weltmärkten treffen die deutschen Unternehmen auf Konkurrenten aus den Vereinigten Staaten und aus Japan, aus den „Tigerstaaten" wie aus anderen ehemaligen Entwicklungsländern. Wer will, kann daraus recht pessimistische Schlußfolgerungen ziehen, zum Beispiel die, daß den hochentwickelten Industrieländern die Arbeit in dem Maße ausgehen werde, wie die Arbeiter aus den Entwicklungs- und Schwellenländern neu auf den globalen Produkt- und Arbeitsmarkt drängten. Denn etwa eine Milliarde Arbeiter der Dritten Welt verdienen heute weniger als drei Dollar je Tag, während die rund 250 Millionen Arbeitnehmer in den Vereinigten Staaten und der Europäischen Union gegenwärtig auf 85 Dollar am Tag kommen. Was daraus folgt, scheint auf der Hand zu liegen.

Düstere Vorhersagen beschäftigen die Menschen in Deutschland stärker als sogenannte „rosy scenarios". Auch hier hilft ein Blick über den Zaun, um zu sehen, was möglich ist, wenn man Mögliches möglich machen will. Die Vereinigten Staaten zum Beispiel hatten noch Anfang der achtziger Jahre als „Auslaufmodell" gegolten: eine galoppierende Inflation, zweistellige Arbeitslosenquoten, scheinbar chronische, ständig steigende Haushalts- und Handelsbilanzdefizite. Vor allem die Deutschen, nicht zuletzt unter dem Einfluß öffentlich-rechtlicher Miesmacher, sahen mit einer Mischung aus Entsetzen und Schadenfreude auf den scheinbar unaufhaltsamen Niedergang des einstigen Vorbildes.

Inzwischen steht fest, daß Amerika es doch besser hat - auf jeden Fall besser gemacht hat. Ein stetiges, im Vergleich zu Europa gleichwohl höheres Wachstum, niedrige Zinsen, keine nennenswerte Preissteigerung, vor allem eine Arbeitslosenquote, die mit fünf Prozent nicht einmal halb so hoch ist wie in der Europäischen Union. Die Saat der „Reagonomics" ist aufgegangen - „America is back again". Dafür gibt es kein eindrucksvolleres Beispiel als die Tatsache, daß japanische Automobilkonzerne inzwischen in der Lage sind, am Standort USA Autos zu produzieren - und überallhin zu exportieren.

Das amerikanische Comeback war natürlich keine wundersame Entwicklung, sondern ein Produkt, bei dem mehrere Faktoren zusammenwirkten: strenge Geldpolitik, Deregulierung, Eindämmung des Sozialstaates, Mobilität der Arbeitnehmer und - last, but not least - die unternehmerische Grundeinstellung einer risikofreudigen und ihre Chancen suchenden Gesellschaft. Deutsche Sozialpolitiker - Hayek sprach vor fünfzig Jahren von „Sozialisten aller Parteien" - lassen nach wie vor nichts unversucht, Amerikas Renaissance als Zerrbild darzustellen - erkauft um den Preis einer wachsenden Kluft zwischen Reich und Arm, bezahlt mit sinkenden Realeinkommen der Durchschnittsverdiener, erreicht zu Lasten der „working poor". Angesichts solcher Verdammungen tritt freilich in den Hintergrund, daß Amerika es schneller als jedes andere Industrieland geschafft hat, sich auf die neuen Regeln des globalen Wettbewerbs einzustellen - und erfolgreich daran teilzunehmen.

Die USA sind beileibe nicht das einzige Beispiel dafür, daß es Mittel und Wege gibt, aus dem gewohnten und bequemen Trott auszubrechen. Schweden zum Beispiel, einst Wallfahrtsort von Umverteilern aus aller Welt, ist längst nicht mehr das heimelige, sozialistische „Volksheim". Angesichts der Gefahr, wirtschaftlich den Anschluß zu verpassen und die staatliche Versorgungs- und Betreuungsmaschinerie nicht mehr finanzieren zu können, haben Konservative und Sozialisten gemeinsam die Notbremse gezogen und einiges durchgesetzt, was in Deutschland als „nicht mehrheitsfähig" angesehen würde. So wurde zum Beispiel das Rentenalter auf 66 Jahre heraufgesetzt, der Mindesturlaub durch Streichung von zwei Tagen auf 25 Tage reduziert und bei der Lohnfortzahlung ein Karenztag eingeführt; an den folgenden drei Tagen erhält ein kranker Arbeitnehmer nur 75 % des Lohnes.

Das kleine Neuseeland, das inzwischen laut OECD „am besten funktionierende Industrieland weltweit", eignet sich ebenfalls als Fallstudie für chronische Schwarzseher. Dort wurden die Steuern radikal gesenkt (der Spitzensteuersatz beträgt noch 33 %), die Subventionen drastisch abgebaut und die Staatsverschuldung deutlich zurückgeführt. Das Ergebnis sollte anderen Ländern Mut machen: Zwischen 1992 und 1995 wuchs die Wirtschaft mit einer Jahresrate von 3,7 %, wurde die Arbeitslosenquote auf 6,1 % halbiert, belief sich die Teuerungsrate auf durchschnittlich 1,7 % im Jahr und nahmen die Arbeitseinkommen um durchschnittlich 3 % zu. Ein weiterer positiver Effekt einer konsequent auf mehr Markt und weniger Staat ausgerichteten Politik war der rückläufige Anteil der Staatsbediensteten an der Zahl der Erwerbstätigen; er fiel von 19,2 % im Jahr 1991 auf 16,1 % (1995).

Es ist also möglich, ganze Volkswirtschaften an veränderte, das heißt verschlechterte Wettbewerbsbedingungen anzupassen. Die deutsche Volkswirtschaft hat hier noch einen weiten Weg vor sich. Doch sollte man nicht leichtfertig darüber hinweggehen, daß im Unternehmenssektor in den vergangenen Jahren ansehnliche Schritte in die richtige Richtung eingeschlagen wurden. Vor allem die Exportwirtschaft hat bewiesen, daß sie ihre internationale Wettbewerbsfähigkeit keineswegs eingebüßt hat. In einem Exportvolumen von 505 Milliarden Dollar, das 1995 zum höchsten Exportüberschuß seit zehn Jahren führte, spiegeln sich die vermehrten Exportanstrengungen der deutschen Unternehmen und nicht zuletzt die vielfältigen Rationalisierungsmaßnahmen wider – und das trotz einer tendenziell stärker gewordenen D-Mark. Nur die USA exportierten mit Gütern und Dienstleistungen im Wert von 583 Milliarden Dollar mehr als die Deutschen, während Japan (443), Frankreich (284), Großbritannien (239) und Italien (232) zum Teil deutlich hinter den deutschen Ausfuhren blieben.

Der Blick zurück bietet auf dem Weg in die Zukunft keine zuverlässige Orientierung; aber er kann dazu beitragen, allzu pessimistische Einschätzungen zu relativieren. Das gilt auch für den Arbeitsmarkt. Die hohe Arbeitslosenquote ist nicht ausschließlich das Ergebnis des Umstands, daß Billiglohnländer im Ostblock oder in Fernost deutsche Unternehmen um ihre Absatzchancen und deutsche Arbeitnehmer um ihren Lohn bringen. Der Anstieg der Arbeitslosenzahlen ist auch eine Folge der Expansion der Erwerbspersonen in unserem Land. Durch Zuwanderer, Aussiedler und Asylsuchende ist deren Zahl von knapp 28 Millionen im Jahr 1980 auf etwa 31 Millionen im Jahr 1995 angewachsen. Dadurch konnten sich die Erfolge der achtziger Jahre, als nicht zuletzt dank einer restriktiven Finanzpolitik des Bundes, der Senkung der Steuern und der Rückführung der Staatsquote auf 46% mehr als drei Millionen neue Arbeitsplätze geschaffen werden konnten, nur zum Teil in der Arbeitsmarktstatistik niederschlagen.

Nicht alles, was in den Vereinigten Staaten oder in Neuseeland möglich war und möglich ist, ließe sich im Maßstab eins zu eins auf Deutschland übertragen. Doch noch wichtiger als eine Diskussion darüber, welches ausländische Rezept sich mit Aussicht auf Erfolg anwenden ließe, wäre hierzulande ein grundsätzliches Umdenken. Wir haben keinen Grund zu tiefem Pessimismus. Wenn wir so schlecht und so schwach wären, wie wir uns bisweilen selbst machen, hätten wir 1993/95 nicht gleichzeitig den „Aufbau Ost“ in Gang setzen, die Rezession überwinden und unsere Position als eine der drei großen Industrie- und Exportnationen der Welt behaupten können.

Auch sollten wir nicht vergessen, welche Vorteile Deutschland vorzuweisen hat: die Marktgröße mit heute 80 Millionen Menschen, die geographische Lage im Herzen Europas, das hohe Bildungsniveau, die hervorragende Infrastruktur, die nach wie vor vorhandene technische Kompetenz. Schließlich ist Deutschland langjähriger Exportweltmeister, verfügen seine Unternehmen über mehr Auslandserfahrung als die jedes anderen europäischen Landes. Andere positive Faktoren kommen hinzu: Die D-Mark ist stabil, hat sich längst neben dem Dollar als Weltreservewährung etabliert, der Weltkapitalmarkt nimmt deutsche Gläubiger mit offenen Armen auf. Die antiindustrielle Attitüde der siebziger und frühen achtziger Jahre wird nur noch auf Parties zum 50. Geburtstag ehemaliger Achtundsechziger nostalgisch gepflegt. Auch der Sinn für das Unternehmerische ist, wie neueste Umfragen belegen, deutlich gewachsen.

In Zeiten großer Umbrüche gibt es immer zwei Wege: Nur das Negative zu sehen, zu jammern, zu resignieren. Oder sich auf die eigenen Stärken zu besinnen und die Herausforderung anzunehmen. Vor allem bringt uns die Attitüde nicht weiter, eine Volkswirtschaft könne stets nur auf Kosten einer anderen gewinnen. Ebenso fundamental falsch ist die Vermutung, der Wettbewerb sei

national wie international eine Methode zur wechselseitigen Schädigung.
So wenig die These von mehr oder weniger gesättigten Märkten und einer unabwendbaren Tendenz zur Überproduktion auf die entwickelten Volkswirtschaften zutraf, so falsch wäre es, von einem festen Arbeitsquantum und einer begrenzten Gesamtnachfrage auf den Weltmärkten auszugehen. Die Deutschen werden nicht zwangsläufig ärmer, wenn die Länder in Asien ebenso aufholen, wie sich die einstigen Ostblockländer zu europäischen „Tigerstaaten" entwickeln. Denn jedes Land, dessen wirtschaftliches Niveau steigt, rückt damit in den Kreis potentieller Abnehmer deutscher Waren und Dienstleistungen auf. Auch die Sorge, die neuen Wettbewerber könnten uns dank niedriger Arbeitskosten auf allen Gebieten einholen und überholen, ist überzogen: Eine dauerhafte Zunahme der wirtschaftlichen Leistungsfähigkeit ehemaliger Ostblockstaaten wird zu stark steigenden Löhnen, einer veränderten Einstellung zur Arbeit bei der jüngeren Generation und zu gesellschaftlichen Veränderungen führen, die den derzeitigen Vorsprung bei den Arbeitskosten relativieren könnten. Diese Entwicklung ist im asiatisch-pazifischen Wachstumsraum bereits zu beobachten, in Japan wie in den „Tigerstaaten".
Die Bundesrepublik steht ebenso wie alle anderen Industrieländer vor gewaltigen strukturellen Herausforderungen. Dazu zählen ein verstärkter Wettbewerbsdruck auf den internationalen Märkten, eine ungewohnt hohe Arbeitslosigkeit sowie wachsende Schwierigkeiten bei der Finanzierung des großzügig austeilenden und umverteilenden Wohlfahrtsstaates. Hinzu kommt als deutsche Sonderaufgabe die Fortsetzung des „Aufbau Ost".
Niemand hat ein Patentrezept für den richtigen Weg. Niemand kann garantieren, daß bestimmte Maßnahmen zu bestimmten Ergebnissen führen werden. Gleichwohl sollten wir auf den eigenen Erfolgen aus der Vergangenheit aufbauen wie von den Erfolgen anderer Länder in der Gegenwart lernen.
Es wäre schon viel gewonnen, wenn wir
- erstens das Steuersystem so reformierten, daß es nicht länger den Leistungswillen der Leistungsfähigen beeinträchtigt;
- zweitens die Sozialabgaben - und damit die Arbeitskosten - durch eine höhere Selbstbeteiligung bei Inanspruchnahme staatlicher Leistungen senkten;
- drittens die Tarifverträge auf Mindestbestimmungen beschränkten und somit eine betriebs- und unternehmensbezogene Flexibilisierung ermöglichten;
- viertens dem Faktor Leistung bei der Bezahlung wieder den Vorrang vor den

Faktoren Gleichheit und Gerechtigkeit einräumten;
- fünftens den in fast jeder Beziehung unterentwickelten Dienstleistungssektor ausbauten;
- sechstens der Förderung von Forschung und Entwicklung mehr Aufmerksamkeit schenkten als dem Erhalt nicht mehr wettbewerbsfähiger Industriezweige;
- siebtens die institutionellen Rahmenbedingungen für die Schaffung von Arbeitsplätzen und zur Innovation verbesserten, indem wir beispielsweise unser Planungsrecht entrümpeln;
- achtens die Flexibilisierung von Arbeits- und Betriebszeiten energisch anpackten und dabei auch die Möglichkeiten zur Teilzeitarbeit erweiterten;
- neuntens die Rolle und den Einfluß des Staates auf das Niveau der achtziger Jahre reduzierten und
- zehntens die Lage in Deutschland nicht länger als katastrophal und die Zukunft nicht als aussichtslos ansähen.

Es gibt allen Grund für einen realistischen Optimismus: Das wiedervereinte Deutschland ist ein Land mit außerordentlich hohen Löhnen, extrem kurzen Arbeitszeiten und langen Fehlzeiten, mit einem üppigen Sozialsystem und einem außergewöhnlichen Lebensstandard. Kurz: Wenn ein Industrieland Reserven hat, dann sind wir es.

HANS K. HERDT

FINANZPLATZ UND FINANZPRESSE

DAS MITEINANDER VON WIRTSCHAFT UND WIRTSCHAFTSPUBLIKATIONEN

Dem im Dezember 1996 in Frankfurt in Vereinsform gegründeten Aktionskreis Finanzplatz sollen auch Medienvertreter angehören. Ihre Kompetenz weist sie – unser Thema – als Mitglieder der Finanzpresse aus. Das mag ungewöhnlich erscheinen, sind doch Journalisten nicht zur Imagepflege berufen, sondern zu neutraler Begutachtung. Daran darf sich auch nichts ändern. Alles andere wäre ein Mißverständnis. Doch hieße es Vogel Strauß spielen, wollte man übersehen, daß gerade am Vorabend des Euro der Wettbewerb um die bessere Ausgangsposition vor allem auch mit publizistischen Mitteln ausgetragen wird. Die von Rolf E. Breuer ausgemachten Mythen[1] des Negativen, die über dem Finanzplatz Deutschland schweben, ob sie nun den Vorwurf, ein Kapitalentwicklungsland zu sein, betreffen, oder den der Großbanken-Dominanz, einer lähmenden Marktenge oder der mangelnden Sensibilität in der Insiderproblematik, hielten sich weniger hartnäckig, würden sie nicht immer wieder mit Bedacht kultiviert. Denn so objektiv wir etwa den angelsächsischen Finanzjournalismus in vielem als Vorbild bewundern und seine unverschnörkelte Sprache schätzen, so hat sich doch auch gezeigt, daß zuweilen nicht nur das Zeitungspapier, sondern auch der Inhalt eingefärbt ist und von gar nicht subtilen Vorlieben kündet.

Das ist selbstverständlich legitim, und wir brauchen die distanzierte Begleitung aus dem Ausland, ohne die dem Finanzplatz das Qualitätsmerkmal der Offenheit fehlen würde. Doch ebenso berechtigt ist hierzulande die Erörterung der Frage, ob im globalen Verteilungskampf auch die deutschen Interessen zur Geltung kommen und inwieweit das internationale Deutschlandbild tatsächlich von unseren Konkurrenzstandorten aus geprägt wird. Dies alles ist, der Leser merkt es, ein Plädoyer für eine leistungsfähige heimische Finanzpresse. Die Prämisse ist, daß ein Finanzplatz von Format nicht denkbar ist ohne eine Finanzpresse von Format, die den Finanzplatz flankiert und die – nicht minder wichtig – gegebenenfalls nicht nur standort-, sondern auch standpunktorientiert ist.

Dies gilt auch in der Welt der elektronischen Informationsdienste, deren zirkulärer Charakter in einer Studie der Webster University[2)] als Hauptgrund für den Einfluß von Gerüchten auf die Kursbildung und für „Herdeneffekte" im Devisenhandel genannt wird. Diese Erkenntnis läßt sich getrost auf die Finanzmärkte generell ausdehnen. Hier wie dort geht es um den Faktor Zeit und die für ihn wichtigste Quelle für handelsrelevante Nachrichten.

Nie war der Bedarf an Information so hoch. Die Märkte leben von der Kommunikation. Nachrichtenbörsen sind auch Gerüchtebörsen – nomen est omen. Das waren sie immer. Jetzt wird Übermittlungsgeschwindigkeit zum Maßstab. Die Nachrichten fallen nicht mehr sporadisch an, nicht mehr als Depeschen. Sie präsentieren sich real time am Bildschirm. Sie sind jedoch lediglich Commodities, die der Weiterverarbeitung bedürfen, der Einordnung auch in regionale Zusammenhänge, der Kommentierung über das Tagesgeschehen hinaus, der auch nationale Mentalitäten und Besonderheiten einbeziehenden Beobachtung des geld- und finanzpolitischen Hintergrunds.

1. Wie definiert sie sich? 2. Wie spielt sie unter den in Deutschland gegebenen Rahmenbedingungen ihre intermediäre Rolle als eigenständiger Finanz- und Börsendienstleister? 3. Von welcher Qualität ist ihr Marketing für den Finanzplatz Deutschland?

Zu 1. Es sei daran erinnert, daß die 1790 gegründete „Neue Zürcher Zeitung" im Jahre 1873 eine Rubrik „Handel und Verkehr" eingerichtet hat, die sie 1929 in „Handelsteil" umbenannte; daß die „Frankfurter Zeitung" 1856 als „Frankfurter Handelszeitung" begann; daß es in London den „Economist" seit über 150 Jahren gibt; daß „Financial Times" und „Wall Street Journal" mehr als 100 Jahre alt sind – und zwar in ungebrochener Tradition, mit einer breiten Leserschaft und überall, wo man Englisch spricht (und das ist überall!), mit einer hohen Reputation. All das hat die deutsche Finanzpresse – nicht zu vergessen Gustav Stolpers „Deutscher Volkswirt", Jahrgang 1926, mit seinem heutigen Nachfolgemodell „Wirtschaftswoche" – in dieser Geschlossenheit nicht aufzuweisen. Die weiland als rechtsnational geltende „Berliner Börsen-Zeitung", die 1930 ihr 75jähriges Bestehen beging, ist in den Verwirrungen und Irrungen des Dritten Reichs untergegangen. Die 1952 in Frankfurt gegründete „Börsen-Zeitung", „Frankfurter Allgemeine Zeitung", „Handelsblatt" und andere sind Nachkriegsgründungen. Sie konnten sich ihren Markt erst spät erkämpfen. Dennoch brauchen sie heute keine Vergleiche zu scheuen. Auch Monatsperiodika wie „Capital" und „Manager Magazin" agieren mittlerweile mit viel Erfolg als engagierte journalistische „Wirtschaftsprüfer" des Finanzplatzes Deutschland.

Es ist ferner anzuerkennen, daß die elektronischen Medien, wenn auch recht unterschiedlich, ihre Wirtschaftsberichterstattung verstärkt haben. Mit der Finanzpresse im engeren Sinne ist aber lediglich die „Telebörse" artverwandt, die - vom Deutschen Börsenfernsehen abstammend - in diesem speziellen Marktsegment eine löbliche Pionierrolle übernommen hat.

Lange bevor an den Finanzmärkten rund um die Uhr gehandelt wurde, hat sich ein globaler Nachrichtenmarkt herausgebildet. Die stürmische Weiterentwicklung der technischen Möglichkeiten hat dann zur Globalität der Finanzmärkte geführt. Doch ohne die Volatilität der Nachrichten und ihrer Übermittlung gäbe es keine derart volatilen Finanzmärkte, wie wir sie kennen. Das globale Clearing dafür erfolgt über das Settlement der Medien im allgemeinen und der Finanzpresse im besonderen. Der Finanzplatz erscheint gewissermaßen als der Konsolidierungskreis von Nachrichten, die international einlaufen. Als Treibriemen des Informationsflusses betätigen sich die großen Agenturen sowie die Fernsehstationen wie CNN und Screens u. a. von Bloomberg bis Reuters. Der englischen Sprache kommt dabei eine Art Alleinvertretungsanspruch zu, und wenn der Bundesaußenminister mit seiner Meinung recht hat, daß „Standortwettbewerb im Kern Kulturwettbewerb ist"[3)], dann ergibt sich schon daraus für den Finanzplatz Deutschland eine „natürliche" Schwäche, der mit um so innovativeren Anstrengungen zu begegnen ist.

Zu 2. In der jüngeren Vergangenheit war man damit beschäftigt, den Rückstand zu angelsächsischen Gepflogenheiten aufzuholen. Der Anpassungsprozeß, angefangen vom überfälligen Tod der „Sperrfrist" eines (wenn auch liebgewonnenen) Fossils über den Übergang zur zeitgleichen Information durch Ad-hoc-Mitteilungen bis hin zu einer gesetzlichen Insiderregelung und der Systemrevolution in der Rechnungslegung, war auch für die Wirtschaftsjournalisten eine große Herausforderung. Sie selber hatten freilich diese Kernreformen, die „Sperrfrist" vielleicht ausgeklammert, über die Jahre hinweg nachdrücklich gefordert. Dies unterstreicht die Bedeutung einer kompetenten

Finanzpresse, deren Fokus sich gezielt auf die Bereiche Geld und Kredit richtet und sich insofern vom viel breiteren, viel politischeren und mitunter populistischen Ehrgeiz der allgemeinen Presse unterscheidet. Es handelt sich zwar, gemessen an der Themenfülle des Tagesjournalismus, um ein publizistisches Minderheitenvotum und ist kein Wirtschaftsteil in erster Linie für den Verbraucher. Aber die (potentielle) Wirkung dieser unentbehrlichen Informationsquelle für diejenigen, die im engen oder weiteren Sinne mit der Steuerung von Geldströmen zu tun haben oder direkt davon beeinflußt werden, hat einen beträchtlichen Multiplikator.

Die damit verbundene Verantwortung ist nicht geringzuachten. Sie steigt noch, da eine Finanzzeitung sehr wohl intensiv „news you can use" enthält. Sie gehört für die Marktteilnehmer zum täglichen Handwerkszeug, zählt aber in der Regel mitnichten zu den zahlreichen „Tippdiensten". Oder wie es die NZZ postulierte: „Die Losung lautet: sachliche (freilich fachkundig erläuterte) Information. Was die Leserschaft daraus macht, ist ihr überlassen. Journalistische Verantwortung findet derweise ihre Entsprechung im Vertrauen ihrer Adressanten. Darauf zählt redaktionelle Unabhängigkeit."[4)]

Sogar Bert Brecht, der seinen sozialistischen Idealismus sehr wohl mit privater Geldliebe in Einklang zu bringen wußte, hat einmal bekannt: „Geldleute lesen gründlicher als Bücherliebhaber: Sie wissen besser, was für Nachteile aus flüchtigem Lesen entstehen können." Sie lesen eben die Finanzpresse, wie man heute dem Dreigroschenopernschreiber raten würde; die Finanzpresse, die man horribile dictu definieren könnte als jene Sektion der Presse, die die Welt - auch die Politik notabene - überwiegend aus dem Blickwinkel der Finanzmärkte beobachtet, aus dem heraus, wie wir wissen, vieles anders aussieht: weniger visionär, dafür rechenhafter, kälter und zuweilen brutaler.

Und noch etwas unterscheidet den Finanz- und Börsenjournalismus von der jeweils gängigen journalistischen Mode: Die weitverbreitete Faustregel „bad news only are good news" ist hier außer Kraft gesetzt. Auch gute Nachrichten sind attraktiv in der Unternehmensanalyse. Sie sind höchst willkommen. Auch gute Nachrichten bringen dicke Schlagzeilen, und auch die gute Bilanz, der gute Abschluß, der wirtschaftliche Erfolg, wird plakatiert. Leider ist es im Augenblick umgekehrt: Positive Neuigkeiten sind selten, abgesehen allerdings von der Börse, an der die Aktienkurse gelegentlich der Wirklichkeit entschwinden und sich auf scheinbar surrealistisch anmutende Bahnen begeben.

Nach Ansicht Hilmar Koppers[5] haben sich die Finanzmärkte weitgehend von der realen Wirtschaft entfernt. „Damit sie sich nicht auch noch von der öffentlichen Meinung entfernen, benötigen wir eine gute, eine sehr gute Finanzpresse." Wenn schon Banken diplomierte Rechenkünstler einsetzen, um das Risiko bei Derivaten unter Kontrolle zu halten, so zeige das, welch hohe Anforderungen an die Journalisten gestellt würden. „Nie zuvor mußten sie so schwer verständliche Dinge les- und hörbar machen."[5]

Dies gibt Anlaß, darauf hinzuweisen, daß natürlich auch die Finanzpresse, wie könnte es anders sein, nicht im luftleeren Raum existiert, sondern daß sie in Wirtschaftsunternehmen angesiedelt ist und demnach auch selbst wirtschaftlich arbeiten, also sich rentieren muß. Da gibt es unvermeidliche Wechselwirkungen zur Finanz- und Unternehmenswirtschaft - und es ist nicht immer ersichtlich, daß sie die nötige Beachtung finden. Aber die Finanzpresse kann ihre Aufgaben als Intermediär nur als eine unabhängige Kraft wahrnehmen. Daher muß die Wirtschaft, die ansonsten nicht zögerlich ist, in ihrer Klage über die mangelnde Medienresonanz im allgemeinen und über die gerade finanzwirtschaftlich unzureichende Seriosität der Darstellung im besonderen, diese Art von Finanzmarketing auch mit eigenen Anstrengungen unterstützen.

Und damit sind wir beim Punkt 3 unserer Erörterungen, bei der Qualitätsfrage. Jedermann weiß, daß die Berichterstattung nicht nur ein Problem der Journalisten ist und ihrer Qualifikation, sondern auch eine Frage der Primärinformationen, der Quellen also und ihrer Zuverlässigkeit. Wir kennen das doch: Groß ist der Ärger bei Betroffenen, wenn sie etwas in der Zeitung entdecken, das nicht - oder noch nicht, oder nicht so - hätte nach außen dringen sollen. Unstillbar hingegen ist allemal die Neugier bei den Nichtbetroffenen, die von Betroffenheit weit entfernt sind, wenn dasselbe der Konkurrenz passiert oder anderen Marktteilnehmern. Wenn man also unter der journalistischen Aufdringlichkeit nicht selbst leidet, sondern von ihr profitiert und sie deswegen im eigenen Hause naturgemäß weniger schätzt als in Nachbars Garten. Denn kein Management dieser Erde hat Freude daran, Fehlentwicklungen oder gar Fehleinschätzungen zuzugeben.

Doch muß man keineswegs Anhänger eines investigativen Enthüllungsjournalismus sein, um zu fordern, daß mit einer überzeugenden Intermediärtätigkeit nicht nur das Recht, sondern geradezu auch die Pflicht zu konstruktiver Kritik korrespondiert. Und auf diesem Weg gibt es, das sei eingeräumt, durchaus heikle Phasen. So hat die Börsen-Zeitung aus der Feder ihres inzwischen leider verstorbenen Australien-Korrespondenten schon sehr früh auf offenkundige Ungereimtheiten im damaligen Bond-Imperium hingewiesen - Verdachtsmomente, die sich später bestätigt haben, zwischenzeitlich aber heftig bestritten worden waren. Die NZZ hat 1990 die Berner Mischholding Omni mit dem begründeten Argwohn einer fachkundigen Kritik überzogen und dabei anfänglich in ein Wespennest von Gegendarstellungen und Vernichtungsvorwürfen gestochen.

„Schuld am Zusammenbruch der Omni", notierte damals der verantwortliche Redakteur Hans Abt im nachhinein, trägt nicht allein Rey, der sich auch die Dortmunder Harpener AG einverleibt und zum Schluß im nicht mehr entwirrbaren Geflecht seiner kreditfinanzierten Spekulationen, Akquisitionen, Optionen selbst verheddert hatte. „Mit von der Partie waren auch die übrigen Verwaltungsräte der havarierten Publikumsgesellschaft." In der Bundesrepublik ist an den durch den „Spiegel" ausgelösten Fall der „Neuen Heimat" zu erinnern und an das Verwirrspiel um Coop, aber auch - neueren Datums - an die Schneider-Pleite, an Balsam und an den Bremer Vulkan. Das im Dezember 1993 sichtbar gewordene Debakel der Metallgesellschaft war nicht vorhersehbar, aber schon im Frühling jenes Katastrophenjahres war in der Börsen-Zeitung zu lesen, daß die Dividende für 1991/92 nicht verdient, sondern zusammengekratzt worden war und es im operativen Geschäft schwer hereingehagelt hatte. Auch die bei Daimler-Benz für das Geschäftsjahr 1994 (dem Jahr vor dem Milliardenverlust) sogar angehobene Ausschüttung war in der Finanzpresse als Griff in die Substanz entlarvt worden.

Bei Maxwell in Großbritannien hat das journalistische Kontrollnetz nicht funktioniert - wohl weil Maxwell selber stark im Pressewesen verankert war und seine Journalisten verlegerisch unter Druck setzte. Sage niemand, das liege nun doch so weit zurück, daß daraus keine zeitgemäßen Schlußfolgerungen abzuleiten wären. Das Baring-Debakel immerhin ist noch gar nicht lange her und der Beweis dafür, daß von keinem Finanzplatz behauptet werden kann, er sei über jeden Tadel erhaben. Das Problem ist nur, daß der Finanzplatz Deutschland (schon aus einer offenbar unbezähmbaren Lust zur eigenen Fundamentalkritik heraus) zumeist einer besonders strengen Beurteilung unterzogen wird. So wird auch die Tätigkeit des neugeschaffenen Bundesaufsichtsamtes für den Wertpapierhandel mit Argusaugen verfolgt.

Im übrigen müssen die Unternehmen selbst auf ihre Reputation achten und ein eigenes Gespür für Finanzmarketing entwickeln. Zwei Finanzmarktförderungsgesetze haben das ihre dazu beigetragen, ein drittes steht 1997 vor der Verabschiedung. Gleichzeitig ist eine zwar behutsame, in der Praxis aber doch effiziente Reform des Aktiengesetzes (so etwa beim Erwerb eigener Aktien) zu vermelden, außerdem die rasch zunehmende Anwendung internationaler Standards bei der Rechnungslegung deutscher Aktiengesellschaften. Die Bilanzierungsgrundsätze nach IAS oder US-GAAP sollen sogar im „Neuen Markt" der Deutschen Börse AG, der am 10. März 1997 startete, für die Zulassung vorgeschrieben werden. Die Deutsche Börse AG ist eine Großbaustelle. Sie ist selber ein großer Investor. Ihre Architekten planen den Finanzmarkt Europa. In einem Land mit immer noch unterentwickelter Aktienkultur verlangt dies publizistische Aufklärungsarbeit. Das alles muß von der Finanzpresse nicht nur erfaßt, sondern auch verstanden und interpretiert werden. Ohne daß die Redaktionen personell entsprechend ausgeweitet worden wären, haben seit 1986 um die 200 Unternehmen neu den Börsengang vollzogen. Unter ihnen befand sich ab November 1996 die Deutsche Telekom AG, deren ständige Beobachtung allein Sonderkorrespondenten beschäftigen könnte. An dieser Emission der Superlative, ob man nun das Volumen nimmt, die Internationalität des Konsortiums, den Grad der Herausforderung an den Finanzplatz, die generalstabsmäßige Vorbereitung, die fulminant unkonventionelle Werbung oder - Lohn des Ganzen - den beeindruckenden Plazierungserfolg, hat auch die Finanzpresse einen maßgeblichen Anteil - auch wenn die auf Permanenz angelegte „Telekommunikation" mit dem Going public erst begonnen hat.
Längst hat sich herumgesprochen, was Nestlé-Chef Helmut Maucher als eine der wichtigsten Aufgaben der heutigen Unternehmensführung herausstellt: „Wenn man die Unterschiede ansieht in Amerika, in Europa, in Deutschland, in der Schweiz, in Japan, dann sieht man, daß eben die Kapitalkosten ein ganz entscheidender Wettbewerbsfaktor sind."[6)] Daher ist zum Beispiel auch eine mentalitätsgerechte Übersetzung des Shareholder-value-Begriffs in die Realitäten der deutschen Gemütsverfassung so wichtig. Es ist nicht damit getan, ihn zum Unwort zu deklarieren. Man darf ihn nicht ideologisieren, denn so ist er auch nicht gemeint. Wer wäre für eine solche Aufklärungsarbeit besser geeignet als gerade die auf die Solidität der Unternehmen eingeschworenen Finanzjournalisten? Konkurrenzkampf findet nicht mehr allein auf den Güter-

märkten, sondern auch auf den Finanzmärkten und (nicht nur im Zeichen von Maastricht) zwischen den überall an Verschuldungsgrenzen stoßenden Finanzministern und sogar den Notenbanken statt.
Intermediär ist die Finanzpresse, auch was die Währungspolitik anbelangt und ihre Wechselbeziehungen zu den Finanzmärkten und deren Investoren. Auch die ständige Beobachtung der Deutschen Bundesbank heute und der Europäischen Zentralbank morgen und ihrer Kreditpolitik (in all ihren Erscheinungsformen) ist also eine anspruchsvolle Aufgabe für den Finanzjournalisten. Denn die Bundesbank ist für ihn nicht sakrosankt. Auch Europäisches Währungsinstitut (EWI) und morgen die Europäische Zentralbank sind es nicht! Aber es bleibt abzuwägen, ob wir statt dessen lieber mehr Regierung (oder mehr Europa) am Währungshebel hätten oder ob wir gar - wie zuweilen gefordert (und man weiß auch von wem) - in die monetären Entscheidungen die sogenannten gesellschaftlich relevanten Gruppen mit einbeziehen.
So ist immerfort dafür gesorgt, daß der Finanzpresse der Stoff nicht ausgeht, wobei ihre deutsche Hochburg ganz zweifellos das Banken- und Finanzzentrum Frankfurt am Main ist. Das mag neben London, New York und Tokio (dieses nur noch mit Abstrichen) anmaßend klingen. Doch Frankfurt ist nicht erst als Standort der künftigen Europäischen Zentralbank aufgewertet worden. Spätestens seit in der Bundesrepublik das ehemalige Mauerblümchen namens Finanzplatz als Zukunftsindustrie allerersten Ranges anerkannt ist und von der einstigen Kleingeisterei Abstand genommen wurde, wonach eine Industrie- und Exportnation wie Deutschland nicht auch noch auf den Finanzmärkten in der vordersten Reihe mitmarschieren muß, ist die Finanzpresse hierzulande richtig hoffähig geworden. Sie ist inzwischen selber ein verkappter Marktteilnehmer, wobei „Finanzjournalisten nicht der verlängerte Arm der Marketingabteilungen von Banken und Industrie sind. Ihr oberstes Gebot muß die eigene Unabhängigkeit sein" (Kopper)[7]. „Nur wer kritisch ist, ist glaubhaft", schreibt Bernd Baehring, Grand Old Man des deutschen Finanz- und Wirtschaftsjournalismus. „Das Miteinander von Wirtschaft und Wirtschaftspresse ist ein Offen-aufeinander-Zugehen mit dem Reiz des Auseinanderklaffens von Sachverstand, in dessen Intimität eindringen zu wollen beide Seiten ein legitimes journalistisches Bedürfnis erkennen. Der Kanon stimmt, aber eine Lust, Prophetie, Perspektiven und Szenarios manipuliert in den Dienst der eigenen Sache zu stellen, ist nicht geschwunden."[8]

Was Altbundespräsident Richard von Weizsäcker beim Springer-Jubiläum über die „Journalisten und die Demokratie“ generell ausführte, gilt da nur begrenzt: „Journalisten und Politiker sind thematisch einander nahe. Sie sind auf Kontakt untereinander angewiesen. Zugleich müssen beide Seiten diese Gratwanderung schwindelfrei bestehen.“[9] In der Finanzwelt wird der zu Recht verpönte „Kumpanei-Journalismus“ dadurch eingeengt, daß die Grundrechnungsarten, daß zwei mal zwei vier ist, im Gegensatz zu den Politikern, die immer wieder zu unrealistischer Zahlenakrobatik neigen, voll intakt sind. Es zählt der Professionalismus. Eine schlechte Bilanz kann vielleicht noch optisch „geschönt“ werden, für den Bilanzkenner kann sie aber nicht schöngeredet werden. Eine gute Finanzpresse muß dem schlechten wie dem guten Gewissen des Finanzplatzes gleichermaßen auf der Spur sein. Sie ist Teil ihres und seines Stils. Denn (so Baehring)[10] „die Öffentlichkeit und ihre Vertretungen haben den Anspruch auf objektive, umfassende Information, so wie der Unternehmer, der das Kapital einsetzt, beanspruchen kann, als Teilhaber der Gesellschaftsordnung akzeptiert zu sein“.

1) Börsen-Zeitung, 12. 12. 96

2) NZZ, 5. 7. 1996

3) Wirtschaftswoche, 11. 7. 96

4) NZZ, 27. 6. 92

5) Börsen-Zeitung, 3. 9. 94

6) BZ-Jubiläum, 31. 1. 92

7) Börsen-Zeitung, 3. 9. 94

8) Bernd Baehring: „Ein Platz in der Zeit“, 1992

9) Jubiläum Axel-Springer-Verlag, 10. 9. 96

10) Bernd Baehring: „Ein Platz in der Zeit“, 1992

PAUL-JOSEF RAUE

DIE NÄHE ZUM LESER

DIE ROLLE DER ZEITUNGEN ANGESICHTS DER HERAUSFORDERUNGEN DURCH NEUE MEDIEN

Wer dem Leser zu nahe kommt, der kann böse Überraschungen erleben. „Ich habe mir die Zeitungen vom vorigen Jahr binden lassen. Es ist unbeschreiblich, was für eine Lektüre das ist: 50 Teile falsche Hoffnungen, 47 Teile falsche Prophezeiungen und 3 Teile Wahrheit." In Verzweiflung kann sich stürzen, wer einen professionellen Leser nach seinem Urteil fragt: „Die Tageszeitung kann es sich nicht mehr leisten, so weiterzumachen wie bisher. Die Leser rächen sich - oder hören auf, es zu sein."

Zweihundert Jahre liegen zwischen dem Unmut von Georg Christoph Lichtenberg, einem Meister der Ironie und kurzen Sätze, und der Warnung von Wolf Schneider, dem zeitgenössischen Meister der Sprache und des Journalismus. Schuld an der Misere sind offenbar die Redakteure, die nur für sich schreiben und dabei vergessen:

„Der Leser ist ein Kunde der Redaktion mit einem partnerschaftlichen Anspruch und nicht etwa nur ein Teil eines anonymen Publikums, das die selbstgewählten verbalen Ausführungen eines Schreibkünstlers demütig verfolgen darf."

So mißtraut ein österreichischer Verleger den Redakteuren, die ihrerseits unter ihren Lesern zu leiden scheinen. Undankbar seien die Leser, nörgelnd, egoistisch, feige, kurzum: eine anonyme, mampfende Masse; so erregten sich Journalisten zu Beginn eines Seminars „Der lästige Leser"; nach fünftägiger Debatte, das sei nicht unterschlagen, hatten sie aber eine dicke Broschüre zusammengestellt mit Strategien für eine „leserfreundliche Zeitung".

Das gegenseitige Mißtrauen von Lesern und Journalisten scheint, wie Lichtenbergs Spott belegt, eine alte und gut gepflegte Beziehung zu sein, die auf verdeckter Zuneigung beruhen muß, denn die Zeitung kann sich über eine steile Erfolgskarriere freuen.

Nach dem Krieg stiegen die Auflagen der Tageszeitungen unaufhörlich: 13 Millionen Exemplare täglich verkauften die Verlage 1955, 19 Millionen 1975, und gut 25 Millionen 1995; die Auflagen haben sich in vierzig Jahren Bundesrepublik nahezu verdoppelt. Allen Kulturpessimisten zum Trotz lesen die Deutschen im letzten Jahrzehnt dieses Jahrhunderts so viel und so begeistert wie niemals zuvor. 80 Prozent greifen täglich zu einer der gut 1.600 Zeitungsausgaben, die in Deutschland verlegt werden. Die Zeitung überzeugt durch unvergleichliche Stärken, so daß dieses alte Medium gerade beim Aufstieg der neuen, der elektronischen Medien seine größten Erfolge feiern kann. Dies sind die Vorzüge der Tageszeitung:

Die Zeitung druckt viele Nachrichten, die kein anderer verbreitet: der Einbruch in der Nachbarschaft, die Umleitung auf dem Weg zur Arbeit, der Bericht vom Fußballspiel der Kreisklasse, die Kritik einer Theateraufführung auf der Freilichtbühne.

Die Zeitung enthält das gesamte Spektrum der Nachrichten, die im Alltag wichtig sind, vom Apotheken-Notdienst über Sonderangebote im Supermarkt bis zu Gesetzesplänen und zum neuesten Klatsch. Sie kommt ins Haus wie eine täglich aktualisierte Enzyklopädie, die sowohl aus den nahen wie aus den entlegensten Winkeln der Erde informiert.

Die Zeitung ist ein verläßlicher Kompaß, der Orientierung erlaubt. Für Hintergrundinformationen und Analysen hat die Tageszeitung ebenso Platz wie für übersichtliche Kurznachrichten. Sie informiert, sie erklärt die Welt, und sie bietet Meinungen an, damit sich die Leser ihre eigene bilden können.

Die Zeitung übersetzt schwierige Sachverhalte, ob aus der Politik oder Wissenschaft, dem Recht oder der Wirtschaft. Der Leser versteht die Welt und kann sich darin einrichten.

Die Zeitung ist der Pulsschlag der Demokratie. Wie auf dem Marktplatz der Antike, dem Forum, werden alle Meinungen angeboten und ausgetauscht; jeder kann sich beteiligen, der Bürgermeister ebenso wie der Leserbriefschreiber von nebenan.

Die Zeitung bestimmt vor allem im Lokalen, welche Ereignisse von öffentlicher Bedeutung sind. Die Leser akzeptieren dies, denn gerade die Zeitung besitzt eine hohe Glaubwürdigkeit.

Die Zeitung bietet stets Überraschungen: ein bissiger Kommentar im Lokalteil, eine Enthüllungsgeschichte im Feuilleton, eine überraschende Hintergrundgeschichte in der Politik, eine heitere Glosse im Sport, ein beeindruckendes Foto auf der letzten Seite.

Die Zeitung informiert ständig über bedeutsame Themen und Ereignisse, ob in der Region oder in Asien. Im Fluß der Ereignisse schwimmt nichts vorbei, ohne daß es ein Leser deutlich erkennen kann. Die Zeitung garantiert Vielfalt, aber auch Beständigkeit in einer atemlosen Epoche.

Die Lektüre genießen Leser auch als Innehalten im unruhigen Tageslauf. Wer sich hinter den großen Blättern einer Zeitung verbirgt, der kann sich für eine Zeit abschotten, sich an der Ruhe erfreuen und zum Denken kommen.

Die Zeitung ist ein Medium der Distanz, sie spricht die Gefühle eher unterkühlt an. Fotos und Grafiken laufen nicht davon; sie können sich einprägen und schaffen im Verein mit dem gedruckten Text eine Distanz, die hilft, bei schrecklichen Ereignissen Angst leichter zu kontrollieren und zu bewältigen.

Der Leser bleibt souverän: Wann er liest, wo er liest, wie oft er liest, wie intensiv er liest, ob er langsam liest oder schnell, das bestimmt er allein. Die Zeitung hält zudem alle wichtigen Informationen jederzeit und überall bereit.

Die Zeitung ist, etwa im Vergleich zum Computer, leicht zu handhaben. Der Leser muß keine Maus anfassen, in keine Windows schauen und Suchbäume durchklettern; er muß keine Satellitenschüssel anbringen und keine Fernbedienung bedienen. Er schlägt die Zeitung auf und beginnt zu lesen.

Viele Menschen lesen einfach gerne. Diese Lust befriedigt die Zeitung, und je übersichtlicher und klarer das Schriftbild, die Sprache und der Stil, um so zufriedener sind die Leser; nicht wenige erfreuen sich am klaren und unverwechselbaren Design einer Zeitung.

Einige dieser Stärken besitzen auch andere Medien und werden sie weiter ausbauen, wie etwa die reinen Nachrichtenkanäle von Fernsehen und Hörfunk, die rund um die Uhr aktuelle Berichte senden. Doch in dieser Ballung besitzt kein anderes Medium so viele Stärken, und unter den neuen ist keines zu entdecken, das die Zeitung in absehbarer Zeit ins Museum abschieben könnte.

Dennoch wird die Branche unruhig. „Viele Zeitungen weisen nicht mehr genügend Kundennähe auf und haben sich in einzelnen Fällen sogar weit vom Kunden entfernt, seien es Anzeigenkunden oder Leser", so schrieben die Verleger in der Einladung zum Weltkongreß der Zeitungen 1995 in Paris. Der Blick geht zu anderen Wirtschaftszweigen, die schon erlebt haben, was geschieht, wenn Kunden unzufrieden werden: Sie wenden sich ab.

Es war scheinbar noch nie so einfach wie heute, auf eine Zeitung zu verzichten. „Ich bin ausreichend, ja sogar gut informiert", glauben immer mehr Leute; ihnen reichen 200 Hörfunksender und 30 Fernsehkanäle in Deutschland; sie wählen für ihren Service, vor allem für den Spaß in der Freizeit, aus 3.500 Zeitschriften, über 1.000 Anzeigeblättern mit über 60 Millionen Auflage, aus Dutzenden von Stadtmagazinen und einer stetig wachsenden Zahl von Onlinediensten.

Das sind die Herausforderer der Zeitungen:

Die Anzeigenblätter, die oft einen exzellenten Service bieten, und Zeitschriften, deren Redakteure in einem den Zeitungskollegen überlegen sind: Sie wissen genau, wie man Leser gewinnt, und bei Strafe des Untergangs müssen sie dieses Wissen auch befolgen; da sie ein im Grunde überflüssiges Produkt herstellen, das keiner wirklich braucht, müssen sie Originelles und Hochwertiges bieten, das die Leute zum Kaufen und zum Lesen verführt.

Die elektronischen Medien werden eher überschätzt. Die große Zeit des Fernsehens als Informationsvermittler scheint schon vorüber zu sein; mit jedem neuen Kanal, der zum Zappen einlädt, zerstückelt sich dieses Medium; es dient, wie das Radio, der Zerstreuung; nur noch wenige schauen hin, obwohl in vielen Wohnzimmern das Gerät den gesamten Tag eingeschaltet bleibt.

Und die ganz neuen Medien, euphemistisch Multimedia genannt? Sie werden begeistert begrüßt, wie alle neuen Medien; doch ihr Nutzen ist ungewiß, ihre Stärken sind noch nicht bekannt. Erst in 10 oder 15 Jahren werden überhaupt die für den Gebrauch notwendigen Geräte massenhaft verbreitet sein, erst dann werden wir wissen, wer sich mit welchen Angeboten durchgesetzt hat. Noch ist nicht ausgemacht: Wird Multimedia überhaupt ein Medium für die Massen? Oder bleibt es ein Dienst für Nutzer mit speziellen Interessen?

Multimedia wird die Zeitung nicht gefährden, ebensowenig Fernsehen und Hörfunk, die Anzeigenblätter und Zeitschriften. Aber sie alle zusammen nehmen den Menschen viel Zeit, sie ziehen Werbung ab, und sie kosten Geld, das bei immer mehr Menschen knapper wird.

Was nützt die beste Zeitung, wenn den Menschen die Zeit fehlt, um sie zu lesen, oder das Geld, um sie bezahlen zu können? Durchschnittlich 30 Minuten am Tag lesen die Leute in der Zeitung; das ist weniger als noch vor einigen Jahrzehnten, aber es ist immer noch eine lange Zeit, in der sie eben nichts anderes tun als lesen und denken.

Die Zeit wird knapper trotz wachsender Freizeit, das Geld auch und die Geduld der Menschen ebenso. Redakteure haben es nur noch selten mit Lesern wie vor 30 oder 40 Jahren zu tun, für die eine Zeitung eine ehrwürdige Institution war, die man ebensowenig abbestellte wie das Telefon.

Die Zeiten, die Menschen und die Lebensstile haben sich geändert. In den Jahrzehnten nach dem Krieg machten wißbegierige Redakteure eine Zeitung für wißbegierige Leser, die nach wahren Informationen, vor allem aus der Politik, hungerten; zu lange hatte die Kriegsgeneration auf unabhängige und ausführliche Nachrichten aus der Welt verzichten müssen. Redakteure und Leser waren sich, unausgesprochen, einig.

Daran rüttelte auch die Nachkriegsgeneration wenig, welche mit der Tageszeitung im Elternhaus aufwuchs – und sie auch nutzte, wenn auch in subversiver Absicht. Die 68er Generation wollte die Welt verändern und brauchte dazu eine Fülle von politischen Informationen, die ihnen die Tageszeitung auch lieferte; sie mußten sie nur in ihrem Sinne interpretieren.

Die Wohlstandsgeneration hat Zugriff auf alles Wissen einer Welt, die sie nicht mehr radikal verändern will; sie schaut auf den persönlichen Nutzen und achtet Institutionen nicht wegen ihrer Tradition. Der Zeitung geht es nicht anders als den Gewerkschaften und den Kirchen, den Parteien und Verbänden: Die jungen Leser sind eher treulos, sie entscheiden sich von Tag zu Tag anders, so wie es ihren Interessen entspricht; sie wollen umworben und überzeugt werden.

Für die jüngeren Leser ist die Zeitung kein Lebens-Mittel mehr, auf das man nicht verzichten kann; die Zeitung muß sich vielmehr unverzichtbar machen, sie muß zu einer unverwechselbaren Marke werden; nur unter dieser Bedingung sind auch die Jungen zur Treue bereit (so wie bei ihren Turnschuh-Marken).

Noch einmal zur Treue: Immer mehr leben alleine, in Großstädten wie München und Frankfurt ist jeder zweite Haushalt ein Einpersonen-, oder neudeutsch: ein Single-Haushalt. Auch dies hat Konsequenzen für die Tageszeitung. Das Abo gehörte zur Familiengründung wie die Aussteuer; wer allein lebt, abonniert in der Regel keine Zeitung. So bröckeln die Auflagen, kaum spürbar in ländlichen Gebieten und Mittelstädten, in denen die Welt noch in Ordnung ist; schon stärker in den Metropolen, in denen neben der Zahl der Singles auch die der ausländischen Haushalte rapide steigt.

„Lockerung der Leser-Blatt-Bindung“ nennen Medienexperten diesen Erosionseffekt; Klaus Berg und Marie-Luise Kiefer beobachten Medien mit aufwendigen Studien seit dreißig Jahren und kommen in ihrer letzten großen Untersuchung zu dem Ergebnis: Ein Wandel im Umgang mit dem Medium Tageszeitung deutet sich an.

Vom Wandel sprechen die Experten, nicht vom Untergang der Zeitung. Die Konsequenz ist klar: Wer den Wandel erkennt und ihn vorsichtig mitmacht, der hat Chancen. Doch selbst der Gutwillige wird es künftig schwerer haben, eine erfolgreiche Zeitung zu produzieren. Denn – wer ist sein Leser, dessen Nähe er suchen muß? Ist es der Wißbegierige? Der Missionar? Der junge Pragmatiker? Der Familienvater oder der Single?

Er muß versuchen, sie alle mit ihren besonderen Wünschen und Interessen zu umwerben. Ihm bieten sich nicht die Auswege der Zeitschriften an, die für jedes spezielle Interesse einen eigenen Titel herausgeben; er kann seine Zeitung nicht vervielfachen wie der öffentlich-rechtliche Rundfunk, der zum Teil schon fünf verschiedene Programme anbietet, eines für die jüngeren Rockfans, eines für die Wißbegierigen, eines für die Kulturfreunde, eines für die Älteren, eines für die Autofahrer.

„Wer sind die Leser?“ wollte eine große Regionalzeitung wissen; sie ließ Psychologen mehrstündige Gespräche mit Hunderten von Lesern führen, um ihre wahren Motive zu ergründen. Vier typische Lesergruppen machten die Psychologen aus:

40 Prozent der Leser wünschen einen Überblick in einer Welt, in der sie fürchten, die Orientierung zu verlieren. Sie wollen, sinnvoll geordnet, alles erfahren, was für ihr Leben wichtig sein kann, ob es eine Nachricht aus der großen Politik ist oder aus ihrer Nachbarschaft.

30 Prozent wollen vor allem Nachrichten aus ihrer Heimat; sie wünschen von ihrer Zeitung, daß sie die Welt reduziert auf das unbedingt Notwendige.

20 Prozent sind Überflieger: Sie wollen die politischen Nachrichten nur noch im knappen Überblick, ansonsten mögen sie Unterhaltung, Lesegeschichten und Klatsch; sie fühlen sich eher in einer Boulevardzeitung wohl.

10 Prozent der Leser wünschen möglichst viele und ausführliche Berichte und Kommentare aus Politik und Wirtschaft. Diese Wißbegierigen sind die idealen Leser für alle Redakteure in der Zentralredaktion; ihre Bedürfnisse dürften die überregionalen Zeitungen am besten befriedigen.

Andere Untersuchungen zeigen ähnliche Ergebnisse. Die Anspruchsvollen, die Skeptiker und die Unpolitischen als gleich große Gruppen machte der Münstersche Journalistik-Professor Siegfried Weischenberg in einer Untersuchung aus.

Eine regionale Zeitung, und sie ist in diesem Beitrag gemeint, muß versuchen, möglichst alle anzusprechen, auch wenn die Leser intoleranter werden und sich zunehmend in feindliche Lager spalten. Ein Beispiel: Einige, vor allem Männer, wünschen noch mehr Sportseiten, andere drohen, wegen des umfassenden Montag-Sports das Abo zu kündigen (und einige haben schon abbestellt).

Die Zeitungen sind dennoch das letzte Informationsmedium, das alle Menschen erreicht; und darin liegt die große Stärke und Chance der Regionalzeitungen; „sinnstiftend" nannte man einst eine solche Institution.

Wer kann noch die Gespräche moderieren, die eine Gesellschaft mit sich selber führt? Wohl kein Medium außer der Zeitung. Doch die meisten Leser abonnieren nicht die Zeitung, um die Demokratie zu retten, sie wollen ernstgenommen und umworben werden, sie wollen ihren Nutzen aus der Zeitungslektüre ziehen und auch ein wenig Freude daran haben.

Zeitungen müssen sich einfach auf ihre Stärken besinnen, wie sie eingangs beschrieben sind. Sie haben es nicht nötig, die neuen Medien nachzuahmen. Eine Zeitung, die beispielsweise als gedrucktes Fernsehen erscheint, hat kaum Chancen: Die Leute bleiben beim Original, das buntere und bewegte Bilder bietet.

Schauen wir auf einige Ergebnisse, welche 40 Lokalredakteure am Ende ihres Seminars über den „lästigen Leser" erarbeitet hatten:

Der Leser will eine kritische Zeitung, aber Redakteure dürfen die Region, in der er lebt, nicht miesmachen.

Redakteure müssen raus aus ihren Sesseln, sie müssen agieren und dürfen nicht nur reagieren.

Die Zeitung muß Lebenshilfe geben und so unverzichtbar werden. Mit Aktionen muß sie auf die Leser zugehen und die Distanz abbauen.

Die Nähe zum Leser - daraus schöpfen Redakteure ihren Optimismus, wenn sie Zeit finden, über die Zeitung der Zukunft nachzudenken. Gerade Lokaljournalisten haben nur selten Berührungsängste; sie müssen, im Vergleich zu den Kollegen in der Zentrale, schon Energie aufbringen, um dem Leser aus dem Weg zu gehen.

Redakteure neigen, und das ist eine professionelle Deformation, zum Pessimismus. Nicht nur die nachdenklichen Lokaljournalisten beweisen: Wir haben allen Grund, Optimisten zu sein. Sie schreiben für Zeitungen, die ein starkes Medium sind, ein Medium mit Zukunft, das aus der Konkurrenz zu den neuen Medien seine eigentliche Stärke gewinnen kann.
Hochmut, gepaart mit Pessimismus, führt allerdings zum Fall: An den Lesern mit ihren Wünschen und Bedürfnissen kommt keine Redaktion mehr vorbei. Gerade in den Lokalredaktionen beweisen Zeitungen schon seit langem, daß sie die Nähe zum Leser suchen und finden. Es wird aber keinem schaden, noch besser zu werden; dies nützt den Zeitungen, den Lesern und der Demokratie, die wache Redakteure braucht und wache Leser.

GEBHARD OHNESORGE

EINE ERFOLGSGESCHICHTE

RADIO FFH: VOM ABENTEUER EINER UNTERNEHMENSGRÜNDUNG

Das „verflixte 7. Jahr" gab es nicht. Das Jahr 1996, das Jahr des siebten Geburtstages, war für RADIO FFH - so die Kurzform für RADIO/TELE FFH GmbH & Co. Betriebs-KG - in gleicher Weise erfolgreich wie die sechs Jahre zuvor. Die Arbeitsgemeinschaft Mediaanalyse (AG.MA) hatte im Juni 1996 eine Rekordreichweite ermittelt, nämlich 450.000 Hörer in der durchschnittlichen Stunde in Hessen und angrenzenden Gebieten. Diese Reichweite ist nicht nur für die Programm-Macher ein Grund zur Freude. Auch für die Finanzierung des Unternehmens ist eine solche Spitzenposition von großer Bedeutung. Nur so läßt sich Werbezeit gut vermarkten und ein rentabler Umsatz erzielen. Die öffentlich-rechtliche Konkurrenz in Hessen erreicht mit ihren drei werbungtreibenden Programmen jeweils nur einen Bruchteil von Hörern: hr1 70.000, hr3 240.000 und hr4 270.000.

Alles begann mit der Landtagswahl im April 1987. Die CDU/F.D.P.-Regierung Wallmann löste die Regierung Börner (SPD/Grüne) ab. Der neue Ministerpräsident kündigte in seiner Regierungserklärung als eines seiner Hauptziele den Aufbau eines dualen Rundfunksystems durch Zulassung privater Hörfunk- und Fernsehveranstalter an. Dieses war insofern ein bemerkenswerter Kurswechsel, als es zuvor erklärte Politik in Hessen war, den Rundfunk ausschließlich in der halbstaatlichen Form des öffentlich-rechtlichen Rundfunks zu betreiben.

Allerdings war mittlerweile in den Nachbarländern Hessens privater Rundfunk zugelassen worden. Eine Öffnung durch den hessischen Gesetzgeber war somit ohnehin nur eine Frage der Zeit. Die Landesregierung setzte eine Kommission zur Vorbereitung der gesetzlichen Grundlage ein. Unter Beteiligung der betroffenen Interessenverbände, insbesondere des Verbands Hessischer Zeitungsverleger (VHZV), entstand der Entwurf eines hessischen Privatrundfunkgesetzes. Dieser wurde in öffentlicher Anhörung im Landtag (September

1988) behandelt. Es folgten lange Verhandlungen zwischen der Regierungskoalition und Opposition über einen Interessenausgleich. Der VHZV vermittelte - waren die Zeitungsverleger doch an einer dauerhaften, parteiübergreifenden Lösung interessiert, die den existentiellen Interessen der Zeitungen gerecht wurde. Nach Erfüllung wesentlicher Forderungen der SPD verabschiedete der Hessische Landtag am 24. 11. 1988 das Hessische Privatrundfunkgesetz (HPRG) gegen die Stimmen der Grünen. Die SPD enthielt sich der Stimme, was unter den gegebenen Umständen einer Zustimmung gleichkam. Das Gesetz sah als Lizenz- und Überwachungsbehörde für den privaten Rundfunk eine Anstalt öffentlichen Rechts, die Landesanstalt für privaten Rundfunk (LPR) vor. Die Organe der Anstalt sind der hauptamtliche Direktor und die ehrenamtlich tätige Anstaltsversammlung. In ihr waren zur Zeit der Verabschiedung des Gesetzes 25 Vertreter „gesellschaftlich relevanter Kräfte" in Hessen (Beispiele: Gewerkschaften, Landesregierung, Parteien, Kirchen, Frauenverbände, Arbeitgeber) tätig. Heute sind es nach der Novellierung 1994 28 Vertreter. Diese Anstalt konstituierte sich im März 1989 und schrieb im Mai desselben Jahres terrestrische UKW-Hörfunkfrequenzen für ein ganztägiges landesweites Hörfunk-Vollprogramm aus.

Schon ein Jahr vor dieser Ausschreibung, nämlich am 15.3.1988, gründeten 36 hessische Zeitungsverlage (95% der Tageszeitungsauflage des Landes) unter Führung des Verbands Hessischer Zeitungsverleger eine Anbietergemeinschaft (Funk und Fernsehen Hessen GmbH & Co. KG), die sich auf eine Bewerbung um die auszuschreibenden Frequenzen vorbereitete.

Mit der Verabschiedung des HPRG war klar, daß es nur einen Hörfunksender geben würde. Dies war nicht nur eine Folge der Frequenzknappheit. Der politische Wille aller im Landtag vertretenen Parteien ging dahin, bei der Einrichtung von Privatfunk die bestehenden Medien, insbesondere die vielfältige Zeitungslandschaft, nicht zu beschädigen. In diesem Bestreben wurde dem einzigen Hörfunkveranstalter aufgegeben, nur landesweite Werbung auszustrahlen, um die regionalen und lokalen Werbemärkte zu schonen. Diese waren und sind die Existenzgrundlage der regional und lokal strukturierten hessischen Tagespresse.

Neben der Anbietergemeinschaft RADIO FFH bewarben sich noch neun weitere Unternehmen und Gruppierungen um die begehrte Lizenz. Darunter waren Unternehmen mit großer Hörfunkerfahrung in anderen Bundesländern

(Gong, Medienpool/Markwort, Burda und die Oschmann-Gruppe). Weiter gab es eine Anbietergemeinschaft PRH unter Führung des Rechtsanwalts und früheren Chefs der Staatskanzlei Paul Leo Giani, in der mittelständische Unternehmen (z. B. Frankfurter Bürgerhaus-Gesellschaft) und Künstler wie Peter Maffay, Klaus Lage, Kati Witt u. a. vertreten waren.
Die Politik von RADIO FFH war von vornherein darauf angelegt, offen für weitere Teilnehmer zu sein und nach Möglichkeit andere ernstzunehmende Lizenzbewerber in die eigene Gruppe zu integrieren. In langen Verhandlungen gelang dies auch. Mit der eben erwähnten Gemeinschaft PRH wurde erst wenige Tage vor der Lizenzentscheidung Einigkeit erzielt.
Für diese aufgenommenen Mitbewerber war die Struktur von RADIO FFH ungewohnt. Die ausnahmslos mittelständisch strukturierten hessischen Zeitungsverlage hatten nach dem Vorbild ihres Verbandes auch die Rundfunkgesellschaft nach genossenschaftlichen Grundsätzen organisiert. Dieses bedeutete vor allem ein Kopfstimmrecht, das jedem Gesellschafter unabhängig von der Höhe seiner Kapitalbeteiligung nur eine Stimme verlieh. Wegen der großen Zahl von Gesellschaftern wurde ein Gesellschafterausschuß installiert, in den die verschiedenen Gesellschaftergruppen ihre Vertreter nach einem festgelegten Schlüssel entsenden. Dieser Gesellschafterausschuß nimmt im wesentlichen die Aufgaben der Gesellschafterversammlung wahr. Er wird alle zwei Jahre von den Gesellschaftern neu bestimmt. Der Vorsitz dieses Gremiums ist satzungsgemäß einem Zeitungsverleger vorbehalten, und zwar wechselnd einem Vertreter der Zeitungen mit einer Auflage bis 110.000 Exemplare und einem Vertreter der Zeitungen über 110.000 Exemplare.
Diese erkennbar auf eine möglichst breite innere Vielfalt und auf eine Wahrung der Interessen auch kleinerer Zeitungen angelegte Gesellschaft erhielt am 6. November 1989 die Hörfunkzulassung und begann am 15. November 1989 mit den Sendungen. Angesichts der genossenschaftlichen Grundstruktur verwundert es nicht, daß die Frankfurter Volksbank eG von Anfang an Hausbank war. Das professionelle Management und die qualifizierten Mitarbeiter dieses Instituts haben den Sender seither begleitet und die Richtigkeit dieser Entscheidung immer wieder unter Beweis gestellt.
Parallel zu dem Entstehen des Gesetzes und der Bewerbung um die Lizenz hatte schon seit Anfang 1989 der tatsächliche Aufbau des Unternehmens begonnen. Am Anfang stand die Anmietung geeigneter Räume. Nachdem an

kalten Wintertagen viele Hallen und Etagen durchstreift und besichtigt worden waren, fiel die Entscheidung für die ehemalige Tipp-ex-Fabrik in Rödelheim, ganz in der Nähe des alten Wasserturms. Das Gebäude war im Dezember 1988 vollständig entkernt. Der neue Eigentümer, die Dr. Schulte KG, Bad Homburg, beabsichtigte, hochwertigen Büroraum zu schaffen. Zu diesem Zeitpunkt wurde der Mietvertrag abgeschlossen. Dies hatte den Vorteil, daß die leeren ehemaligen Fabriketagen ganz nach den Bedürfnissen eines Rundfunksenders ausgebaut werden konnten. Um, wie beabsichtigt, unmittelbar nach der Lizenzerteilung mit den Sendungen beginnen zu können, mußte ohne Rücksicht auf das Lizenzierungsrisiko die erforderliche Sende- und Bürotechnik gekauft und installiert werden. Weiter wurden Leitungen und Sender bei der Post angemietet und das Stammpersonal, bestehend aus hervorragenden jungen Rundfunkjournalisten, angeworben. Auf eine im Frühjahr 1989 geschaltete Anzeige bewarben sich 3.500 (!) junge Leute, von denen die 50 besten ausgewählt wurden.
Die Werbekampagne zur Einführung des neuen Programms war sorgfältig vorbereitet worden - in Zusammenarbeit mit der Werbeagentur Saatchi & Saatchi. Ein wesentlicher Teil des Logos war die Botschaft „Wir kommen rüber“ zusammen mit einem symbolischen Brückenbogen. Dieses Logo wurde in der Woche vor dem Sendestart in der hessischen Presse, auf Plakatwänden und an Litfaßsäulen verbreitet. Es sollte die Linie des Senders „rüberbringen“, auf die Hörerschaft zugehen und das Programm eng an den Wünschen und Bedürfnissen der Hörer orientieren.
Für uns alle nicht vorhersehbar, fiel am 9. November 1989 die Berliner Mauer. Das RADIO FFH-Logo erhielt plötzlich eine ungewollte Aktualität. Die Menschen Ostdeutschlands kamen zu uns „rüber“! Am frühen Morgen des 15. Novembers begannen die Sendungen mit dem damaligen Nachrichtensprecher Uwe Hackbarth und der Moderatorin Diana Hartmann. Beide gehörten zu dem anfänglich 55köpfigen Team des ersten hessischen Privatsenders. Bedingt durch die spätere Regionalisierung des Programms und die Einrichtung von fünf Regionalstudios, sind es heute 85 festangestellte Mitarbeiter, die von etwa 25 freien Mitarbeitern unterstützt werden. Die Regionalstudios liegen in Wiesbaden, Darmstadt, Fulda, Gießen und Kassel.
Das Programm hob und hebt sich deutlich von den bisher gewohnten öffentlich-rechtlichen Programmen ab. Es erwies sich als angenehmer Begleiter des

Hörers durch den Tag, das „live“ aus Hessen und für Hessen sendet. Die alten „Sendekästchen“ waren passé. Blitzschnell konnten Informationen und Reportagen ins Programm eingebracht werden. Die Hörer von RADIO FFH sollten gut unterhalten und trotzdem immer auf dem laufenden sein. Das Publikum hat das Programm offensichtlich so empfunden. Anderenfalls hätte sich der überragende Reichweitenerfolg nicht eingestellt.

Bei allen Änderungen und Aktualisierungen ist RADIO FFH dieser Linie treu geblieben. In gleicher Weise fühlt sich RADIO FFH nach wie vor einer strikten Neutralität verpflichtet. Subjektive Kommentierungen kommen im Programm nicht vor. Ein rund um die Uhr besetztes Hörertelefon gewährleistet eine ständige Kommunikation mit der Hörerschaft.

RADIO FFH hob und hebt sich mit seinem Programm auch dadurch von anderen Programmen ab, daß die Nachrichten - ungewohnt - immer fünf Minuten vor der vollen bzw. der halben Stunde begannen. Zudem gab es bei RADIO FFH erstmals in Hessen Nachrichten mit kurzen „Live“-Reportagen und Originaltönen von allen Nachrichtenschauplätzen der Welt. Ein großes Gewicht legte RADIO FFH von Anfang an auf die Servicemeldungen, wollte man doch dem Hörer zu jeder Zeit mit Wissenswertem und Wichtigem zu Diensten sein. Im Auftrage von RADIO FFH stattete die Bundespost alle Sender mit ARI und dem neuen RDS-System aus. Hinweisschilder an den Autobahnen entstanden ebenfalls kurze Zeit darauf. Über das RDS-System werden seit Januar 1996 zusätzlich kurze programmbegleitende Informationen übertragen, die auf den Displays der Autoradios abgelesen werden können.

Der Privatfunk erhält keine Rundfunkgebühren. Er darf sich finanzieren aus Werbung, Spenden und Abonnements (§ 31 HPRG). Da sich ein „Big Spender“ oder Abonnenten kaum finden lassen, bleibt die Finanzierung aus Werbung. Intensive Untersuchungen des schwierigen Rundfunkmarkts Hessen und eine vorsichtige Kalkulation der Investitionen und laufenden Kosten hatten die Zuversicht vermittelt, daß die Finanzierung des Vorhabens gelingen müßte. Heute wissen wir, daß es so war.

Der Verkauf nationaler Werbung wurde einer externen Organisation übertragen. Es war zunächst die IPA. Später wechselte RADIO FFH zur RMS (Radio Marketing Service) nach Hamburg und wurde dort zugleich Gesellschafter. Unter nationaler Werbung versteht man hier diejenige Werbung, die in mehr als zwei Nielsengebieten ausgestrahlt wird. Die auf das Land Hessen bezogene

Werbung vermarktet RADIO FFH selbst. Der Anteil der nationalen Werbung überwog immer und überwiegt auch heute noch, wenn auch der Anteil der landesbezogenen Werbung immer mehr zugenommen hat. Er betrug anfänglich 24% und wuchs auf knapp 30% in der Gegenwart. Insgesamt setzt RADIO FFH jetzt etwa 80 Mio. DM brutto p. a. um.

In den Ausbau des Funkhauses in Rödelheim und die Installation der Technik investierte RADIO FFH insgesamt 6,5 Mio. DM. In den Folgejahren sank der Investitionsaufwand auf jährlich zwischen 1 und 1,5 Mio. DM. Hiermit wurden die in der schnellebigen elektronischen Welt ständig erforderlichen Erneuerungen finanziert und zugleich schrittweise die gesamte Sendetechnik auf das digitale System umgestellt. Diese Umstellung ist jetzt nahezu abgeschlossen.

Um die vor und nach Sendebeginn entstehenden erheblichen Anlaufverluste finanzieren zu können, setzte RADIO FFH eigenes Kapital und - der Banker wird's nicht gerne hören - Gesellschafterdarlehen ein, die mittlerweile zurückgezahlt sind. Das gezeichnete und eingezahlte Kommanditkapital beträgt 10,7 Mio. DM.

Von dem schwierigen Rundfunkmarkt Hessen war schon die Rede. Das hängt damit zusammen, daß Hessen in seiner zentralen Lage von vielen Sendern, öffentlich-rechtlichen wie privaten, aus den umliegenden Bundesländern bestrahlt wird. Aus diesem Grunde herrscht in Hessen auch eine extreme Knappheit an UKW-Frequenzen, weil die einstrahlenden Programme nicht gestört werden dürfen. Eine Besserung dieser Frequenzsituation wird sich erst ergeben, wenn mit dem digitalen Rundfunk eine deutliche Vermehrung der Übertragungsmöglichkeiten kommen wird.

Aber auch mit anderen Schwierigkeiten hatte RADIO FFH zu kämpfen. Der dem privaten Rundfunk nicht eben wohlwollend gegenüberstehende damalige Intendant der öffentlich-rechtlichen Konkurrenz überzog das gerade erst geborene Unternehmen und mich persönlich als Gründungsgesellschafter und Geschäftsführer mit einer Unzahl von Prozessen. Es ging um die Verwendung von Begriffen wie „Funk", „Fernsehen", „Hessen" usw. in der Firmierung (Funk und Fernsehen Hessen GmbH & Co. KG). Es ging weiter um verschiedene Werbeaussagen sowie um Stellungnahmen des Geschäftsführers zur Prozeßtaktik. In Wahrheit wollte der Intendant der gefürchteten Konkurrenz Knüppel zwischen die Beine werfen, wo immer es ging. Insgesamt schlummern heute noch die Akten von 21 Verfahren bei RADIO FFH.

Diese Prozesse waren RADIO FFH unter einem Gesichtspunkt allerdings sehr willkommen. Sie verschafften dem jungen Unternehmen in der Gründungsphase eine ungeheure Publizität. Die Sympathien des Publikums lagen eindeutig auf seiten des jungen und schwachen David, der sich gegen den etablierten und übermächtigen Goliath zur Wehr setzen mußte. Als auch der Kläger diesen Effekt erkannte, konnten die noch nicht entschiedenen Verfahren außergerichtlich beendet werden.

Unmittelbar nach dem Beginn der privaten Hörfunkzeit in Hessen beteiligte sich RADIO FFH an einem hessischen Fernsehprojekt. Es ging um die fünfmal wöchentlich zu produzierende Magazinsendung HESSEN LIVE, vormals Hessen Report. Diese Sendung wird als Teil des RTL-Fernsehprogramms von Montag bis Freitag, 18.00 bis 18.30 Uhr, ausgestrahlt. Trägergesellschaft ist eine RTL Hessen TV GmbH. An dieser Trägergesellschaft ist RTL selbst mit 60%, die F.A.Z. mit 10% und RADIO FFH mit 30% beteiligt. Mit diesem „Regionalfenster" verschafft sich das RTL-Programm eine Landesidentität und damit ein Stück regionaler Kompetenz.

Dieses Hessenfenster konkurriert mit der Hessenschau des Hessischen Rundfunks. Es ist allerdings unmöglich, die Reichweitenwerte der Hessenschau zu erreichen.

HESSEN LIVE ist an vielen Orten Hessens technisch nicht empfangbar. Es wird lediglich verbreitet über die Kabelnetze, in die RTL eingespeist wird, sowie – höchst lückenhaft – über die terrestrischen Sender. Diese unzureichende Empfangbarkeit ist einer der Gründe dafür, daß die hohen Kosten für diese anspruchsvolle tägliche Fernsehberichterstattung aus Hessen nur zu einem kleinen Teil durch Werbeeinnahmen gedeckt werden kann. RADIO FFH ist und bleibt gleichwohl Gesellschafter der Trägergesellschaft. Dieses geschieht einmal, um den ausgleichenden Einfluß der vielfältigen Gesellschafterstruktur bei RADIO FFH auch in diesen Fernsehbereich einzubringen. Zum anderen fühlen sich die Gesellschafter von RADIO FFH aufgrund der besonderen Stellung dieses Unternehmens verpflichtet, auch im Fernsehbereich Engagement zu zeigen.

Seit April 1997 gibt es in Hessen Hörfunkangebote der besonderen Art sowie sogenannte Offene Kanäle im Fernsehen. Der hessische Landesgesetzgeber hatte anläßlich der Novellierung des HPRG im Herbst 1996 diese Möglichkeit eröffnet. Hintergrund war der Wunsch, Vereinen oder Interessengruppen die

Möglichkeit zu eröffnen, auf ideeller Basis Hörfunk bzw. Fernsehen zu veranstalten. Die Finanzierung erfolgt aus Mitteln der Landesanstalt für privaten Rundfunk, dabei teilweise aus der von dem werbefinanzierten Hörfunksender in Hessen, RADIO FFH, zu entrichtenden Rundfunkabgabe. Diese Zulassung betrachtet der Gesetzgeber als Versuch. Das HPRG beinhaltet die Verpflichtung für die Landesanstalt, zum 1. 1. 1999 über die gewonnenen Erfahrungen mit den nichtkommerziellen Rundfunksendungen (NKL) und den Offenen Kanälen im Fernsehen zu berichten.

Die NKL erhalten terrestrische Frequenzen, auf denen mit geringer Wattzahl gesendet werden kann. Sie sind also ausgesprochen lokal ausgerichtet. Dieses kommt den hier zugelassenen Gruppen entgegen, die in aller Regel in ihrem Umfeld verankert sind und ihre Hörerzielgruppen hier finden. Nach dem Gesetz kann die LPR bis zu 8 NKL (Hörfunk) zulassen und bis zu 4 offene Kanäle (Fernsehen) zulassen. Ob und wann alle diese Möglichkeiten ausgeschöpft werden, wird in erster Linie davon abhängen, wieviel Frequenzen für diese Zwecke bereitgestellt werden können und ob die Finanzierung gesichert ist. Immerhin kostet der Betrieb eines offenen Kanals Fernsehen rund 900.000 DM p. a. Der laufende Betrieb eines Hörfunksenders dieser Art wird von der LPR mit etwa 130.000 DM jährlich bezuschußt, sowie mit einem einmaligen Betrag von 70.000 DM für die Ausstattung des Studios. Der Gesetzgeber verspricht sich von diesen Aktivitäten eine Befriedigung derjenigen Gruppen, die sich seit vielen Jahren im Rahmen ihrer Kulturarbeit in Hörfunk und Fernsehen artikulieren wollen. Es bleibt abzuwarten, ob der nicht unerhebliche finanzielle Aufwand für eine vergleichsweise geringe Zahl von Teilnehmern gerechtfertigt ist.

Vor 10 Jahren schon begannen Ingenieure mit der Entwicklung eines neuen digitalen Rundfunksystems. Die Entwicklung ist jetzt soweit vorangetrieben, daß erste Pilotprojekte durchgeführt werden. Nach Nordrhein-Westfalen, Baden-Württemberg, Bayern und Thüringen folgt Hessen jetzt. Träger des Projekts sind die Deutsche Telekom AG und die Hessische Landesanstalt für privaten Rundfunk - beide mit Unterstützung der Hessischen Staatskanzlei. Im Rhein-Main-Gebiet mit den Städten Frankfurt, Darmstadt, Bensheim, Wiesbaden und dem dazugehörigen Umland werden fünf Sender im Frequenzbereich 1,5 GHz (L-Band) aufgestellt, über die nach einer Ausschreibung 6 Hörfunkprogramme in digitaler Form ausgestrahlt werden, z. T. mit programmbeglei-

tenden Daten (PAD) und audiounabhängigen Datendiensten (N-PAD) aus verschiedenen Branchen.
Selbstverständlich wird sich RADIO FFH - allem Neuen aufgeschlossen - an diesem Projekt beteiligen und dafür eigens ein neues Programm entwickeln. Es handelt sich um ein Musikspartenprogramm, das sich an die jugendliche Zielgruppe wenden wird. Die Vorbereitungen für dieses Programm sind weitgehend abgeschlossen, so daß beim Start dieses Projektes das neue Programm von RADIO FFH über die DAB-Sender abgestrahlt und in die hessischen Kabelnetze eingespeist wird. Weiter bemüht sich RADIO FFH darum, auch für dieses DAB-Programm herkömmliche UKW-Stützfrequenzen, jedenfalls an einigen wichtigen Stellen, zu erhalten, um wenigstens zu einem Teil auch terrestrisch empfangbar zu sein.
Es wird nämlich noch lange dauern, bis DAB das herkömmliche UKW-System abgelöst haben wird, wenn es überhaupt dazu kommt. Das DAB-System hat zweifellos große Vorteile. Es bietet auch bei mobilem Empfang neben störungsfreiem Empfang von Hörfunk in einer der CD vergleichbaren Qualität zusätzlich die Möglichkeit, weitere digitale Informationen zu übertragen, die in Form von Texten, Graphiken und Bildern dargestellt werden können. Erreicht wurde dies durch den Einsatz modernster Verfahren zur Datenreduktion, welche die Zahl der benötigten digitalen Informationen um ein Vielfaches verringern, ohne die Klangqualität hörbar zu beeinflussen.
Die somit gewonnene Übertragungskapazität kann für andere Dienste genutzt werden, und zwar für Daten, die sich auf das jeweils eingestellte Hörfunkprogramm beziehen, aber auch für Informationen, die völlig unabhängig vom Programmangebot übertragen werden. So können z. B. pogrammbegleitend Namen von Sängern oder Musiktitel übertragen werden, ebenso wie Verkehrshinweise, Darstellungen von Staus auf einer elektronischen Landkarte. Hotelzimmer können reserviert, Computerspiele gespielt werden. Voraussetzung ist ein entsprechender Empfänger mit einem dazugehörigen Display, auf dem dies alles sichtbar gemacht wird.
Sind die DAB-Netze derzeit noch auf Pilotprojekte beschränkt, so sollen sie ab dem Jahr 2002 in ganz Deutschland flächendeckend empfangbar sein. Es ist dann abzuwarten, wieweit das Publikum bereit ist, die vorhandenen Empfängergeräte gegen digital taugliche Geräte einzutauschen, die bei Massenproduktion voraussichtlich zwischen 500 und 1.000 DM kosten werden. Im Rah-

men des normalen Generationswechsels bei den Empfangsgeräten wird sich bei entsprechender Flächendeckung der Sender diese neue Technik wegen ihrer enormen zusätzlichen Möglichkeiten jedoch durchsetzen. Da ist es sicher ein Vorteil, wenn RADIO FFH von Anfang an dabei ist und jede Gelegenheit nutzt, Erfahrungen mit dem neuen System zu sammeln.
Noch kämpft RADIO FFH zusammen mit anderen privaten Rundfunkunternehmen um eine Gleichberechtigung mit den öffentlich-rechtlichen Anstalten auch bei diesem möglicherweise alles entscheidenden Innovationsschritt. Die bisherigen Zeichen mahnen zur Wachsamkeit. So müssen die privaten Teilnehmer an den Pilotprojekten ihre Kosten voll selbst zahlen. Die öffentlich-rechtlichen Anstalten erhielten dafür aus der jüngsten Gebührenerhöhung einen Betrag von etwa 170 Mio. DM!
Weiter geht es darum, daß die private Seite später bei der Zuteilung von Sendern und Frequenzen nicht benachteiligt wird. Auch hier versuchen die öffentlich-rechtlichen Anstalten, die ihnen zugebilligte „Entwicklungsgarantie" vorzuschieben und sich damit einen „Platz in der 1. Reihe" zu verschaffen.
Dieser Ausflug in die digitale Welt zeigt beispielhaft für viele andere Bereiche, wie schnellebig die Elektronik ist. Die Generationenschritte werden immer kürzer. Auch RADIO FFH hat seine 1989 installierte Technik jeweils mindestens einmal erneuert und ausgetauscht. Aber auch der stete Wechsel in den Hörergewohnheiten erfordert es, dauernd auf der Höhe der Zeit zu sein. Wer hier rastet, rostet nicht nur, er wird schnell vergessen sein.

RODERICH REIFENRATH

ZEITUNGEN, RUNDFUNK, WERBUNG, PR

FRANKFURT ALS KOMMUNIKATIONSSTANDORT

Für einen in Frankfurt arbeitenden Journalisten ist die Frage schnell beantwortet, welche Stadt in Deutschland unter den Tageszeitungen produzierenden Standorten die wichtigste ist. Und die Antwort hat dann kaum etwas mit lokal gefärbtem Patriotismus zu tun. Auch nichts mit Stolz über Auflagen- und Umsatzhöhen der entsprechenden Verlagsobjekte, sondern mit der Tatsache, daß in der Metropole am Main täglich zwei Blätter auf den Markt gebracht werden, deren Verleger und Herausgeber nicht nur im Kerngebiet Hessens ihr Publikum suchen, sondern überregional antreten und - soweit Logistik und Remissionsrisiken es zulassen - auch außerhalb der nationalen Landesgrenzen im Angebot auftauchen: mit der „Frankfurter Allgemeinen Zeitung“ (FAZ) und der „Frankfurter Rundschau“ (FR).
Das sind, etwas Vergleichbares gibt es in der Republik nicht, zwei Überregionale in der traditionellen Form einer Abonnementszeitung mit ausdifferenzierten Lokalteilen. Angesichts einer Einwohnerzahl unter 700.000 sowie einem Ausländeranteil von etwa 30 Prozent (Menschen zudem, die manchmal sehr gezielt aus ihren Heimatländern publizistisch versorgt werden, wie die Türken zum Beispiel), wird sehr schnell deutlich, daß es in Frankfurt gar nicht so einfach ist, sich auf dem Markt zu behaupten. Der journalistische Aufmarsch bleibt nämlich nicht auf die Mitglieder der Redaktionen von „FAZ“ und „FR“ begrenzt. Ambitionierte Mitbewerber in der Stadt sind die „Frankfurter Neue Presse“ und „Bild“ - Rundumversorgung unter Einsatz klassischer Ressorts bei beiden auch hier.
Wenn man sich die Auflagen der drei Abonnementszeitungen anschaut, die den Namen ihrer Stadt werbewirksam in der Kopfleiste tragen (im Kernbereich rund 130.000 täglich von montags bis freitags), so wirkt das alles eher

bescheiden. Auf den ersten Blick weckt es sogar den Verdacht, viele Frankfurter seien Zeitungsmuffel, würden ohne wachen Sinn für die städtische Geschichte kostspieligen Bemühungen in den eigenen Mauern heute die verdiente Unterstützung verweigern, um im journalistischen Konzert der Deutschen weiterhin erste Geigen spielen zu können. Mit anderen Worten: Sie hätten weder eine innere Bindung an hochangesehene „Vorfahren" der jetzigen Zeitungen, noch wüßten sie - Parallelen zur Kultur drängen sich auf - überzeugend zu würdigen, mit welchem intellektuellen und logistischen Aufwand da täglich etwas in Szene gesetzt wurde und wird.

Die Zeitungen sind übrigens Aktivposten zur Mehrung des Ansehens einer Kommune, die von Außenstehenden ja keineswegs nur mit Lob überschüttet wird.

Im Bereich der Printmedien bietet Frankfurt noch mehr als das eben Genannte. Da erscheint am Wochenende die Sonntagszeitung der FAZ, und da gibt es, Spezialbedürfnisse ansprechend, das „Journal Frankfurt" (alle vierzehn Tage), die „az" Frankfurter Stadtillustrierte, „Prinz" und „Fritz", Konkurrenz durchaus auch zu den Tageszeitungen, obwohl der direkte Vergleich auf Anhieb nicht einleuchtet. Über die Faktoren Zeit und Kosten jedoch verändern sich die Betrachtungen. Kaufentscheidungen von Leserinnen und Lesern fallen mittlerweile gezielter aus. Bedürfnisse, sortiert, werden wie individuelle Werteskalen gespeichert und abgerufen.

Das Beschaffen der Nachrichten, um die Spalten der Zeitungen und die Sendeplätze der elektronischen Mitbewerber zu füllen, reduziert sich natürlich nicht auf den Einsatz eigener Reporter und Korrespondenten. Deshalb erhebt der folgende Hinweis auf Presseagenturen, die sich in Frankfurt häuslich niedergelassen haben, auch keinen Anspruch auf Originalität. Doch im Zusammenhang mit Fragen nach der Bedeutung des Standorts für ausgereifte Informationszulieferer müssen sie erwähnt werden. Die „Deutsche Presseagentur" (dpa), „Agence France Press" (AFP), „Associated Press" (AP) und „Reuters" haben ihre regionalen und nationalen Zelte am Main aufgeschlagen - vier Spezialisten unter den Nachrichtenagenturen mit weltweiter Reputation und allesamt für überregionale Zeitungen unverzichtbar. Erwähnt werden müssen aus der Fülle spezifischer Angebote in diesem Bereich noch der „Evangelische Pressedienst" (epd), die „Frankfurter Börsenbriefe" und die „Vereinigte Wirtschaftsdienste" (VWD).

Frankfurt als Kommunikationsstandort! Das Thema beleuchtet nicht nur Chancen und Risiken der im Dunstkreis von Banken und Flughafen operierenden Zeitungen und Zeitschriften für das regionale Geschäft. Es geht auch um die darüber hinausreichende Wirkung redaktioneller Anstrengungen in einem Land, das sich nach dem Untergang der DDR und nach der nationalen Vereinigung neu formiert. Berlin als Hauptstadt wird Verschiebungen der Kommunikationsstränge mit sich bringen. Das ist zum Teil bereits geschehen. Die schiere Größe der alten Preußen-Hochburg mit rund 3,5 Millionen Einwohnern, mit wachsender Bedeutung auf wirtschaftlichem und kulturellem Sektor treibt zwangsläufig die Bemühungen nicht nur bei den Verlagen in der einst geteilten Stadt voran, um den kommenden, bislang noch sehr spekulativen Anforderungen gerecht zu werden. Allerorten prüfen Verleger, was es für ihre Häuser bedeutet, wenn Politiker und Beamte endlich vom Rhein an die Spree umgezogen sind.

Die Entwicklung in Berlin wird natürlich auch von den Zeitungen am Main aufmerksam und angespannt zugleich verfolgt. Die Erkenntnis jedoch, daß dort parallel zur gigantischen Baustelle rund um den Reichstag zwar investiert, in Sachen Einzugsbereiche ausdehnender Expansion allerdings nur mit Wasser gekocht wird (das gilt sowohl für den „Tagesspiegel" als auch für „Die Welt" und für die „Berliner Zeitung"), begünstigt auch weiterhin optimistische Prognosen für die Zukunft der beiden überregionalen Blätter aus Frankfurt. Anders als möglicherweise in der ersten Euphorie gedacht, lassen sich die Karten auf dem Zeitungsmarkt in Deutschland von Berlin aus nicht einfach neu mischen. Ehrgeizige Ideen außerhalb des Springer-Konzerns, auch bundesweit anzutreten, wurden inzwischen erst einmal auf Eis gelegt. Das müßte Folgen für die um Zeitungsverlage gruppierte Kommunikationsbranche haben. Der Main bleibt als Standort so wichtig wie bisher.

Mit einem Schuß Selbstironie könnte man sagen, daß die eingeübten, erfolgreichen und selbstbewußt auftretenden Zeitungen – vom Brandenburger Tor aus betrachtet – alle aus der „Provinz" kommen. Das hat etwas mit dem föderalistischen System des Grundgesetzes zu tun. Es konnte seit dem Ende des Zweiten Weltkriegs die ihm zugewiesene Rolle hervorragend nutzen und hat Bonn als eine alles dominierende Zentrale erst gar nicht zugelassen. Die Folge davon, auch jetzt nach Unruhe und Ungewißheiten auslösenden gedanklichen Konzentrationen auf die neue Kapitale: Weder in München („Süddeutsche Zei-

tung"), schon gar nicht in Frankfurt und auch nicht in Hamburg mit seinen marktbeherrschenden Wochenschriften „DIE ZEIT", „Spiegel" und „Stern" stehen Firmenverlagerungen in Richtung Osten auf dem Programm. Aufkeimender Wankelmut über den Standort strapaziert nirgends die Gemüter, eher schon das schwankende Anzeigengeschäft. Das jedoch hat mit Produktionsplätzen wenig zu tun.
Um zu dokumentieren, daß Frankfurt als Kommunikationsstandort Gewicht besitzt und behalten wird, müssen auch die elektronischen Medien, die elektronischen Serviceleistungen, die Buchverlage und Werbeagenturen in die Betrachtungen einbezogen werden.
An erster Stelle steht natürlich der „Hessische Rundfunk". Er residiert nicht in Wiesbaden, also nicht in der Landeshauptstadt, wie es in den meisten anderen Bundesländern bei den Öffentlich-Rechtlichen der Fall ist. Zwangsläufig ist der „HR" vor der eigenen Haustür auffälliger im Blickfeld als sonst in Hessen. Eine fundamentale Änderung dieser Präsenz ist nicht zu erwarten. Ebenfalls kein Verlust an journalistischer Bedeutung - trotz finanzieller Dauerkrise bei der ARD und gigantischer Sparprogramme seiner Sender.
Aber auch der Hessische Rundfunk hat Konkurrenz bekommen. Da wäre „Radio FFH" zu nennen, privat, Ziehkind der Zeitungsverleger, ein Angebot, mit dem das Ortsmonopol des Etablierten gebrochen und im elektronischen Bereich für Frankfurt neue Aufmerksamkeits-Markierungen gesetzt wurden. Das gleiche läßt sich, wenn auch lange nicht im selben Umfang, für „RTL" sagen - ein von der Taunus-Film gestaltetes „lokales Fenster" des in Köln residierenden Mutterhauses. Dort hatte sich der heutige Fernseh-Marktführer vor rund zehn Jahren niedergelassen. Es hätte auch der Bankenschwerpunkt am Main sein können, wenn nicht die Landespolitik zur unüberwindbaren Hürde für den finanzkräftigen Privaten geworden wäre. Ähnlich abgeschreckt wie „RTL" wurde etwas später auch „SAT1". Deren Geschäftsführung wollte im Airport Center des Frankfurter Flughafens Wurzeln schlagen.
Was auch immer sonst man über die Wünsche der nun in Nordrhein-Westfalen angesiedelten Fernsehmacher und die Abneigungen der Regierenden in Wiesbaden sagen mag, so ist eines wohl sicher: Frankfurt hatte als Kommunikationsstandort für diese Anbieter Priorität. Das war kühl kalkuliert, nicht zuletzt ein Reflex auf die günstige Verkehrslage, auf die Drehkreuz-Funktion von internationalem Rang - Verbeugung vor dem Standort. „RTL" ist, neben-

bei, nun größter Auftraggeber für deutsche TV-Produzenten. Das dafür ausgegebene Geld, ebenfalls nebenbei, bleibt vorwiegend im Kölner Raum.
Wie groß auf diesem Sektor die Interessen sind, beweisen die Anstrengungen, in Rhein-Main ein Ballungsraumfernsehen einzuführen. Die rot-grüne Landesregierung wartet ab, der Verband der hessischen Zeitungsverleger und der „Hessische Rundfunk“ haben kein Interesse an diesem Projekt. Eine Studie für die Landesanstalt für Privaten Rundfunk Hessen kommt zwar zu dem Ergebnis, ein weiterer Werbeträger sei verkraftbar. Das letzte Wort jedoch ist da noch nicht gesprochen. Immerhin wurde, Optionen anmeldend, in Wiesbaden die Vermarktungsgesellschaft BTV (Ballungsraum TV) gegründet, um die Werbung in Regionalsendern zu koordinieren.
„Die Stadt am Informationsfluß.“ So hieß die Unterzeile einer Broschüre mit dem Titel „Kommunikationsmarkt“, in der sich vor zwei Jahren die „Gemeinschaftsinitiative von Unternehmen der Kommunikationswirtschaft aus Frankfurt/Region Rhein-Main und der Wirtschaftsförderung Frankfurt GmbH“ präsentierte. Der damalige Oberbürgermeister Andreas von Schoeler erinnerte in einem Beitrag daran, daß Frankfurt 1994 von Lesern des Düsseldorfer „Handelsblatt“ zur „deutschen Marketing-Hauptstadt“ gewählt worden war und 5.000 Unternehmen der Kommunikationswirtschaft hier und in der Region ihren Sitz haben.
Das waren, das sind stolze Bilanzen, optimistisch unterfüttert im gleichen Forums-Heft für Kommunikation von anderen Autoren. Die Hinweise zielten unter anderem auf „Frankfurt Online“, auf Standards im digitalen Kommunikationssystem, das Finanzinstitute, Print- und elektronische Medien sowie Unternehmen der Telekommunikation miteinander verknüpfen werde.
Werbeagenturen bleiben die natürlichen Partner der Medien. Die gegenseitigen Abhängigkeiten sind unübersehbar. Zeitungen, Funk und Fernsehen bilden den Multiplikator und liefern ideale Resonanzböden für Produktpromotion. Geht es den Agenturen gut, nagen die Medien gewiß nicht am Hungertuch. Es gibt hochgestimmte Hinweise auf die Agenturszene, die - so in „Horizont“ am 27. September 1996 - mit fast 10% Zuwachs erneut ihre Stärke demonstriert habe. Wörtlich heißt es in dem Artikel: „Allen Unkenrufen zum Trotz ist der Agenturplatz Frankfurt nach wie vor stark. Von den rund 3,1 Milliarden Mark Gross Income, die die 200 größten deutschen Agenturen im vergangenen Jahr erwirtschafteten, kommt mehr als ein Viertel, nämlich 805 Mil-

lionen Mark, aus Frankfurt und Umgebung. Über zwei Drittel dieser Summe steuern die deutschen Statthalter internationaler Werbekonzerne bei, darunter Ogilvy & Mather und Young & Rubicam als die beiden größten Agenturen der Region.

Man kann noch eine Weile fortfahren mit der Darstellung umfänglicher Aktivitäten unterschiedlichster Branchen, die sich in der Summe als Kommunikationsträger in einer mit natürlichen Vorteilen gesegneten Region darstellen. Dazu gehören bedeutende Zeitungsdruckereien, in denen Woche für Woche Millionenauflagen über die Rotationen laufen: Zum Beispiel die „Druck- und Verlagshaus Frankfurt am Main GmbH" mit renommierten Blättern aus der ganzen Republik („FR", „DIE ZEIT", „Handelsblatt" und in Teilauflagen „Bild", „Bild am Sonntag", „Welt am Sonntag"). Oder die Frankfurter Societäts-Druckerei („FAZ", „Blick durch die Wirtschaft", „FNP", „Höchster Kreisblatt"). Da ist TER-Druck, spezialisiert auf Druck und Vertrieb ausländischer Zeitungen mit einer täglichen Gesamtauflage von rund 500.000 („International Herald Tribune", „The Guardian", „Corriere dello Sport", „USA Today", „Neue Zürcher Zeitung", „El País" - um nur die bekanntesten zu nennen). Und da existiert EGE, die größte türkische Druckerei außerhalb des Landes für türkische Produkte. Hier kommt „Hürriyet" auf die Walzen und samstags die „Financial Times".

Über den Film wäre noch ausführlicher zu sprechen, über Produktionsstätten und das Film-Museum mit seinen Ausstellungen beispielsweise. Die „Frankfurter Journalistentage" ließen sich anführen, die regelmäßigen Intensivkontakte führender deutscher Journalisten also. Von elektronischen Informationsdiensten könnte sehr detailliert geredet werden und vom „Wächterpreis der Tagespresse", die Auszeichnung für investigativen Journalismus. In den heiligen Hallen des „Römer" werden jedes Jahr die Gewinner des Preises geehrt.

Und wie darf man die Frankfurter Buchmesse kommunikationsstrategisch einordnen, die größte Messe dieser Art in Deutschland - Weltniveau, mit etwa 6.500 Einzelausstellern jeden Herbst und einigen hunderttausend Besuchern? Was zählen - daran angeschlossen - Buchverlage wie S. Fischer, Suhrkamp, Insel, Eichborn, Moritz Diesterweg, der Deutsche Fachverlag oder der Umschau Verlag?

Die Stadt als Begegnungsstätte von Lektoren und Literaten, von Autoren und Redakteuren, als Zwischenlandungs-Hafen ein idealer Ort, um schnell, en passant Meinungen auszutauschen, Nachrichten zu geben und sich mit „news" wieder zu verabschieden. Nach und durch Frankfurt müssen mehr oder weniger oft alle Kommunikationsexperten aus anderen deutschen Städten kommen; kaum eine andere Großkommune ist als Umwälzanlage für Informationen ähnlich gut strukturiert wie „Mainhattan" - nicht München, nicht Hamburg, nicht Berlin. Sie sind randständig, alle drei. Mit hohen Bevölkerungszahlen alleine läßt sich das nicht kompensieren. Man muß es sich nur ins Gedächtnis rufen und sich bemühen, etwas daraus zu machen.

PETRA ROTH

FRANKFURT AM MAIN

LEBEN, ARBEITEN UND WIRTSCHAFTEN IN EINER INTERNATIONALEN GROSSSTADT

In der Stadtverordnetenversammlung am 1. Dezember 1949 berichtete Bürgermeister und Wirtschaftsdezernent Dr. Walter Leiske über die bisherigen Arbeiten der Stadt auf dem Gebiet der Wirtschaftsförderung und die Zukunftsaufgaben. Er führte dabei unter anderem aus:

„Die große Zielsetzung ist klar vorgeschrieben. Aus unserer schweren Verantwortung für die Zukunft unserer Stadt wollen und müssen wir Frankfurt ausgestalten:

1. zum Wirtschaftszentrum,
2. zum Finanzzentrum,
3. zum kontinentalen Vorort,
4. zum überseeischen Einfallstor,
5. zum internationalen Messezentrum.

Diese weite Zielsetzung wird auch bedingen, daß wir Frankfurt seinen alten Rang als Kulturzentrum wiedererringen lassen; denn nationale und internationale Vorrangstellung in der Wirtschaft ist vom Vorrang in der Kultur nicht zu trennen." 47 Jahre sind seither vergangen.

Frankfurt gilt seit jeher als ein „Silber- und Goldloch", wie Martin Luther einst formulierte. Heute ist Frankfurt als Wirtschaftsmetropole, als Drehscheibe in der Mitte Europas mit seinem Flughafen und der Messe, als Finanzmetropole mit der Börse, der Bundesbank, den Zentralen der Großbanken, deren Architektur, welche die Skyline „Bankfurts" prägen, weltweit bekannt und anerkannt.

Frankfurt ist eine „Kulturstadt". Die kulturellen Einrichtungen unserer Stadt können es an Qualität und Originalität mit den anderen und größeren Städten aufnehmen. Kultur ist allerdings nicht nur das „Schöne, Wahre, Gute", wie

Theater, Musik oder Malerei. Eine Kulturstadt ist nicht möglich ohne eine lebendige Stadtkultur, und auch Unternehmenskultur trägt dazu bei.
Unternehmenskultur umfaßt die gesamten Denk-, Verhaltens- und Arbeitsweisen sowie die Gestaltung der Innen- und Außenbeziehungen eines Unternehmens. Die jeweilige Unternehmenskultur macht das Typische und Einmalige eines Unternehmens aus und verleiht ihm ein charakteristisches Profil. Auch Stadt-Kultur ist die Art und Weise, wie wir arbeiten, zusammen leben und wie wir unsere soziale und natürliche Umwelt gestalten. Hierdurch erhält Frankfurt das spezifische kulturelle Profil.
Unternehmenskultur und Stadtkultur sind miteinander verwoben und bedingen einander. Dazu einige Erläuterungen:
Für die Standortwahl von Unternehmen ist die kulturelle Ausstrahlung unserer Stadt sicher mitbestimmend. Dies vor allem in Zeiten stark verschärfter Standortkonkurrenz: Die Bundeshauptstadt Berlin ist hierfür ein aktuelles Beispiel. Qualifizierte Beschäftigte stellen höhere Ansprüche an die Lebensqualität des Arbeitsorts und das Image eines Unternehmens.
Mitarbeiter und Mitarbeiterinnen empfanden zumindest bis an den Anfang der 90er Jahre Loyalität nicht mehr primär zu einem bestimmten Unternehmen, sondern zu ihrer eigenen Profession, Gruppe und Tätigkeit. Gefragt wurde nach dem Unternehmensimage nicht mehr nur in ökonomischer, sondern ebenfalls in sozialer Hinsicht: Welches Unternehmen hat sich auch über seine ökonomisch-betriebswirtschaftlichen Erfolge hinaus gesamtkulturelle Verdienste erworben, hat auch im Freundes- und Bekanntenkreis ein „gutes Image", wo verbinden sich die besten Arbeitsbedingungen mit den geringsten persönlichen Einschränkungen, um eigene berufliche Vorstellungen und Perspektiven verwirklichen zu können? An welchem Standort lassen sich meine Wünsche und Vorstellungen einer besseren Abstimmung von Arbeiten und Leben am besten realisieren? „Betriebstreue" ist nicht mehr etwas, das Unternehmen sich materiell erkaufen können, sondern etwas, das sie durch Überzeugung gewinnen müssen. Das mag sich wieder ändern.
Insgesamt haben Unternehmen wie Städte die Bedeutung der Gestaltung ihrer kulturellen Identität erkannt. „Kultur als Standortfaktor" hat damit eine zunehmende Bedeutung nicht nur für die Standortwahl der Unternehmen gewonnen, sondern auch für die lokale Wirtschaftsentwicklung insgesamt. Dies findet seinen Niederschlag in der zunehmenden Bedeutung von Kultursponso-

ring-Aktivitäten der Unternehmen. Sicher kann man, wenn genug Geld dafür zur Verfügung steht, viel damit bewirken. Dennoch gilt nach wie vor der Grundsatz: Kunst kann man kaufen, Kultur jedoch nicht, und auch über ersteres läßt sich streiten.

Wenn man sich Frankfurts Entwicklung zur internationalen Großstadt vor Augen führt, geschieht dies am besten dadurch, daß man einen Blick zurückwirft auf die Zeit vor und nach der Gründung des Deutschen Reiches 1866/1871. Die „Freie Stadt" Frankfurt war von 1815 bis 1866 gewissermaßen die Hauptstadt des Deutschen Bundes, der „neutrale" Sitz der Bundesversammlung und ein gleichsam exterritorialer Treffpunkt der Gesandten aus deutschen und europäischen Staaten. Mit der Annexion durch Preußen verlor die Stadt 1866 ihre politische Selbständigkeit und staatliche Souveränität. Damals lebten in Frankfurt am Main etwa 75.000 Menschen. Berlin, Hamburg, München und Köln waren in dieser Zeit schon wirklich große Städte.

Gewiß, unter dem Aspekt der wirtschaftlichen Verflechtung wurde Frankfurt alsbald das Zentrum einer ganzen Region, die Metropole des Rhein-Main-Gebietes. Seit 1900 ist der Rhein-Main-Raum Einzugsgebiet und Lieferant der Arbeitskräfte. Aber diese Zentralfunktion Frankfurts deutete den möglichen Weg zur Metropole erst an. Tatsache ist, daß die Städtelandschaft des Rhein-Main-Gebietes ihre ganz eigenständigen, selbstbewußten und machtpolitischen Nebenzentren aufweist. Die Spannung zwischen kleiner Stadt und großem Markt, zwischen provinzieller Selbstgenügsamkeit und Weltwirtschaft hat die Entwicklung unserer Stadt in verschiedenen Epochen geprägt.

In der Zeit der Weimarer Republik begann Frankfurt aus einer offensichtlichen (finanziellen) Notlage heraus eine bewußte Politik der Regionalplanung. Durch die Zentralisierungstendenzen der Weimarer Republik sah man sich um eigene Zukunftschancen gebracht. Ansatzpunkt der Gegenmaßnahmen war erstens der Artikel 165 der Weimarer Reichsverfassung mit seinem Konzept von Bezirkswirtschaftsräten und einem Reichswirtschaftsrat. Der Frankfurter Magistrat suchte nun die Städte und öffentlichen Körperschaften der gesamten Region zu gemeinsamen Aktionen für eine territoriale Neugliederung zusammenzubringen. Bei der Auflösung der Länder - im Sinne eines dezentralistischen Einheitsstaates - sollte eine Reichsprovinz entstehen, die von Kassel im Norden über Fulda und den Aschaffenburger Raum weit nach dem Süden ausgriff, den Mannheim/Heidelberger Industriekomplex einbeziehen und bis Saarbrücken reichen sollte. Die Vorstellungen der Stadt- und Regionalplaner im damaligen Frankfurter Wirtschaftsamt zielten also auf ein Territorium, das Nordbaden, das heutige Hessen, das nordwestliche Unterfranken und Rheinland-Pfalz umschloß.

Es erschien damals eine Werbebroschüre, um dieses politische Raumprogramm zu begründen und die Öffentlichkeitsarbeit für das neue rhein-mainische Gemeinschaftsbewußtsein zu betreiben: Diese Broschüre trägt den bezeichnenden Titel: „Der rhein-mainische Städtekranz und seine Zentrale Frankfurt am Main". Das heißt also, Frankfurt am Main sah sich nicht als bestimmende Metropole der Region, die wie ein magnetischer Kern alles an sich zieht, sondern als Mittelpunkt in einem Kranz selbständiger, unabhängiger Städte. Natürlich wurde dieses Programm von massiver Machtpolitik auf dem Gebiet der kommunalen Wirtschaft gestützt, vor allem auf dem Gebiet der Energieversorgung, der Energieherstellung und der Gasversorgung.

Ein anderer Vorgang kommunalwirtschaftlicher Art, der zu einer stärkeren Zusammenbindung der Region führte, war die Errichtung einer Großmarkthalle als Verteilerzentrale für Nahrungsmittel im Rhein-Main-Gebiet, und zwar nicht nur für die selbstproduzierten Nahrungsmittel, sondern für Importe aus ganz Europa. Man vereinbarte besondere Transportbedingungen mit der Reichsbahn und besondere Zolltarife, die dieser Großmarkthalle auf dem Frankfurter Stadtgebiet eine Verteilerfunktion mindestens für Südwestdeutschland sicherten. Dieses Konzept, das den Regionalplanern vorschwebte, wirkte über die Jahrzehnte prägend bis in die Gegenwart.

Frankfurt am Main war - wenn man die Betrachtung auf dieses Jahrhundert beschränkt - immer eine deutsche Großstadt, wollte eigentlich auch nichts anderes sein oder werden. Als es 1949 darum ging, ob Frankfurt oder Bonn Sitz der Bundesregierung werden sollte, zog bekanntlich Frankfurt am Main den kürzeren. Anstatt zu resignieren, setzte sich Frankfurt von Anfang an - siehe das Eingangszitat des damaligen Bürgermeisters Dr. Leiske - ausgesprochen ehrgeizige Ziele. Die Skepsis, dem hohen Anspruch gerecht zu werden, war denn auch beträchtlich.

Gehen wir einmal der Frage nach, was man heute unter Wirtschaftsstandort Frankfurt versteht. Man definiert dieses Gebiet, das heißt die Region Rhein-Main als den Raum um die Städte Frankfurt, Offenbach, Wiesbaden, Mainz, Darmstadt, Aschaffenburg, Bad Nauheim einschließlich der Landkreise, insgesamt rund 11.056 qkm. Es ist eine Region mit rund 4,7 Millionen Einwohnern, mit ca. 2,3 Millionen Arbeitsplätzen, 320.000 Unternehmen und einer Wirtschaftsleistung von mehr als 260 Milliarden DM, was etwa 84% der Bruttowertschöpfung des Landes Hessen entspricht.

Das Besondere der Region Rhein-Main ist, daß sie räumlich, wirtschaftlich, kulturell, politisch extrem vielgestaltig ist. Vor allem ist hier die polyzentrische Struktur hervorzuheben, die sich aus dem Vorhandensein mehrerer Großstädte mit jeweils einer ganz spezifischen Entwicklungsgeschichte ergibt. Frankfurt ist nach Lage und Gewicht das Zentrum.

Ein knappes Fünftel bei den Einwohnern zwar nur, aber mit rund 580.000 Arbeitsplätzen und rund 91 Mrd. DM Wertschöpfung (1994) schon etwa ein Drittel der Region. Was in Frankfurt geschieht, strahlt auf die gesamte Region aus, ist aber andererseits nur möglich und denkbar mit den Ressourcen und Potentialen der Region.

Dieses Wechselspiel und die gegenseitige Abhängigkeit ist in den letzten Jahren mehr und mehr ins Bewußtsein der Entscheidungsträger in der Politik gerückt. Die Wirtschaft nutzt seit langem die Potentiale der gesamten Region, ohne sich viel um die Stadtgrenzen zu kümmern. Ähnliches gilt auch für die Bevölkerung. Tatsächlich ist die politische Administration der Region eine der größten Herausforderungen der Politik der 90er Jahre.

Frankfurt am Main wird weithin als Stadt der Banken, als Synonym für Geld in Deutschland apostrophiert. Dies trifft auch zu. Frankfurt am Main ist jedoch weit mehr, und die Frankfurter Wirtschaft umfaßt mehr als die Banken, so wichtig diese auch sind. Eine genauere Betrachtungsweise offenbart nämlich die hochdifferenzierte Wirtschaftsstruktur, die Verbindung mit der zentralen Lage und den herausragenden Infrastrukturqualitäten unserer Stadt, was dieser das mit Abstand höchste Bruttoinlandsprodukt und Steueraufkommen pro Kopf der Bevölkerung beschert. Einerseits wird die Struktur durch ein leistungsfähiges Miteinander von Industrie und Dienstleistungen geprägt. Andererseits ist sie gekennzeichnet durch eine gutfunktionierende Mischung von

- Unternehmen mit Metropolfunktion, deren wirtschaftliche Aktivitäten an nationalen und internationalen Maßstäben orientiert sind,
- Unternehmen mit regionalem und lokalem Bezug.

Vor allem die Metropolfunktion ist die Kraft, die unsere Frankfurter Wirtschaft zu weit überdurchschnittlichen Leistungen antreibt.

Den Ruf, wirtschaftliche Hauptstadt der Bundesrepublik Deutschland zu sein, verdanken wir im wesentlichen dieser Funktion. Indem Entscheidungen getroffen werden, die weit über die Stadtgrenzen hinausgreifen, erhält der Titel Metropole seine Rechtfertigung. In diesem Zusammenhang dürfte auch interessant sein, daß bei von ausländischen Medien finanzierten vergleichenden Untersuchungen weltweit führender Wirtschaftsmetropolen unsere Stadt stets einen der Spitzenplätze einnahm. Dies läßt sich etwa wie folgt kennzeichnen:
Unter den deutschen Standorten immer vor allen anderen, in Europa fast ausnahmslos unter den ersten drei! Dies will im wahrsten Sinne etwas heißen, und darauf kann unsere Stadt auch sehr stolz sein.
Es bedeutet zum Beispiel, daß Frankfurt ständig in der „Tagesschau" vorkommt - wenn der Zentralbankrat der Deutschen Bundesbank tagt oder am Ende die Wettervorhersage für den nächsten Tag erläutert wird. Es bedeutet, daß in den Sitzungssälen der Banken über das Schicksal von Unternehmen, Arbeitsplätzen und Großinvestitionen entschieden wird. Die Ansiedlung des Europäischen Währungsinstituts (EWI) in Frankfurt am Main, das der Nukleus der künftigen Europäischen Zentralbank ist, gibt Frankfurt den Rang der europäischen Währungsmetropole.
Frankfurt setzt - unbeachtet unausweichlicher Etatkürzungen - nach wie vor bundesweit beachtete kulturelle Akzente. Weitere Assets für Frankfurt sind der Flughafen, der in Europa einer der Spitzenreiter ist, und das Messewesen, welches sich durch innovative Konzepte und eine veränderte Leistungsstruktur im weltweiten Maßstab ganz nach vorn geschoben hat. Durch Messen und Kongresse wird eine Stadt nicht nur belebt; es entstehen neue Kontakte, neue Kontrakte und damit in Verbindung stehend oft auch neue Projekte.
Wenn man aber dem heutigen Frankfurt wirklich gerecht werden will, sollte man einmal versuchen, beispielhaft herauszugreifen, welche Schlagzeilen unsere Stadt im Zeitraum 1995 bis zur Gegenwart gemacht hat:

- Januar 1995:
  Das Commerzbank-Hochhaus, der höchste Büroturm Europas, wächst Meter für Meter in den Himmel.
- Januar 1995:
  Investitionen für mehr als elf Milliarden D-Mark in der Mainmetropole.

- März 1995:
  Finanzwelt profitiert von neuem Glasfasernetz.
- Juni 1995:
  Die Frankfurter Börse stellt sich zunehmend auf Computerhandel um.
- August 1995:
  Das Congress Center auf dem Messegelände wächst. Platz für 2.300 Menschen zum Tagen, Tanzen, Essen.
- August 1995:
  Mit dem Flugzeug bis vor die Tür. Weitere Modernisierung des Frankfurter Flughafens.
- September 1995:
  Denkfabrik im Eurotower. Das Europäische Währungsinstitut residiert seit einem Jahr in Frankfurt.
- November 1995:
  Frankfurt am Main weltweit auf Platz fünf der Business-Städte. Schnelle und preiswerte Telekommunikation wichtiges Kriterium im Konkurrenzkampf.
- Januar 1996:
  Unter dem Pflaster liegt die Datenautobahn. Nach einem Jahr zufriedene Gesichter bei Stadt Frankfurt und Kommunikationsanbietern.
- Mai 1996:
  Mit „FRANCIS" sekundenschnell einchecken. Messe Frankfurt setzt auf Qualität und noch mehr Service.
- Juli 1996:
  Wo der Kongreß tanzt und tagt. Das „Frankfurter Congress Center" eröffnet im November.

Diese willkürlich herausgegriffenen Beispiele erhellen, daß in Frankfurt ständig Neues entsteht und Pionierarbeit auf vielen Gebieten geleistet wird.
Obwohl Frankfurt am Main im Vergleich zu anderen Groß- und Millionenstädten, die man gewöhnlich als „Metropolen" versteht, nur unter eine Million Einwohner zählt und auch ziemlich überschaubar ist, kommen unserer Stadt sehr viele qualitative Gesichtspunkte zugute, die weit mehr wiegen als die üblichen Quantitäten von Einwohnern und Flächen.
Frankfurt am Main ist eine internationale Großstadt, sie hat ein global anerkanntes Profil als Kultur-, Wissenschafts- und Finanzzentrum. Man kann sagen,

daß sich die Aufbauarbeit in unserer Stadt seit 1945 gelohnt hat. In dieser Kontinuität gilt es weiterzuarbeiten. Frankfurt ist eine Aufgabe, die Großes verlangt, aber die Schaffung von noch Größerem in greifbare Nähe rückt! Ist dies nicht der beste Lohn für nachhaltige und zielgerichtete Aktivitäten?

ERNST WELTEKE

BEGINN EINER NEUEN EPOCHE

DER SITZ DER EUROPÄISCHEN ZENTRALBANK IN FRANKFURT AM MAIN

Wenn am 1. Januar 1999 - wie im Maastrichter EU-Vertrag vorgesehen - die dritte Stufe der Europäischen Währungsunion (EWU) beginnt, wird in der Tat eine neue Epoche in der europäischen Währungsordnung eingeläutet. Zwar werden zunächst aus technischen Gründen die nationalen Banknoten und Münzen noch für etwa drei Jahre gesetzliches Zahlungsmittel bleiben. Die Zuständigkeit für die Geldpolitik geht aber mit dem Beginn der dritten Stufe sofort von den nationalen Zentralbanken auf die Europäische Zentralbank über. Sie wird für den gesamten EWU-Raum eine gemeinsame, einheitliche Geldpolitik betreiben. Aus Frankfurter Sicht stellt sich damit die Frage, wie sich die Europäische Währungsunion auf das hiesige nationale Finanzzentrum und den internationalen Wettbewerb der europäischen Finanzplätze auswirken wird.

Schon in der gegenwärtigen Phase der Vorbereitung auf die dritte Stufe der Europäischen Währungsunion spielt Frankfurt eine herausgehobene Rolle. Hier hat das am 1. Januar 1994 errichtete Europäische Währungsinstitut (EWI) seinen Sitz. Entsprechend seiner Aufgabenstellung in Art. 109 f des Maastrichter EU-Vertrages entwickelt das EWI die Instrumente und Verfahren, die zur Durchführung einer einheitlichen Geld- und Währungspolitik in der dritten Stufe erforderlich sind. In der Regel einmal monatlich treffen sich die Präsidenten der Zentralbanken der EU-Länder mit dem EWI-Präsidenten in Frankfurt zu Sitzungen des EWI-Rates, dem Leitungsgremium des Europäischen Währungsinstituts. Außerdem kommen regelmäßig Mitarbeiter der Zentralbanken nach Frankfurt zu Sitzungen verschiedener Arbeitsgruppen des EWI, die mit vielfachen technischen Vorarbeiten befaßt sind, z. B. für die Refinanzierungsinstrumente der EZB, den Zahlungsverkehr in der EWU, die Harmonisierung der monetären Statistiken und die Herstellung der Euro-Banknoten.

Sobald Anfang 1998 der Europäische Rat darüber entschieden haben wird, welche Länder an der dritten Stufe von Beginn an teilnehmen, wird die Europäische Zentralbank (EZB) errichtet, die das Europäische Währungsinstitut ablöst und ab 1. Januar 1999 die Notenbankfunktion für den EWU-Raum übernimmt. Sitz der EZB wird gemäß Entscheidung des Europäischen Rates vom 29. Oktober 1993 ebenfalls Frankfurt sein. Die geldpolitischen Entscheidungen für Europa werden dann in Frankfurt getroffen und die geldpolitischen Aktivitäten von hier aus in die Wege geleitet. Dies wird die Augen der internationalen Finanzwelt auf Frankfurt lenken und die Stadt noch mehr ins Rampenlicht rücken. Die Sitzungen des EZB-Rates, des geldpolitischen Entscheidungsorgans der Europäischen Zentralbank, die gemäß Art. 10 Abs. 5 der EZB-Satzung mindestens zehnmal im Jahr stattfinden, werden bei Fachpresse und Finanzmärkten eine vermutlich noch größere Aufmerksamkeit finden als derzeit die Sitzungen des Zentralbankrates der Deutschen Bundesbank. Man kann sich leicht vorstellen, daß „Frankfurt" gewissermaßen zum Synonym für „Europäische Geldpolitik" wird, ebenso wie dies heute Maastricht für die EWU und Brüssel für die Europäische Union sind.

Während der Imagegewinn für Frankfurt kaum zweifelhaft ist, stellt sich die Frage, inwieweit dem hiesigen Finanzplatz daraus Impulse und konkrete Vorteile für seine weitere Entwicklung im internationalen Wettbewerb erwachsen. Vieles spricht dafür, daß die Ansiedlung der Europäischen Zentralbank die Anziehungskraft auf Finanzmarktakteure verstärkt. Zwar sorgt die Informationstechnologie inzwischen dafür, daß alle finanzmarktrelevanten Informationen praktisch zeitgleich überall in der Welt verfügbar sind. Entscheidend für große Teile des Finanzdienstleistungsgeschäfts ist aber gerade deshalb weniger die Sammlung von Informationen, sondern deren Verarbeitung. Es kommt darauf an, sie zu verstehen, zu interpretieren, zu bewerten und sie in – möglichst sich erfüllende – Erwartungen und erfolgreiche Geschäftsstrategien umzusetzen. Hierfür dürfte die Präsenz am geldpolitischen Entscheidungszentrum gewichtige Vorzüge gegenüber anderen Plätzen aufweisen. Die besseren Kommunikationsmöglichkeiten „vor Ort" fördern das Verständnis für die „Philosophie" und die konzeptionellen Grundlagen der geldpolitischen Linie und damit die Einschätzung der praktischen Politik.

Es ist daher zu erwarten, daß sich künftig Finanzmarktakteure, die in Frankfurt noch nicht vertreten sind, hier ansiedeln und schon ansässige Marktteilnehmer ihre Präsenz verstärken werden. Die Anziehungskraft des geldpolitischen Zentrums hat sich in der Vergangenheit gerade in Deutschland erwiesen. Frankfurt hat seine Entwicklung zum deutschen Finanzzentrum nicht zuletzt der Tatsache zu verdanken, daß hier die Bundesbank ihren Sitz hat. Ein Blick auf die USA zeigt freilich, daß der Sitz der geldpolitischen Entscheidungszentrale in Washington einer Stadt keineswegs zwangsläufig die Rolle des monetären Geschäftszentrums (New York) sichert.

Daß die Europäische Zentralbank ihren Sitz in Frankfurt haben wird, bietet der Stadt mithin zwar eine gute Voraussetzung, ihren Rang als ein führender Finanzplatz in Europa zu verteidigen und auszubauen. Inwieweit ihr das tatsächlich gelingt, wird jedoch entscheidend davon abhängen, wie das Stärke-Schwäche-Profil Frankfurts im internationalen Wettbewerb durch die Europäische Währungsunion beeinflußt wird.

Am deutlichsten treten die Folgen der Europäischen Währungsunion für den heimischen Finanzplatz im Wegfall der D-Mark hervor. Ihr internationales Ansehen und ihre Rolle als weltweit zweitwichtigste Anlage- und Transaktionswährung ist eine tragende Säule des hiesigen Finanzzentrums. Unmittelbar wird vom Wegfall der D-Mark das Devisenhandelsgeschäft der hiesigen Banken berührt. Im weltweiten Devisenhandel ist die D-Mark an vier von zehn Transaktionen beteiligt. Allerdings werden nur etwa 10% der Devisenhandelsumsätze mit DM-Beteiligung im Inland getätigt; in London dagegen circa 30%. Nach den Ergebnissen einer Umfrage der Bank für Internationalen Zahlungsausgleich (BIZ) vom April 1995 blieben die tagesdurchschnittlichen Umsätze am deutschen Devisenmarkt mit 76 Mrd. US-$ erheblich hinter denen in London von 460 Mrd. US-$ zurück. Am hiesigen Markt dominiert das „domestic business", während der internationale Handel London bevorzugt. Der größere Teil des inlandsbasierenden Devisengeschäfts dürfte auch nach der Ablösung der D-Mark durch den Euro in Frankfurt abgewickelt werden, so daß sich insoweit die Einbußen im Devisenhandelsgeschäft für die hiesigen Banken in Grenzen hielten. Ein stabiler Euro mit ähnlichem internationalem Ansehen wie die D-Mark könnte wegen seines größeren Wirtschafts- und Währungsraums an den Devisenmärkten ein noch größeres Gewicht erlangen als heute die D-Mark. Dies würde auch den hiesigen Banken erweiterte Geschäftsmöglichkeiten eröffnen, die möglicherweise sogar über die bisherigen DM-Umsätze hinausgehen.

Mit Beginn der Währungsunion fallen auch die Währungen der anderen Teilnehmerländer weg und insoweit der Intra-EU-Devisenhandel. Für einzelne Banken am Frankfurter Platz, insbesondere einige Auslandsbanken, wird dies gewiß eine spürbare Geschäftseinbuße bedeuten, insgesamt jedoch weniger ins Gewicht fallen. Der Devisenhandel in Frankfurt ist stark Dollar-orientiert, der Handel mit anderen EU-Währungen macht dagegen nur einen geringen Prozentsatz von schätzungsweise 15% aus. Stärker betroffen werden andere EU-Finanzplätze sein, z. B. Paris, wo der Handel mit EU-Währungen dominiert.
Von der internationalen Rolle der D-Mark profitiert in hohem Maße der inländische Rentenmarkt; mit einem Umlaufvolumen von gut 3 Bio. DM ist er weltweit der drittgrößte. Ausländische Anleger, die in DM-Produkte investieren wollen, erwerben regelmäßig inländische Wertpapiere in hohen Beträgen, in der Spitze 1993 sogar für 211 Mrd DM. Vom Gesamtumlauf inländischer Rentenpapiere befanden sich laut Depotstatistik Ende 1995 rund 800 Mrd. DM oder knapp 30% in Auslandsbesitz.
Mit dem Übergang zum Euro werden die DM-Produkte von den Kapitalmärkten verschwinden; Frankfurt wird dann nicht mehr der zentrale DM-Platz sein, sondern einer unter mehreren Euro-Währungsplätzen. Allerdings bezieht der hiesige Rentenmarkt seine internationale Attraktivität nicht allein aus dem Ansehen der D-Mark, sondern auch aus seiner hohen Leistungsfähigkeit. Die hier emittierten Papiere sind von höchster Bonität, und der Markt weist eine hohe Liquidität auf.
Für ein ständig hohes Kapitalangebot sorgt das traditionell hohe Sparaufkommen der deutschen Bevölkerung, das in beträchtlichem Umfang oder indirekt über Banken, Versicherungen und Fonds dem Rentenmarkt zufließt. Für ein laufend hohes Angebot an Papieren sorgt insbesondere die Emissionspolitik des Bundes. Die Emissionsfolge nach einem im voraus dem Markt bekanntgegebenen Kalender und Emissionen über hohe Einzelvolumina von 10 Mrd. DM und mehr zielen insbesondere auf die Interessen großer, international agierender Investoren. Inzwischen bietet der Bund auch unterjährige Papiere und damit die gesamte Laufzeitpalette an. Die Marktpflege der Bundesbank, für die großzügig dotierte Marktpflegequoten je Emission zur Verfügung stehen, sorgt am Sekundärmarkt jederzeit für marktgerechte Kurse. Auch andere Emittenten am deutschen Rentenmarkt haben sich inzwischen den Bedürfnissen der großen institutionellen ausländischen Anleger angepaßt, so z. B. die Länder mit

großvolumigen Gemeinschaftsanleihen und Hypothekenbanken mit sogenannten Jumbo-Pfandbrief-Emissionen.

Insgesamt gesehen besitzt der hiesige Wertpapiermarkt ein hohes Maß fundamental abgesicherter innerer Stärke. Das wird ihm auch im Euro-Zeitalter im Wettbewerb um international agierende Anleger eine führende Position sichern.

Stärke und Bedeutung des inländischen Wertpapieremissionsmarktes schlagen allerdings nicht voll auf die hiesigen Wertpapierhandelsaktivitäten durch. So hat der Frankfurter Platz am Sekundärmarkt Marktanteile insbesondere an London abgeben müssen. Dort findet etwa die Hälfte des Handels in Bundesanleihen statt, und der Umsatz in Bund-Futures an der Liffe ist deutlich höher als der an der DTB. Anteile an den hiesigen Platz zurückzuholen, wo sie an sich hingehören, wird mit der Einführung des Euro sicherlich nicht leichter werden. Allerdings ist in den letzten Jahren eine Reihe von Wettbewerbsschwächen abgebaut worden. Die DTB hat sich im Wettbewerb neben Liffe und Matif fest etabliert; die Deutsche Börse AG entwickelt sich zunehmend zu einem kundenorientierten Dienstleistungsunternehmen, eine umfassende staatliche Wertpapierhandelsaufsicht hat die frühere Selbstaufsicht an der Börse abgelöst. Die Freistellung der Repo-Geschäfte von der Mindestreserve hat die Voraussetzungen geschaffen, den immer enger mit dem Kassahandel verbundenen Repo-Handel aufzubauen.

Bei Einführung des Euro muß vermieden werden, daß für die hiesigen Wertpapiermärkte neue Nachteile durch verspätete Währungsumstellung entstehen. Neuemissionen und umlaufende Papiere, insbesondere die marktgängigen Bundestitel, müssen sofort auf Euro umgestellt werden. Auch eine rasche Umstellung der Börsennotierungen wird notwendig sein, um dem Risiko vorzubeugen, daß sich der Handel an Euro-Papieren an anderen Plätzen etabliert, die schneller umgestellt haben.

Der hiesige Platz ist insoweit heute für den internationalen Wettbewerb besser gerüstet als noch vor einigen Jahren. In der Handels- und Abwicklungstechnik kann er sogar auf deutliche Vorteile gegenüber anderen ausländischen Finanzplätzen, auch gegenüber London, verweisen. Die Abwicklungsfrist von Wertpapiergeschäften ist mit zwei Tagen schon seit langem kürzer als international üblich. Auch die taggleiche Abwicklung und sogar „Real-time"-Geschäfte sind unter bestimmten Bedingungen möglich. Die Elektronisierung

ist bereits weit fortgeschritten. Banken können ihre Kundenorders elektronisch an die Börse übermitteln, und die Börse wickelt die gesamte Wertpapierbelieferung elektronisch ab. Mit der DTB bietet der hiesige Platz eine vollelektronische Terminbörse als reines Bildschirmhandelssystem.
Die Technik der Wertpapierabwicklung wird derzeit am Frankfurter Platz auf vielen Feldern weiterentwickelt. Bis Ende 1996 soll bei der Landeszentralbank in Hessen der Pilotbetrieb des Automatischen-Bietungs-Systems (ABS) starten, mit dem die elektronische Abwicklung der Emissionen von Bundesschuldtiteln ermöglicht wird. Damit wird die Abwicklungssicherheit erhöht und die Zeitspanne zwischen Gebotsabgabe und Zuteilung verkürzt. Das Risiko, daß sich in der Zwischenzeit der Markt spürbar verändert, wird damit für die Banken deutlich reduziert. Außerdem arbeitet die Landeszentralbank in Hessen zusammen mit dem Deutschen Kassenverein an einer elektronisierten Harmonisierung von Wertpapierabrechnung und Geldverrechnung, mit der jegliches zeitliches Auseinanderfallen von Wertpapierübertragung und Zahlung ausgeschaltet wird.
In den letzten Jahren sind weltweit die Bestrebungen erheblich intensiviert worden, die Risiken im Zahlungsverkehr, die mit der enormen Zunahme der Marktumsätze immer stärker hervortraten, zu vermindern. Frankfurt ist in dieser Hinsicht auf dem neuesten technischen Stand. Mit der am 8. März 1996 bei der hiesigen Hauptstelle der Landeszentralbank in Hessen eingeführten weiterentwickelten Version der elektronischen Abrechnung, der EAF-2, steht den Kreditinstituten ein Verfahren zur Zahlungsverkehrsabwicklung zur Verfügung, das es in dieser Form an anderen Plätzen nicht gibt. Durch laufende bilaterale Verrechnung von ein- und ausgehenden Einzelzahlungen zwischen den Abrechnungsteilnehmern verknüpft es die Vorzüge der traditionellen multilateralen Abrechnung - geringer Liquiditätseinsatz - mit Elementen eines Bruttoverfahrens - Deckungsprinzip und frühe Endgültigkeit der Einzahlungen. Das Kreditrisiko der hiesigen Banken im Zahlungsverkehr wird damit erheblich verringert.
Ein Großteil der hiesigen EAF-Umsätze entfällt auf internationale Transaktionen, bei denen DM-Beträge in Frankfurt angeschafft werden müssen. Mit dem Übergang zum Euro entfällt dieser Platzvorteil, da für in Euro anzuschaffende Beträge Frankfurt nicht mehr automatisch der natürliche Platz ist. Der Zahlungsverkehr wird sich dann den Platz im Euro-Währungsraum wählen, der die

besten Bedingungen bietet. Mit seiner technischen Leistungsfähigkeit und dem hohen Sicherheitsstandard ist Frankfurt in diesem Bereich für den Wettbewerb gut gerüstet. Allerdings schreitet auch an anderen Plätzen die technische Entwicklung voran, und ein bestehender Vorsprung kann schnell verlorengehen.

Welche Bedeutung dem Zahlungsverkehrssystem im internationalen Finanzplatzwettbewerb eingeräumt wird, zeigte sich in der heftigen öffentlichen Diskussion um den Zugang zu dem derzeit für die EWU entwickelten Großbetragszahlungssystem TARGET, das die nationalen Echtzeit-Bruttozahlungssysteme der EU-Länder miteinander verknüpfen wird. Die Diskussionen um die Frage, ob auch Nicht-EWU-Zentralbanken im Rahmen des TARGET-Systems ihren Kreditinstituten Innertageskredite in Euro gewähren dürfen, erreichte sogar politische Dimensionen. In London befürchtet man, daß internationale Zahlungsverkehrsströme in Euro am dortigen Platz vorbeigelenkt werden könnten, wenn im Falle der Nichtteilnahme Großbritanniens an der EWU den Londoner Instituten keine Innertageskredite gewährt werden dürften, also gewissermaßen keine vollwertige TARGET-Teilnahme angeboten werden könnte. Es würde jedoch eine Wettbewerbsverzerrung bedeuten, wenn „Out"-Zentralbanken gleiche Bedingungen bei den Innertageskrediten eingeräumt würden, während sie den sonstigen, u. U. belastenden Regelungen des EZB-Systems, wie z. B. einer Mindestreservepflicht, nicht unterlägen.

Auch die praktische Umsetzung der Geldpolitik der EZB wird den Finanzplatzwettbewerb in Europa berühren. Hier sind zwei Aspekte von besonderer Bedeutung: die Einführung einer Mindestreserve und die Ausgestaltung der Liquiditätsversorgung. Wenn sich die EZB für den Einsatz der Mindestreserve entscheidet, würde sie in jedem Falle in allen EWU-Ländern einheitlich angewendet. Innerhalb des EWU-Gebiets spielte sie daher als Wettbewerbsfaktor keine Rolle mehr, der bisherige Mindestreservenachteil des hiesigen Platzes würde entfallen. Die Mindestreserve müßte darüber hinaus so ausgestaltet werden, daß von ihr möglichst keine gravierenden Anreize zur Geschäftsverlagerung an Nicht-EWU-Plätze ausgehen.

Die Liquiditätsbereitstellung durch die EZB wird sehr wahrscheinlich überwiegend über Wertpapierpensionsgeschäfte erfolgen. Bei deren praktischer Durchführung wird es gerade auch aus Frankfurter Sicht darauf ankommen, daß alle Kreditinstitute in der EWU daran teilnehmen können und alle EWU-

Plätze angemessen beteiligt werden. Eine Konzentration auf einen beschränkten Kreis großer Kreditinstitute, wie sie der häufige Einsatz sehr schnell wirkender Feinsteuerungsoperationen mit sich bringen könnte - entsprechend der traditionellen Geldmarktsteuerung der Bank of England -, muß vermieden werden. Dies würde eine Tendenz zur Zentralisierung auf wenige oder gar nur einen Finanzplatz begünstigen und käme höchstwahrscheinlich vor allem London zugute.

Insgesamt kann der hiesige Finanzplatz der Europäischen Währungsunion und der mit ihr beginnenden neuen Epoche zuversichtlich entgegensehen. Anders als bei einem handelsorientierten Off-shore-Zentrum wie London gründet die Stärke Frankfurts auf festen Inlandsfundamenten, nämlich der Wirtschaftskraft des Landes und der hohen Ersparnisbildung. Aus beiden Quellen erwächst eine hohe Nachfrage nach Finanzdienstleistungen, zunehmend auch nach modernen innovativen Finanzprodukten, die auch ausländischen Finanzdienstleistungsunternehmen attraktive Geschäftsmöglichkeiten bieten. Ein Charakteristikum des hiesigen Platzes ist daher die starke Orientierung auf Kundenbeziehungen. Die hier ansässigen Auslandsbanken betonen, daß für sie ein wichtiges Präsenzmotiv gerade die Pflege der Kundenbeziehungen ist, für die auch im Rahmen des globalen Geschäfts eine lokale Basis und Verankerung notwendig ist. Hieran wird sich auch mit Einführung des Euro im Kern wenig ändern.

Und nicht zuletzt zeichnet sich der inländische Finanzplatz durch sein stabiles Finanzsystem aus, das krisenhafte Erscheinungen, wie sie in verschiedenen anderen Ländern vorgekommen sind, nicht erlebt hat.

Eine Umfrage eines Londoner Beratungsunternehmens unter 500 europäischen Managern im vergangenen Jahr brachte das Ergebnis, daß eine Mehrheit von ihnen Frankfurt die Chance einräumt, London den Rang als europäische Finanzhauptstadt abzulaufen, falls sich Großbritannien nicht von Anfang an an der EWU beteiligt. Es kommt jetzt darauf an, daß Frankfurt seine Chancen nutzt.

ULRICH BRIXNER

DIE ZUKUNFT GEHÖRT DEM MITTELSTAND

ROLLE UND BEDEUTUNG IM WIRTSCHAFTSRAUM FRANKFURT

Die heutigen Markt- und Wettbewerbsverhältnisse zwingen viele Unternehmen, ihre strategischen Ziele zu überdenken und ihre Strukturen zu verändern. Die Verhältnisse werden komplexer und zunehmend dynamischer. Mit Hilfe von modernen Managementkonzepten wie Total Quality Management, Lean Production oder Business Reengineering versuchen Unternehmen, im globalen Strukturwandel ihre Position zu festigen und ihre Leistungsfähigkeit sicherzustellen. Wo dies nicht aus eigener Kraft gelingt, schließen sich Unternehmen zusammen, um in den Kreis der Global Player aufzusteigen. Glaubt man den Äußerungen der Manager dieser Großunternehmen, daß nur die Großen in den Märkten von morgen eine Chance haben, dann müßte man sich um die Zukunft des Mittelstandes ernsthafte Sorgen machen.
Es gibt jedoch genügend Argumente, die zeigen, daß der Mittelstand keine Globalisierungsängste haben muß, sondern sich gerade im komplexer und dynamischer werdenden Wettbewerb auch in Zukunft erfolgreich behaupten wird.
Die Volksbanken und Raiffeisenbanken gelten traditionell als engste Partner des Mittelstandes. Sie begleiten mittelständische Unternehmen häufig von der Gründungsberatung an mit bedarfsgerechten Produkten, speziellem Knowhow und einer auf diese Kundenzielgruppe zugeschnittenen Servicepalette. Dabei werden sie von zahlreichen Verbundunternehmen in ihrer Arbeit subsidiär unterstützt. Der genossenschaftliche Finanzverbund, der am Bankplatz Frankfurt mit allen Unternehmen zu Hause ist, kann als gemeinsames Netzwerk dauerhaft den Erfolg mittelständischer Unternehmen sichern.
Eine allgemein anerkannte Definition des mittelständischen Unternehmens existiert nicht. Dafür ist der Mittelstand viel zu heterogen. Er umfaßt das Hand-

werk, den Handel, Industrie- und Dienstleistungsunternehmen. Um mittelständische Unternehmen von Großunternehmen abzugrenzen, werden häufig Kriterien wie Mitarbeiteranzahl, Umsatz, Marktanteil, Bilanzsumme oder Gewinn verwendet. Es ist aber weniger die Größe eines Unternehmens, die es zu einem mittelständischen Unternehmen zählen läßt, als vielmehr seine spezifischen Strukturen im organisatorischen und finanziellen Bereich. Weitere Kriterien wie Eigenschaften und Stil der Unternehmensleitung, Überschneidung von Kapitalbesitz und Geschäftsführung, Ausprägungen der Organisations- und Rechtsform, Börsenzugang, spezifische Betriebsabläufe oder die Unternehmenskultur präzisieren das Bild. Kleine und mittlere Unternehmen haben durchschnittlich weniger als 500 Beschäftigte und einen Umsatz - nach Bereichen variierend - von weniger als 100 Millionen DM. In den alten Bundesländern erfüllten 1990 99,6% aller umsatzsteuerpflichtigen Unternehmen diese Definition. Diese beschäftigten 64% aller Arbeitnehmer, bildeten 80% aller Lehrlinge aus, trugen mit 52,4% zur Bruttowertschöpfung aller Unternehmen bei und tätigten 44,4% aller Bruttoinvestitionen. Beeindruckende Zahlen. Ein nahezu identisches Bild ergibt sich auch im Raum Frankfurt. So werden im Kammerbezirk Frankfurt derzeit etwa 93,5% aller Mitgliedsunternehmen als kleine oder mittlere Unternehmen ausgewiesen.

Aus der Vielzahl der Abgrenzungskriterien ragt vor allem die zentrale Stellung des Unternehmers hervor. Sie resultiert aus der in der Regel anzutreffenden Identität von Kapitalbesitz und Geschäftsführung und der damit verbundenen persönlichen Erfolgs-, aber auch Risikoverantwortlichkeit. Der Unternehmer ist die treibende Kraft, der energische „Macher". Er entscheidet, und er gibt die Richtung für das Unternehmen vor.

Die Identität von Kapitalbesitz und Geschäftsführung zwingt den mittelständischen Unternehmer zu einer realistischen und praxisorientierten Geschäftspolitik. Seine Stellung in der Gesellschaft und sein Lebensstandard sind eng mit dem Erfolg des Unternehmens verbunden. Ein geschäftlicher Mißerfolg kann daher für ihn wesentlich schwerwiegendere Konsequenzen als für einen angestellten Manager in einem großen Konzern haben. Der vorhandene Wille zum Erreichen und Sichern der eigenen Unabhängigkeit ist grundlegend für das Selbstverständnis des mittelständischen Unternehmers. Er ist ständig auf der Suche nach Verbesserungen, nach neuen Marktchancen und Produkten. Die persönliche Erfolgs- und Risikoverantwortlichkeit macht ein leistungsori-

entiertes Vergütungssystem überflüssig und sorgt für eine permanent hohe Eigenmotivation des Unternehmers.
Die Überschaubarkeit des Unternehmens und die meist anzutreffende Mitarbeit des Inhabers führen in mittelständischen Unternehmen aber auch zu engen und persönlichen Bindungen zwischen Unternehmer und Mitarbeitern. Diese soziale Komponente hat vielfältige Wirkungen. Der nicht selten familiäre Bezug der Arbeit fördert eine hohe Arbeitszufriedenheit, eine hohe Motivation und ein positives Betriebsklima, das sich auch in geringeren Fehlzeiten und einer geringeren Beschäftigungsfluktuation äußert. Durch die Überschaubarkeit des Leistungserstellungsprozesses können sich die Mitarbeiter darüber hinaus stärker mit ihrem Unternehmen und ihrem Produkt- oder Dienstleistungsangebot identifizieren. Sie übernehmen Verantwortung für das Produkt und den zu betreuenden Kunden. Große Unternehmen stellen sich dagegen aufgrund ihres fragmentierten und damit anonymisierten Produktionsprozesses häufig als schwerfällige Organisationen dar, die mitunter mehr mit sich selbst beschäftigt sind, als daß sie sich den Herausforderungen des Marktes in dem gewünschten Umfang widmen können.
Im globalen Strukturwandel gewinnen typische mittelständische Eigenschaften eine enorme Bedeutung. Günstige Voraussetzungen zum Aufspüren neuer Märkte, Produkte und Prozesse sind in einer Umwelt, die sich ständig und in immer kürzeren Abständen wandelt, der Schlüssel zum Erfolg. Mittelständische Unternehmen weisen hier natürliche Wettbewerbsvorteile auf. Sie sind kundenorientiert, flexibel und innovativ.
Das Verhältnis des mittelständischen Unternehmens zu seinen Marktpartnern ist meist von persönlichen Beziehungen geprägt. Enge Kontakte zwischen Abnehmern, Lieferanten und dem Unternehmen kennzeichnen die Geschäftsbeziehungen. Vertrauen in die Qualität und Zuverlässigkeit sind Wettbewerbsfaktoren, die dem mittelständischen Unternehmen Freiräume im harten Preiswettbewerb schaffen. Auch der direkte Kontakt zum Firmenchef wirkt sich dabei positiv aus. Das Gefühl, ernst genommen zu werden, bevorzugt bedient zu werden und auch einmal spezielle oder außergewöhnliche Wünsche erfüllt zu bekommen, wird immer wichtiger. Durch die langjährigen intensiven Geschäftskontakte kennt das mittelständische Unternehmen seine Kunden. Es bemerkt sehr schnell Veränderungen in ihrem Kaufverhalten und kann so gezielt und schnell darauf reagieren. Große Unternehmen sind dagegen auf die

standardisierte Produktion ausgerichtet und versuchen mit ihrem Angebot die breite Masse der Kunden zu erreichen. Für mittelständische Unternehmen bietet sich somit die Chance, sich in Nischen zu etablieren. Die Tatsache, daß die Bedürfnisse der Kunden zunehmend differenzierter werden und sich kaum noch in homogene Segmente zusammenfassen lassen, spricht für wachsende Erfolgschancen des Mittelstandes.
Die kurzen Informations- und Entscheidungswege in mittelständischen Unternehmen garantieren eine schnelle Reaktionsfähigkeit und eine hohe Flexibilität. Sie können sich rasch an wirtschaftliche, gesellschaftliche und technische Strukturwandlungen der Branche anpassen oder neue Produkte hervorbringen. Hierbei kommt ihnen zugute, daß sie Umweltveränderungen schneller erkennen, Marktchancen schneller aufspüren und auch die Situation schneller ausnutzen. Bei Großunternehmen besteht vielfach die Gefahr, daß sie Entwicklungen entweder aufgrund der Marktferne nicht erkennen oder aber aufgrund ihrer Schwerfälligkeit nicht schnell genug reagieren.
Der kreativitätsfördernde Organisationsaufbau sorgt für einen allgemein hohen Innovationsgrad mittelständischer Unternehmen. Da man sich häufig große hochspezialisierte und sehr kostenintensive F+E-Abteilungen nicht leisten kann, werden Verbesserungsvorschläge der Mitarbeiter aus der täglichen Arbeit heraus in Innovationen umgesetzt. Auch wenn es sich dabei nur um geringfügige Verbesserungen im Produktionsprozeß handelt, wird dadurch die Fertigung doch permanent optimiert. Erstaunlich ist darüber hinaus, daß mittelständische Unternehmen, trotz fehlender F+E-Abteilungen, dennoch 80% aller Patente anmelden. Dies belegt die hohe Zukunftsorientierung mittelständischer Unternehmen – auch im Interesse des Wirtschaftsraums Frankfurt, denn Forschungsleistungen tragen erheblich zu einem hohen technologischen und wissenschaftlichen Standard in einer Wirtschaftsregion bei. Das Innovations- und Technologiemanagement mittelständischer Unternehmen ist darüber hinaus unmittelbar auf die Verwertbarkeit der neuen Ideen ausgerichtet. Die Orientierung an den Absatzmöglichkeiten führt dazu, daß erfolgversprechende Produkte und Verfahren schnell auf dem Markt eingeführt werden.
Natürlich darf nicht übersehen werden, daß kleine und mittlere Unternehmen aufgrund ihrer Betriebsgröße in einigen Bereichen den Großunternehmen eindeutig unterlegen sind. Dies gilt insbesondere in den Wirtschaftszweigen,

in denen die Massenfertigung und die Großproduktion dominieren. Die Ansicht „big is beautiful" mag dort durchaus gerechtfertigt sein. Mittelständischen Unternehmen ist es wegen ihrer fehlenden Marktmacht und der damit verbundenen ungünstigeren Kostenstruktur in diesen Sektoren nahezu unmöglich, allein ein konkurrenzfähiges Gegengewicht zu den Großunternehmen aufzubauen. Die Ausnutzung von Skaleneffekten, den sogenannten economies of scale, ist bei der Erstellung von standardisierten Produkten entscheidend. Um Synergiepotentiale zu schöpfen, steht mittelständischen Unternehmen allerdings der Weg offen, sich spezialisierten Vereinigungen oder Genossenschaften anzuschließen. Die Positionierung als Spezialist für genau definierte individuelle Problemlösungen, kombiniert mit einer Bündelung der Kräfte in Bereichen, in denen die Unabhängigkeit des einzelnen nicht tangiert wird, stellt die Strategie der Zukunft für den Mittelstand dar.

Mittelständische Unternehmen stehen bisweilen wegen möglicher Defizite in der Unternehmensführung in der Kritik. Das gilt meist nicht für den operativen, sondern für den strategischen Bereich, in dem die Planungslücken als besonders groß vermutet werden. Hier bietet allerdings gerade der Wirtschaftsraum Frankfurt eine Vielfalt von Einrichtungen, die mittelständischen Unternehmen bei strategischen Fragen beratend zur Seite stehen. Allen voran sind die Industrie- und Handelskammer und die Wirtschaftsförderung für dieses Segment mitverantwortlich.

Aber auch die Volksbanken und Raiffeisenbanken sind ein wichtiger Partner des Mittelstandes. Durch lang andauernden und häufig sehr engen persönlichen Kontakt zwischen dem Vorstand der Volksbank und dem Unternehmer erwächst ein ganz besonderes Vertrauensverhältnis. Dieses ist Garant für eine erfolgreiche Geschäftsbeziehung, die letztlich für beide Seiten von Vorteil ist. Häufig ist die Genossenschaftsbank am Platz die erste Bankverbindung des noch jungen Unternehmens. Gemeinsam wird mit Hilfe des Expertensystems GENO-Star die Finanzierung der Existenzgründung des Unternehmens geplant. Die Genossenschaftsbank kann durch ihre intensive Kenntnis des regionalen Marktes dem jungen mittelständischen Unternehmen viele wertvolle Hinweise geben.

Auch bei der Lösung der Nachfolgeproblematik mittelständischer Unternehmen tritt der genossenschaftliche Verbund als Berater der Unternehmen auf. Die Volksbanken und Raiffeisenbanken als Partner des Mittelstandes im hiesigen Wirtschaftsraum können auf die Kompetenz und Beratungsqualität der SG-Capital, einer 100%igen Tochter der SGZ-Bank AG, zurückgreifen. So hilft die SG-Capital bundesweit bei der Suche nach Interessenten für die Übernahme von mittelständischen Unternehmen, die die Nachfolgeproblematik nicht intern lösen können. Neuerdings werden diese Dienste sogar auf elektronischem Wege via Internet als „Eigenkapitalbörse“ international einem breiten Publikum bekanntgemacht.

So läßt sich an diesem Beispiel besonders gut die Arbeitsteilung zwischen Volksbanken und Raiffeisenbanken und den Verbundunternehmen deutlich machen. Die Volksbank ist der kundenverantwortliche Partner des mittelständischen Unternehmens vor Ort. Erst wenn die SG-Capital von der Volksbank in dieses Projekt einbezogen wird, bietet sie ihre Spezialdienste an. Dieses hier vorhandene Know-how ist sinnvollerweise bei dem der Volksbank nachgelagerten Zentralinstitut, der SGZ-Bank AG, zentral angesiedelt und somit für alle 417 Volksbanken und Raiffeisenbanken im Geschäftsgebiet der SGZ-Bank gleichermaßen verfügbar.

Die Partner des genossenschaftlichen Verbundes bearbeiten auch gemeinsam komplexe Finanzierungsfragen mittelständischer Unternehmen. Da diese ja zur Zeit keinen eigenen Zugang zum Kapitalmarkt haben, werden Kapitalbeschaffungsmaßnahmen meist im Verbund gelöst. Auch hier ist wieder die örtliche Volksbank erster Ansprechpartner. Ähnliche Strukturen und Umweltbedingungen vermitteln ihr die Fähigkeit, sich in die jeweilige Situation des mittelständischen Unternehmers hineinzuversetzen. Die starke Verflechtung der Genossenschaftsbanken mit dem gesellschaftlichen und wirtschaftlichen Leben in einer Region ermöglicht ihnen eine wesentlich stärkere Differenzierung der Kundenbonität und des Finanzierungsvorhabens. Erst wenn die Volksbank andere Partner in diese Finanzierungsvorhaben einlädt, werden SGZ-Bank, die VR-Leasing oder die Hypothekenbanken des Verbundes aktiv. So ist der genossenschaftliche Finanzverbund in der Lage, alle Finanzierungsprobleme eines mittelständischen Unternehmens individuell zu lösen. Wenn künftig an der Frankfurter Börse auch am neuen Markt gehandelt wird, soll dadurch den mittelständischen Unternehmen ein erster direkter Zugang zum Kapitalmarkt geboten werden. Sicherlich stärkt dieses neue Marktsegment nicht nur den Bankenplatz Frankfurt, sondern auch den Mittelstand im Wirtschaftsraum Frankfurt.

Zusammenfassend läßt sich festhalten, daß mittelständische Unternehmen typische Charakteristika wie Ziel- und Kundenorientierung, Innovationskraft und Flexibilität aufweisen, die ihnen helfen werden, im globalen Strukturwandel zu bestehen. Die Implementierung der zu Beginn erwähnten modernen Managementkonzepte in Großunternehmen, die sich typisch mittelständische Erfolgsfaktoren zu eigen machen, unterstreicht die Aussage, daß die Zukunft dem Mittelstand gehört.

In der Öffentlichkeit findet die Problematik des Mittelstandes nur wenig Beachtung. Die Strategien und Probleme der Global Players stehen in der täglichen Presseberichterstattung im Vordergrund. Das ist insofern verständlich, als Probleme eines großen Konzerns und der damit möglicherweise einhergehende Verlust von Arbeitsplätzen mehr Auswirkungen auf die wirtschaftliche Entwicklung in einer Region haben als die Schwierigkeiten eines mittelständischen Unternehmens. Gerade der Wirtschaftsraum Frankfurt ist Standort vieler international tätiger Konzerne. Er reagiert damit aber besonders sensibel auf die wirtschaftlichen Veränderungen in den hier tätigen Großunternehmen. Ein breiter Mittelstand dagegen trägt zu einer ausgewogenen Wirtschaftsstruktur bei und vermeidet insbesondere starke Schwankungen in der Beschäftigung.

Auch die Politik erkennt zunehmend die Bedeutung der mittelständischen Unternehmen bei der Beschaffung von Arbeitsplätzen und der Bewältigung des Strukturwandels. Möglicherweise mag dazu beigetragen haben, daß die am Shareholder-value orientierten Strategien der Global Players immer weniger im Einklang mit den volkswirtschaftlichen Bedürfnissen eines Wirtschaftsraumes stehen. Verstärkt werden dort Arbeitsplätze abgebaut, Investitionen an ausländischen Produktionsstandorten getätigt und erfolgreich Steuervermeidungsstrategien praktiziert. Im Gegensatz dazu hat der Mittelstand in der Vergangenheit im besonderen Maße zur Schaffung von neuen Arbeitsplätzen und mit seinem Steueraufkommen zur Finanzierung öffentlicher Aufgaben beigetragen.

Mit der zunehmenden Konzentration von Unternehmen nimmt zudem die Anpassungsfähigkeit an strukturelle Änderungen ab. Mittelständische Unternehmen weisen eine wesentlich größere Flexibilität auf als Großunternehmen und beschleunigen somit den erforderlichen Strukturwandel. Durch die in erheblichem Maße praktizierte Subventionierung von Großunternehmen, die ihre Wettbewerbsfähigkeit am Markt längst eingebüßt haben, wird der notwendige Strukturwandel zum Schaden des Standortes nur verzögert und werden überfällige Anpassungen hinausgeschoben. Vor allem die Entwicklungen in den Vereinigten Staaten zeigen, daß es die kleinen innovativen Unternehmen sind, die in erheblichen Maße zum technischen Fortschritt beigetragen haben und für das positive Beschäftigungswachstum verantwortlich waren. Darüber hinaus darf nicht vergessen werden, daß die Deckung des Bedarfs von individuellen Bedürfnissen der Bevölkerung auch zu einer Hebung des allgemeinen Lebensstandards und zu einer Belebung eines Standortes führt.

Trotz aller Bekenntnisse für einen leistungsfähigen Mittelstand hat sich die Politik bisher primär für eine Verbesserung der Standortbedingungen für Global Players eingesetzt, während sie gleichzeitig immer neue Hemmnisse und Belastungen für den Mittelstand geschaffen hat.

Wenn ein leistungsfähiger Mittelstand aufgrund seines positiven Beitrages für einen Wirtschaftsstandort bewahrt bleiben soll, dann muß diesen Entwicklungen entgegengewirkt werden. Nicht die Subventionierung des Mittelstandes steht dabei im Vordergrund, sondern vielmehr die Aufrechterhaltung der Ordnungsbedingungen, die die Gleichmäßigkeit im Wettbewerb garantieren. Diese Rahmenbedingungen wären im Wirtschaftsraum Frankfurt in idealtypischer Weise vorhanden. Aus diesem Grunde muß sich der am Platz ansässige Mittelstand nur auf seine Stärken konzentrieren und auch künftig darauf hinwirken, daß Frankfurt neben seiner Bekanntheit als Bankenplatz auch als Wirtschaftsstandort für mittelständische Unternehmen seine Attraktivität behält. Die Volksbanken und Raiffeisenbanken und ihre Verbundunternehmen werden sie dabei nach Kräften unterstützen.

KLAUS WÄCHTER

BANKENPLATZ FRANKFURT

ÜBERLEGUNGEN ZUR ZUKUNFT DER DEUTSCHEN FINANZMETROPOLE

Frankfurt ist gegenwärtig unumstritten *der* Bankenplatz in Deutschland und darüber hinaus auch in Europa ein hochrangiger Finanzstandort. Doch wird dies in Zukunft so bleiben? Kann der Bankenplatz Frankfurt sein Standing halten oder sogar verbessern? Welche Rolle spielt Frankfurt in der Europäischen Währungsunion, und welche Auswirkungen hat der Euro? Diese Fragen sind für die Zukunft des Finanzplatzes Frankfurt von großer, ja existentieller Bedeutung bezüglich der Entwicklungspotentiale und -risiken.

Zukünftige Entwicklungschancen und -tendenzen lassen sich aber ohne einen Blick auf den Ist-Zustand nur unvollkommen einschätzen. Daher sei eingangs eine streiflichtartige Betrachtung sowohl der Rahmenbedingungen, die die Stadt Frankfurt selbst vorgibt, als auch der gegenwärtigen Verfassung des Finanzplatzes Frankfurt erlaubt. Allerdings ist zu beachten, daß in Zukunft durch die gewaltigen Veränderungen infolge des europäischen Integrationsprozesses eine Fülle von Neuerungen und Wandlungen auf diesen Standort einwirken wird, die seine weitere Entwicklung nachhaltig prägen und beeinflussen wird.

Zu Beginn stellt sich die Frage, was die Stadt Frankfurt und die sie umgebende Region dazu beigetragen haben, diesen Standort als Finanzplatz so attraktiv zu machen.

Frankfurt ist ein Knotenpunkt Europas. Sein Flughafen ist einer der wichtigsten Standortfaktoren des Rhein-Main-Gebietes und gleichzeitig Garant der Internationalität der Frankfurter Wirtschaft. Daneben verfügt Frankfurt über ein leistungsfähiges Verkehrssystem, dessen weiterer Ausbau in einer fairen Partnerschaft von Ökonomie und Ökologie voranzutreiben ist.

Frankfurt ist international und zugleich eine kosmopolitische Stadt. Hier leben Menschen mit sehr unterschiedlicher Grundprägung hinsichtlich Religion,

Kultur, Sprache, sozialer und politischer Erfahrung in einem friedlichen Miteinander. Zahlreiche Einrichtungen, Organisationen und Vereine tragen den multikulturellen Bedürfnissen der Bürger und Besucher Rechnung. Den Kindern der ausländischen Fachkräfte steht die „Frankfurt International School" zur Verfügung, wo gegenwärtig Schüler aus 53 Nationen unterrichtet werden. Die Sicherheit für die Menschen in dieser Stadt zu gewährleisten ist eine auch zukünftig vorrangige Aufgabe.

Darüber hinaus ist Frankfurt ein bedeutender Messeplatz, der alljährlich viele tausend Besucher aus aller Welt zu seinen internationalen Ausstellungen und Fachmessen anzieht. Sowohl den hier lebenden und arbeitenden Bürgern als auch den Gästen der Stadt wird ein vielfältiges, anspruchsvolles Kultur- und Freizeitangebot präsentiert. Gerade in Zeiten knapper öffentlicher Gelder sollte Sorge dafür getragen werden, diese Non-profit-Bereiche funktionsfähig und attraktiv zu erhalten, da Lebensqualität für sich genommen einen nicht zu unterschätzenden Standortfaktor darstellt und nicht zuletzt unter Imagegesichtspunkten für die Stadt von überaus großer Wichtigkeit ist.

Der Imageförderung hat sich auch die im Mai 1996 gegründete „Wirtschaftsinitiative Frankfurt Rhein-Main", der über 60 Unternehmen angehören, verschrieben. Sie will zur Profilierung der Region beitragen, den Interessen der Wirtschaft dieser Region mehr Geltung verschaffen und die Standortvorteile des Rhein-Main-Gebietes international besser bekanntmachen.

Frankfurt als Stadt bietet noch ein großes Entwicklungspotential, allerdings muß weiterhin aktive Wirtschaftsförderung betrieben werden, um es auszuschöpfen. Dazu gehören die Etablierung einer modernen Infrastruktur, die Verbesserung der Verkehrswege zu Land, Wasser und in der Luft sowie der forcierte Ausbau der Datenautobahnen. Ohne eine zügige Erweiterung des Hochleistungsglasfasernetzes ist die Zukunft der High-Tech-Gesellschaft unvorstellbar. Eine weitere grundlegende Voraussetzung, daß Frankfurt seine Stellung als internationale Handels- und Finanzmetropole behaupten kann, ist das Vorhandensein ausreichenden hochwertigen Büroraums und lukrativer Ansiedlungsflächen im Stadtgebiet. Dabei ist großer Wert darauf zu legen, daß kommunale Regelwerke und Genehmigungsverfahren bei konsequenter Beachtung des Umweltschutzes kürzer und effizienter werden. Einer Abwanderung ins Umland kann nur so gezielt entgegengewirkt werden. In letzter Zeit ist allerdings eine gewisse Trendumkehr zu beobachten.

Obwohl Geschwindigkeit, Präzision und das Kostenniveau der zu erbringenden Leistungen überwiegend zu den bestimmenden Faktoren werden, bleiben regionale Besonderheiten und Gegebenheiten entscheidend für den Charme und die Anziehungskraft eines Standortes.
Der Ausgangspunkt für die heutige Blüte Frankfurts als Finanzplatz liegt in den Frankfurter Messen begründet, deren Ursprünge bis auf das 13. Jahrhundert zurückgehen. Da in den Messezeiten eine Vielzahl von Münzsorten aus aller Herren Länder die Stadt überschwemmte, etablierte sich im Jahr 1585 eine Wechselbörse, so daß Frankfurt seinen ersten Finanzhandelsplatz bekam. Somit war die freie Reichsstadt nicht mehr nur der Platz für bedeutende Handelsmessen, sondern auch Finanztransaktionen größeren Ausmaßes wurden jetzt hier abgewickelt. Die ältesten Frankfurter Bankhäuser sind fast alle aus dem Warenhandel hervorgegangen, einige traditionsreiche Namen sind noch heute geläufig, z. B. die Bankhäuser Metzler, Hauck und Bethmann.
Den Aufstieg nach dem 2. Weltkrieg verdankt die Stadt Frankfurt der Entscheidung, die nationale Notenbank hier anzusiedeln. In der Folgezeit verlegten immer mehr Kreditinstitute ihren Sitz in die Stadt am Main, die Großbanken zentralisierten sich hier, und für die Auslandsbanken wurde Frankfurt ebenfalls zu *dem* deutschen Standort. Gegenwärtig sind am Platz Frankfurt (Stand 30. 6. 1996) 410 in- und ausländische Kreditinstitute vertreten. Von den 145 deutschen Instituten haben 68 hier ihren juristischen Sitz oder Hauptverwaltungssitz, von den 265 Auslandsbanken sind 52 mit eigenen Zweigniederlassungen vertreten. Damit weist Frankfurt mit Abstand die größte Bankenkonzentration in Deutschland auf. Untermauert wird dies dadurch, daß von den 10 größten Kreditinstituten der Welt neun, von den 50 größten 45 in Frankfurt präsent sind.
Darüber hinaus ist Frankfurt aber auch der wichtigste Börsenplatz Deutschlands. Mit Umsätzen von mehr als 6 Billionen DM im Jahr 1995 rangiert die Frankfurter Börse weltweit hinter New York, Tokio und London an vierter Stelle. Die Bedeutung dieses Börsenplatzes unterstreicht auch die Ansiedlung des Bundesaufsichtsamtes für den Wertpapierhandel (BAWe) in Frankfurt. Um die Präsenz von nationalen Entscheidungsträgern des Bank- und Finanzwesens in Frankfurt abzurunden, erscheint es geboten, das Bundesaufsichtsamt für das Kreditwesen von Berlin an den Main umzusiedeln. Die mehr als 55.000 bei den hier ansässigen Kreditinstituten beschäftigten Mitarbeiter tragen entschei-

dend dazu bei, Frankfurt zu der bedeutendsten hessischen Bürostadt zu machen, denn nur hier übersteigt der Anteil der Büroberufe an allen Beschäftigten die 50-Prozent-Marke. In beträchtlichem Maße mitverantwortlich sind dafür auch die Sparten Medienwirtschaft und Kommunikation, Beratungs- und Prüfungsgesellschaften sowie Werbe- und Marketingagenturen, für die Frankfurt ebenfalls zum Zentrum avancierte.
Wie sieht nun die Zukunft des Finanzplatzes Frankfurt aus? Wird Frankfurt ein Finanzplatz bleiben, der in- und ausländische Finanzinstitute anzieht, der aktiv von in- und ausländischen Anlegern und Anbietern genutzt wird?
Grundsätzlich ist der Finanzsektor der Bereich, der sich mit der größten Dynamik und den kürzesten Innovationszyklen fortentwickelt. Finanzdienstleistungen zeichnen sich außerdem dadurch aus, daß sie aufgrund der liberalisierten Finanzmärkte einerseits und der rasanten Fortschritte in Telekommunikation und Datenverarbeitung andererseits zunehmend global angeboten werden können. Infolgedessen eröffnen sich zum einen zwar zahlreiche neue Märkte, zum anderen wird der Konkurrenzkampf aber auch intensiver. Neue technologische Bedingungen überbrücken Distanzen, Entfernungen verlieren an Bedeutung. Die Leistungs- und Wettbewerbsfähigkeit des Finanz- und Bankenplatzes Frankfurt läßt sich mithin nicht mehr mit nationalen Maßstäben messen, eine Einschätzung der zukünftigen Entwicklungsaussichten setzt ein Denken in globalen Dimensionen voraus. Die Vision lautet: Frankfurt – die Finanzmetropole Europas. Da jedoch Europas Währungs- und Finanzsystem auf einen entscheidenden Umbruch zusteuert – die Europäische Währungsunion mit einer einheitlichen Währung –, sind alle Prognosen über das zukünftige Befinden des Finanzplatzes Frankfurt schwierig und mit großen Unsicherheiten und Unwägbarkeiten behaftet.
Die Position des Finanzplatzes Frankfurt ist aber durch eine Vielzahl positiver Rahmenbedingungen und Standortmerkmale begünstigt. Generell stehen die Beziehungen zwischen Finanzzentrum und Gesamtwirtschaft eines Landes in wechselseitiger Abhängigkeit, so daß der Finanzplatz Frankfurt in ganz erheblichem Maße von der Wirtschaftskraft unserer Volkswirtschaft profitiert. Die günstigen Fundamentalbedingungen der Bundesrepublik bilden die Grundlage für die Leistungs- und Konkurrenzfähigkeit des hiesigen Finanzplatzes. Dazu gehören vorrangig die anpassungsfähige, hochgradig internationale Wirtschaft mit einem hohen Exportanteil, die glückliche wirtschaftsgeographische

Lage im Zentrum des Kontinents, der erreichte Reifegrad der Volkswirtschaft mit hohen Vermögen und überdurchschnittlicher Sparquote in einem stabilen Umfeld. Zu den positiven Faktoren gehört ferner die stabile D-Mark als wichtige internationale Transaktions- und Reservewährung sowie als Ankerwährung in Europa.

Obendrein wurde mit der Entscheidung, Frankfurt am Main zum Sitz der Europäischen Zentralbank zu küren, die Stadt vom deutschen zum europäischen Finanzzentrum auf dem Kontinent. Mit dem Sitz der Europäischen Zentralbank, der obersten europäischen Währungsbehörde, stellt sich Frankfurt neben Brüssel, Luxemburg und Straßburg, dem Sitz von Kommission, Ministerrat und Europäischem Parlament, in die Reihe der wichtigsten Entscheidungszentren der Europäischen Union. Damit eröffnet sich für den hiesigen Finanzplatz eine überaus zukunftsträchtige Chance, zumal internationale Banken gern am Ort der geldpolitischen Entscheidungsträger sitzen. Folglich kommen sie nach Frankfurt, um am ständigen Entscheidungszentrum präsent zu sein. Dabei wird bei ausländischen Kreditinstituten die strategische Entscheidung, einen Stützpunkt in Frankfurt zu errichten, von der Erwartung bestimmt, hier weitere oder neue Geschäftsmöglichkeiten erschließen oder nutzen zu können.

Deutlich erkennbar ist überdies bereits die Brückenfunktion, die der deutsche Finanzplatz Frankfurt beim wirtschaftlichen Aufbau Osteuropas spielen wird. Die positiven Entwicklungen dieser Länder werden längerfristig auch Frankfurt als kontinentaleuropäische Finanzdrehscheibe stärken. Entsprechend seiner geographischen Lage wird Frankfurt eine aktive Rolle als Umschlagplatz zwischen Ost und West spielen und nicht Berlin, Dresden oder Leipzig.

Neben den genannten Pluspunkten, aus denen sich für den Finanzplatz Frankfurt begründete Aussichten auf eine positive Entwicklung ableiten lassen, existieren auch Bedingungen, die die Zukunftsperspektiven eintrüben:

Da der Finanzplatz Frankfurt eingebunden ist in die nationale Gesetzgebung, tangieren grundsätzliche Standortprobleme des Wirtschaftsraumes Deutschland auch diesen speziellen Teilmarkt. Hier ist der regionale Finanzplatz mithin nicht losgelöst von den gesamtwirtschaftlichen Rahmenbedingungen zu sehen, die auf lokaler Ebene allerdings nicht zur Disposition stehen. Zu den Problemen und Hemmschuhen gehören in erster Linie oftmals über das Recht der Europäischen Union hinausgehende, gesetzliche regulative Vorgaben sowie langwierige Genehmigungsverfahren. Hier erscheint etwas mehr Liberalität angezeigt, zumal der richtige Regulierungsgrad als ein ausschlaggebendes qualitatives Kriterium für die Wettbewerbsfähigkeit eines Finanzplatzes empfunden wird. Außerdem erweisen sich die hohe Steuerquote, beträchtliche Lohnnebenkosten und das schwer durchschaubare deutsche Steuersystem ebenso als große Belastung für den Finanzplatz Deutschland wie die zwar reduzierten, aber nach wie vor erhobenen zinslosen Mindestreservesätze auf Einlagen.

Des weiteren bietet der deutsche Rentenmarkt keine vollständige Laufzeitenstruktur in Staatspapieren, das Angebot von sehr kurzfristigen und sehr langfristigen Titeln ist äußerst gering. Hier sind uns andere Plätze überlegen und können deswegen stattliche Kapitalbeträge an sich binden. Ferner stellt die im internationalen Vergleich absolut unzureichende Zahl von Neuemissionen eine grundlegende Schwäche des deutschen Kapitalmarktes dar. Leider läßt Deutschland darüber hinaus - trotz der Erfolge bei der Plazierung der T-Aktie - eine etablierte Aktienkultur vermissen.

Zusätzlicher Schwachpunkt des Finanzplatzes Deutschland, der gleichermaßen für Frankfurt gilt, ist die nicht zufriedenstellende Kommunikation zwischen Wissenschaft und Praxis. Ein erster Schritt, die intellektuelle Infrastruktur am Finanzplatz Frankfurt zu fördern, war die Gründung des „Center for Financial Studies" im Jahr 1996. Im Rahmen der human resources bleibt allerdings im Hinblick auf die internationale Konkurrenzfähigkeit noch viel zu tun. Durch die Nutzung der vorhandenen intellektuellen Kompetenz, die Bündelung von Kräften und Know-how, die Orientierung an Markterfordernissen müssen auch auf diesem Gebiet wichtige Impulse für eine neue Attraktivität des Finanzplatzes Deutschland gegeben werden.

Die Zukunftsperspektiven für den Finanzplatz Frankfurt sind somit einerseits von positiven, günstigen Determinanten bestimmt, andererseits gibt es aber auch belastende Momente. Je nachdem, wie die Entscheidungen über Mindestreserve, das Bankenabrechnungssystem Target, Teilnehmerländer an der EWU und der Übergang zum Euro ausfallen, verteilen sich die Geschäfte auf die großen Finanzplätze. Ein forcierter Wettbewerb zwischen den großen europäischen Finanzzentren zeichnet sich bereits ab. Ebenso sind erste Anzeichen für eine internationale Arbeitsteilung erkennbar; so hat sich das Investmentbanking beispielsweise auf den Finanzplatz London konzentriert.

Mit dem Euro werden die Karten neu gemischt. Die vielfältigen Angebote an Finanzdienstleistungen sind leichter vergleichbar, der Wegfall des Währungsrisikos stellt andere Aspekte in den Vordergrund, wie Effektivität, Preis-Leistungs-Verhältnis, Ausfallrisiken oder Zuverlässigkeit. Es wird schwerer für Deutschland, denn der Heimvorteil der Ankerwährung D-Mark entfällt.

Nach der Einführung des Euro entscheiden bei der Wahl des Finanzplatzes überwiegend die steuerrechtlichen, banken- und börsenaufsichtsrechtlichen Regelungen und die Qualifikation des Bankmanagements. Ohnehin zählen auf dem Finanzmarkt mit Einheitswährung in Zukunft nur Leistungskraft und etablierte Geldkultur, auf dem Lorbeer einer starken Währung kann man sich dann nicht mehr ausruhen.

Frankfurt als Sitz der Banken bzw. Repräsentanzen wird auch in Zukunft aufgrund der gewachsenen Strukturen und der zahlreichen Standortvorteile seine Bedeutung behalten. Inwieweit jedoch Finanztransaktionen hier oder anderswo getätigt werden, hängt in hohem Maße auch von politischen Entscheidungen ab, auf deren Ausgang die Finanzwelt nur bedingt Einfluß nehmen kann.

Die Wirtschafts- und Währungsunion ist für Deutschland und Europa Herausforderung und Chance zugleich. In diesem Europa wird Frankfurt als Ausgangspunkt monetärer Stabilitätskultur, als Gemeinwesen von internationaler Toleranz und als einer Stadt mit vielen Gesichtern ein besonderer Rang zukommen. Frankfurt als der zentrale Ort der Banken und Finanzwelt in Deutschland hat unter günstigen Voraussetzungen gute Chancen, auch zu *dem zentralen* europäischen Bankenplatz und zu einer Finanzmetropole der Welt zu avancieren.

Es bleibt zu hoffen, daß folgendes Zukunftsszenario in den nächsten 20 Jahren wahr wird: Frankfurt als Sitz der Europäischen Zentralbank ist die Finanzhauptstadt der Europäischen Union geworden. Denn trotz des fortgeschrittenen Standes der Technik wollen die Finanzmarktakteure dort sein, wo die geldpolitischen Entscheidungen fallen. Außerdem zieht Frankfurt aufgrund seiner Infrastruktur, seiner kulturellen Vielfalt, der Internationalität seiner Bevölkerung und seiner zentralen Lage gerade die Personalkapazitäten an, die hier hochqualifizierte und gutdotierte Positionen finden.

Chancen für eine prosperierende Entwicklung des Finanzplatzes Frankfurt überwiegen dann, wenn es gelingt, das Risikopotential zu begrenzen, und der

Finanzplatz Deutschland und die Reputation des Bankgewerbes nachhaltig gestärkt und gefördert werden. Frankfurt hat es verdient, daß sich alle Entscheidungsträger engagiert dafür einsetzen, diese Stadt zu einem Finanzplatz auszubauen, der auch im nächsten Jahrtausend richtungweisende Bedeutung hat.

ROLF E. BREUER

DIE ÜBERWINDUNG DES FÖDERALEN KOMPROMISSES

KONSEQUENTE AUSRICHTUNG AM WETTBEWERB

Frankfurt ist heute Deutschlands wichtigster Börsenstandort. Die Frankfurter Wertpapierbörse (FWB) ist allerdings nur eine von insgesamt acht Regionalbörsen in Deutschland. Daß die Börsen in Deutschland in eine föderale Struktur geordnet sind, ist auf das unserer Verfassung zugrundeliegende Ideal der Subsidiarität zurückzuführen. Nach Artikel 74 des Grundgesetzes untersteht das Bank- und Börsenwesen der konkurrierenden Gesetzgebung, also in der Regel den Bundesländern. Die Aufsicht der Börsen ist ganz in die Kompetenz der Länder gestellt. Die zunehmende Konzentration der Orderströme auf Frankfurt hat Friktionen verursacht, weil ganz konkrete betriebswirtschaftliche Interessen der übrigen Börsen betroffen sind. Umgekehrt hat die FWB von diesem Konzentrationsprozeß profitiert. Unabhängig von jeder Interessenabwägung gibt es allerdings gute Gründe für die Dominanz Frankfurts – jedenfalls in einer Börsenlandschaft, die so strukturiert ist wie heute. Diese Gründe müssen sich vor allem am Maßstab des Wettbewerbs mit anderen internationalen Börsenplätzen, der durch die Europäische Währungsunion, die Globalisierung der Finanzmärkte und die zunehmende Bedeutung der Kapitalmärkte überhaupt forciert wird, messen lassen. Davon hängt schließlich der Erfolg des „Finanzplatzes Deutschland" ab.

Faktisch ist die föderale Börsenstruktur in Deutschland kaum noch von Bedeutung. Das war nicht immer so. Der Anteil der FWB am gesamten Aktienumsatz in Deutschland ist von 32% im Jahr 1965 – damals lag die Rheinisch-Westfälische Börse in Düsseldorf noch mit einem Anteil von 34% vorne – auf über 77% im Jahr 1996 angestiegen. Diese Zentralisierung wird noch verstärkt durch das elektronische Handelssystem IBIS, in dem inzwischen schon 40% des Aktienhandels in den DAX-Werten stattfindet. Hier werden zwar ebenfalls die Börsenplätze der Marktteilnehmer vermerkt; tatsächlich handelt es sich aber um ein zentrales Handelssystem, in dem gerade die den Regionalbörsen zugerechneten Umsätze überproportional vertreten sind. Die Kostenvorteile dieses elektronischen Systems haben dazu geführt, daß immer mehr Intermediäre ihre Händler von den Börsenparketts abgezogen haben und an kleineren Parkettbörsen fast kein Handel mehr stattfindet. Als die dominante Börse in Deutschland hat die FWB eine Leitfunktion.

Diese Konzentrationsentwicklung wird auch in der institutionellen Historie reflektiert. Im Jahr 1988 wurde die Infrastruktur der verschiedenen Wertpapierdatenzentralen zusammengeführt. 1989 kam es zu einer Fusion der bis dahin regionalen Kassenvereine unter dem Namen Deutscher Kassenverein (DKV). Zwei Jahre später erhielt das IBIS, das 1987 zuerst noch als reines Informationssystem gestartet war, auch eine Handelsfunktionalität, womit zum ersten Mal ein zentraler, für Teilnehmer in ganz Deutschland erreichbarer Markt geschaffen wurde. Auch in das Jahr 1989 fiel die Gründung der ersten überregionalen Börse, der Deutschen Terminbörse GmbH (DTB). Die Trägergesellschaft der Frankfurter Wertpapierbörse wurde 1991 in eine AG umgewandelt, die dann 1992 den Namen Deutsche Börse AG erhielt. In der Folge wurden Kassa-, Terminmarkt und Abwicklung unter dem Dach der Deutschen Börse integriert. 1995 gab es dann einen Kooperationsvertrag zwischen der FWB und drei Regionalbörsen: der Bayerischen Börse, der Berliner Wertpapierbörse und der Rheinisch-Westfälischen Börse. Dessen wichtigstes Ziel ist die Zusammenführung der Orderbestände für die gerechneten Kurse.

Es gibt wirtschaftliche Argumente und Interessen, die für eine dezentrale Börsenstruktur sprechen, und solche, die für eine zentrale Struktur sprechen. Die angeführte Entwicklung zeigt, daß offenbar die letzteren die stärkeren Argumente und Interessen sind. Aber damit ist noch nicht die normative Frage geklärt, die auch mit dem Rekurs auf die Verfassungslage nicht abgeschlossen ist: Ist eine Konzentration des Börsengeschehens auf Frankfurt wünschenswert? Das vermeintlich beste Gegenargument liegt im Postulat des Wettbewerbs. An dieser Stelle soll argumentiert werden, daß Wettbewerb sinnvollerweise nicht regionaler, sondern funktionaler Wettbewerb ist. Die Überwindung des föderalistischen Kompromisses in der Börsenlandschaft Deutschlands entspricht nicht nur den Anleger- und Emittenteninteressen – und damit auch dem öffentlichen Interesse –, sondern ist auch für das Überleben des

Finanzstandorts Deutschland im globalen Wettbewerb von erheblicher Bedeutung.
Der freie Wettbewerb ist wesentlicher Bestandteil einer Marktwirtschaft. Er ist auch in Deutschland innerhalb der sozialen Marktwirtschaft als konstitutives Element der Wirtschaftsverfassung anerkannt; besonders die Privatisierung und Liberalisierung ehemaliger staatlicher Monopolindustrien sind ein Beispiel für die zunehmende Erkenntnis, daß Wettbewerb im Interesse aller Marktteilnehmer liegt. Das Kartell- und Wettbewerbsrecht schützt diesen Wettbewerb, indem es Sanktionen gegen den Mißbrauch einer den Markt beherrschenden Stellung bereithält. Die Praxis der Rechtsprechung hat gezeigt, daß es dabei vor allem auf die Definition des relevanten Marktes und die Frage ankommt, ob Lieferanten und Abnehmern des den Markt beherrschenden Unternehmens Ausweichmöglichkeiten zur Verfügung stehen. Unterschieden wird zwischen einer Substituierbarkeit des Angebots, die voraussetzt, daß ein anderes Unternehmen die gleichen Produkte oder Leistungen ohne größeren Aufwand anbieten kann, und einer Substituierbarkeit der Nachfrage, die voraussetzt, daß die Abnehmer des Unternehmens ohne größere Schwierigkeiten auf alternative Produkte oder Leistungen umsteigen können. Der Gesetzgeber erkennt also nicht den Wettbewerb als solchen des Schutzes würdig an, sondern die Möglichkeit des Wettbewerbs.
Ist der Wettbewerb zwischen den verschiedenen deutschen Börsen unter diesen Gesichtspunkten schutzwürdig? Tatsächlich kann man sagen, daß die Frankfurter Börse unter den Regionalbörsen eine marktbeherrschende Stellung einnimmt. Wenn also der relevante Markt mit den Grenzen der Bundesrepublik beschrieben wäre, bliebe nur zu prüfen, ob die Frankfurter Börse ihre Stellung mißbraucht hat. Auf den Kapitalmärkten, auf denen Globalisierung und Internationalisierung am weitesten vorangeschritten sind, ist Deutschland aber längst nicht mehr der relevante Markt. Selbst wenn man sagt, daß eine Substitution der Nachfrage nicht möglich ist, weil deutsche Aktien nicht ohne weiteres durch englische oder französische Aktien ersetzbar sind, bleibt immer noch die Substitution des Angebots, also der Börse. Nicht erst der elektronische Handel, sondern schon das Telefon hat einen Handel an räumlich entfernten Märkten, zum Beispiel im Ausland, ohne unzumutbare Schwierigkeiten möglich gemacht. Dazu trägt auch schon bei, daß die meisten in Deutschland tätigen Intermediäre entweder selbst an ausländischen Börsen

Teilnehmer sind oder mit dortigen Teilnehmern enge Beziehungen pflegen. Die Substituierbarkeit der Börsen ist nicht nur auf nationaler Ebene, sondern auch auf internationaler Ebene gegeben, und zwar nicht nur theoretisch. Vor der Einführung der Handelsfunktion im IBIS war es der London Stock Exchange gelungen, fast 15% des deutschen Aktienhandels an sich zu ziehen. Trotz der überragenden Stellung in Deutschland steht Frankfurt ohne Zweifel inmitten eines harten Wettbewerbs.

Es lohnt sich auch, darüber nachzudenken, ob Kartell- und Wettbewerbsrecht überhaupt auf eine Börse anwendbar wären. Die Aufgaben einer Börse, die Bereitstellung eines Marktsystems und gegebenenfalls die Regulierung des Marktgeschehens unterscheiden sich wesentlich von Angebot und Nachfrage nach konventionellen Produkten. Die Börse ist selbst der Markt. Um diese Frage befriedigend zu beantworten, muß daher zwischen den privatwirtschaftlichen Aufgaben einer Börse und ihren öffentlichen Aufgaben unterschieden werden. Die privatwirtschaftlichen Aufgaben umfassen vor allem Dienstleistungen, die nicht nur von einer Börse, sondern auch von anderen Institutionen, also Banken und anderen Intermediären, erbracht werden können. Die öffentlichen Aufgaben erstrecken sich auf die Definition und Regulierung des Marktes, besonders in der Hinsicht, daß es nicht zu einer Übervorteilung einiger Marktteilnehmer kommt. Die beiden wichtigsten Kriterien bei der Definition der regulatorischen Aufgaben einer Börse heißen Transparenz und Preisqualität. Die Frage stellt sich, ob die regulatorischen Aufgaben der Börse Gegenstand des Wettbewerbs sein können.

Die Transparenz soll in dem Sinne maximiert werden, daß alle Marktteilnehmer in der Lage sind, den gleichen Informationsstand zu erreichen. Davon ist zum Beispiel die Informationspolitik der emittierenden Unternehmen betroffen (Insiderproblematik), aber auch der allgemeine Zugang zu allen das Marktgeschehen betreffenden Daten. Das Kriterium der Preisqualität erfordert, daß alle Marktteilnehmer Zugang zu demselben Preisfindungsprozeß haben und mit größter Wahrscheinlichkeit die günstigsten Preise erzielen. Dieses Ziel ist am besten durch eine Maximierung der Liquidität zu erreichen. Die derzeitige Praxis der parallelen, unabhängigen Preisfindung in Deutschland ist ein gutes Beispiel für eine niedrige Preisqualität. Die Existenz von Parallelnotierung für dieselben Aktienwerte ist intransparent und vor allem für Außenseiter nicht nachzuvollziehen. In nicht wenigen Fällen hat die Preisabweichung zwischen

zwei verschiedenen deutschen Börsen bis zu 5% oder sogar 10% betragen. Sogar im Fall von DAX-30-Werten sind Preisunterschiede in der Größenordnung von mehreren Prozent vorgekommen.
Leider können Transparenz und Liquidität im Einzelfall im Widerspruch zueinander stehen. Regeln, die die Transparenz erhöhen, können Liquidität verringern. Eine Börse, die zum Beispiel sofortige Transparenz aller Transaktionen vorschreibt, wird Probleme haben, große Blockhandelstransaktionen anzuziehen, wodurch die Marktliquidität sinkt. Deswegen würde ein Wettbewerb zwischen einer Börse, die vor allem auf Transparenz Wert legt, und einer Börse, die versucht, Liquidität zu maximieren, zu regulatorischer Arbitrage führen und damit keinen Sinn ergeben. Vorstellbar ist allerdings, daß das Maß der Regulierung insgesamt Wettbewerbsfaktor wird. Ein Wettbewerb zwischen einer billigen, aber intransparenten Börse und einer teuren, aber transparenten Börse ist möglich. Am ehesten kommen der vollkommen unregulierte außerbörsliche Handel, der nach Schätzung der Deutschen Börse AG ca. 35% des deutschen Aktienhandels und 90% des deutschen Rentenhandels umfaßt, oder die privatwirtschaftlich organisierten Handelssysteme, wie INSTINET von Reuters, den Modellen nach einer regulatorischen Alternative nahe. Aber Wettbewerb läßt sich nicht erzwingen, sondern muß auf eine tatsächliche Nachfrage treffen. Im Wettbewerb der Börsen in Deutschland untereinander scheint es diese Nachfrage nicht zu geben. Unter den verschiedenen deutschen Börsen gibt es keine regulatorischen Unterschiede, und auch zwischen den Börsen Europas, wenn nicht der ganzen Welt, herrscht eine Tendenz zur regulatorischen Konvergenz vor. Es gibt also einen gewissen regulatorischen Spielraum, in dem Wettbewerb durchaus möglich ist, aber dieses Wettbewerbsmodell ist innerhalb des börslich organisierten Handels ungewöhnlich.
Welche Arten von Wettbewerb unter Börsen möglich sind, davon gibt der größte Aktienmarkt der Welt, dessen Innovationskraft für viele internationale Aktienmärkte Vorbildfunktion hat, ein Bild. Auf den ersten Blick ist der amerikanische Markt ein gutes Beispiel für die These, daß Aktienmärkte zu natürlichen Monopolbildungen neigen. Der Börsenplatz New York – bestehend aus der New York Stock Exchange (NYSE), der American Stock Exchange (AMEX) – vereint gemeinsam mit der überregionalen NASDAQ den überwältigenden Anteil der amerikanischen Börsenumsätze auf sich. Die fünf Regionalbörsen in Boston, Cincinnati, Chicago, San Francisco/Los Angeles und Philadelphia spie-

len nur eine untergeordnete Rolle. Da sie fast ausschließlich die an der NYSE oder AMEX notierten Werte handeln, sind sie außerdem in ihrer Preisfindung abhängig von den New Yorker Börsen. Daß diese Regionalbörsen überhaupt überleben können, läßt sich nur auf ihr Selbstverständnis als Dienstleister und Innovationsführer zurückführen. Sie sind bei der Umsetzung von den durch die Technologie gegebenen Möglichkeiten der nach wie vor an das Parkett gebundenen New York Stock Exchange voraus.

Die Regionalbörsen unterscheiden sich nicht so sehr von den New Yorker Börsen, als daß sie eine ernsthafte Herausforderung für New York darstellen könnten. Anders steht es mit den sogenannten Proprietary Trading Systems (PTS). Es handelt sich dabei um Bildschirmhandelssysteme, die von Börsenmitgliedern oder, im Falle des INSTINET, von einem Nachrichtenunternehmen unterhalten werden. Sie bieten einen Handel in den Werten der NYSE, der AMEX und der NASDAQ an und sind ebenfalls weitgehend vom Preisbildungsprozeß der dominanten Börsen abhängig. Ihr Vorteil liegt darin, daß sie ganz unterschiedliche Marktmodelle zur Verfügung stellen: Einige sind nach dem Market-Maker-Prinzip organisiert, andere als Auktionsmärkte gestaltet; wieder andere führen als reine Vermittlungssysteme (crossing systems) einander im Volumen entsprechende Orders zu vorher festgelegten Preisen aus; manche bieten Marktsegmente mit, andere ohne Preisbildungsprozeß an. Darüber hinaus bieten sie auch eine ganz unterschiedliche Ausgestaltung der Transaktionskosten an: Einige stellen keine festen Kommissionen in Rechnung und leben nur von der angezeigten Geld-Brief-Spanne, andere führen Angebot und Nachfrage zum Mittelkurs zwischen Geld und Brief zusammen, verlangen aber einige Cents Kommission pro umgesetzte Aktie. Die Bereitschaft der PTS, die unterschiedlichsten Markt- und Kostenmodelle anzubieten und den Technologievorsprung, den die Bildschirmhandelssysteme darstellen, zum Beispiel als Geschwindigkeitsvorteil auszuspielen, haben ihnen einen noch nicht großen, aber wachsenden Marktanteil von 8% in 1995 beschert.

Während die Regionalbörsen und die PTS sich weniger durch die gehandelten Werte als durch die angebotenen Dienstleistungen unterscheiden, findet die Differenzierung zwischen den großen New Yorker Börsen, NYSE und AMEX, mittels Spezialisierung auf bestimmte Emittenten statt. Als dritte dominante Börse muß hier noch die NASDAQ genannt werden, die strenggenommen keine Börse, sondern ein elektronisches Freihandelssystem ist. Sie handelt

aber nicht wie die PTS andernorts gelistete Werte, sondern die ihrer eigenen Emittenten. Der Wettbewerb zwischen diesen dominanten Börsen ist daher weniger ein Wettbewerb um Liquidität als um den Zugang zu Emittenten. Die NYSE stellt die quantitativ höchsten Anforderungen, und deswegen sind die großen Werte, die Blue Chips, an ihr gelistet. Die AMEX führt eher mittelgroße Unternehmen, spielt aber neben der NYSE nur eine sehr kleine Rolle. Das größte Wachstum in den letzten zehn Jahren hat die erst 1971 gegründete NASDAQ erlebt, die sich auf kleine, regionale und Wachstumswerte konzentriert. Einige von diesen Wachstumswerten, die inzwischen längst nicht mehr klein sind, zum Beispiel Microsoft und Netscape, sind auch weiter an der NASDAQ geblieben. Dieses Wachstum hat die NASDAQ so groß gemacht, daß sie inzwischen schon höhere Stückvolumina handelt als die NYSE.
Es besteht also kein Zweifel, daß der amerikanische Aktienmarkt von einem erheblichen Wettbewerb geprägt wird. Dieser ist nicht frei von Kontroversen. Der NYSE wird vorgeworfen, ihre dominante Stellung durch ihre Selbstregulierungskompetenz - ähnlich der öffentlich-rechtlichen Stellung der deutschen Börsen - zu schützen. Privaten Bildschirmhandelssystemen dagegen wird vorgeworfen, durch besondere und manchmal versteckte Rückvergütungen und Sonderleistungen Orderströme zu „kaufen". Diese Art von Konkurrenz um Liquidität ist sicher kein gutes Beispiel. Die amerikanische Börsenstruktur ist auch insofern nur schwer auf andere Länder zu übertragen, als die Größe und Vielfalt des amerikanischen Aktienmarktes nur schwer zu vergleichen ist. Vor allem aber kann man feststellen, daß die Differenzierung in den Vereinigten Staaten nicht nach regionalen Prinzipien, sondern nach Emittentengruppen auf der einen Seite und nach Dienstleistungs- und Systemgesichtspunkten auf der anderen Seite erfolgt.
Eine solche Art des Wettbewerbs gibt es in Deutschland so gut wie nicht. Alle Börsen bieten die gleichen Leistungen an. Insbesondere sind alle Börsen auf die großen DAX-Werte angewiesen, um wirtschaftlich arbeiten zu können. Ein Schritt in die amerikanische Richtung ist das Dachskontro der Kooperationsbörsen. Als Spezialisierungsinstrument auf bestimmte Aktientitel soll es eine Arbeitsteilung zwischen den beteiligten Börsen ermöglichen, so daß die Zahl der Mehrfachnotizen erheblich verringert und die Zahl der an einer Börse exklusiv notierten Werte erheblich vergrößert wird. Das Dachskontro bezieht sich aber nur auf die drei gerechneten Kurse des Tages: Eröffnungs-, Kassa- und

Schlußkurs. Es stellt damit nur eine Vorstufe des Elektronischen Handelssystems (EHS) dar, das alle Funktionalitäten - ohne regionale Zuordnung - darstellen wird.
Zur Differenzierung innerhalb der privatwirtschaftlichen Funktionen einer Börse gehören also die Wahl des Marktmodells, die Beschränkung auf bestimmte Emittenten und das Angebot von Dienst- und Serviceleistungen. Besonders gehört aber auch der Preis dazu, zu dem eine Börse ihre Leistungen anbietet. Um zum Beispiel der Konkurrenz der PTS zu begegnen, muß der strategische Ansatz der Börse die Reduktion der gesamten Transaktionskosten für den Investor, die sich aus der Handelsspanne beziehungsweise den Brokerkosten, den Börsenkosten und den Intermediärkosten zusammensetzt, sein, um die Zahl der Kunden zu maximieren und damit in einen virtuous circle der Liquiditätskonzentration zu kommen. Der Elektronik kommt die Rolle zu, die Fixkosten zu reduzieren und das Liquiditätsminimum zu senken, das für eine effiziente Kostengestaltung notwendig ist. Dank der Kosten- und Geschwindigkeitsüberlegenheit integrierter elektronischer Handels- und Abwicklungssysteme bestimmen die Möglichkeiten der Computertechnologie - und gelegentlich auch deren Beschränkungen - die Form des Marktes. Die Dynamik des Prozesses rührt von der unter dem Druck des Wettbewerbs immer weiter zu steigernden Effizienz in der Wertschöpfungskette Kapitalmarkt. Es handelt sich um ein selbstverstärkendes System: Je mehr die Handelssysteme zu austauschbaren Technologieplattformen werden, desto mehr entscheidet der betriebswirtschaftliche Wettbewerb der Systeme über die Konzentration der Liquidität. Die Parkettbörse ist, gemessen am Kriterium Effizienz, dem elektronischen Handel unterlegen. Die deutsche Ausgestaltung der Präsenzbörse verursacht neben hohen Infrastruktur- und Betriebskosten auch hohe Kosten der amtlichen Kursfeststellung und erschwert schließlich auch die Überwachung der Preisfeststellung. Der elektronische Handel dagegen bietet gleichberechtigten Marktzugang und Handelschancen für alle Marktteilnehmer sowie gleiche Informationen. Die Preisbildung ist jederzeit nachvollziehbar, und die Preisfeststellung erzeugt keine gesonderten Kosten. Die Kosten des elektronischen Handels sind vor allem einmalige Investitionskosten.
Dem elektronischen Handel in Deutschland, der anders als IBIS auch die gerechneten Kurse einschließen soll, ist inzwischen der Weg geebnet. Seit 1995 ist in § 7a Börsengesetz geregelt, daß ein Marktteilnehmer, der an einer

beliebigen Zulassungsstelle in Deutschland zugelassen ist, an einem länderübergreifenden elektronischen Handel teilnehmen kann. Damit ist die bundesweite Vernetzung in einem zentralen, vollfunktionalen elektronischen Handelssystem, wie es die Deutsche Börse AG plant, auch ohne besondere Vereinbarung mit den Regionalbörsen, die für das IBIS noch nötig war, rechtlich möglich geworden.

Angesichts der außerdem durch die Technologie eröffneten Möglichkeit, geographisch entfernten Marktteilnehmern per remote membership Zugang zum Markt zu geben, sind große Intermediäre nicht mehr gezwungen, an verschiedenen Handelsplätzen präsent zu sein, sondern können ihre Aktivitäten bündeln und per Computer an entfernten Börsen handeln. In Zukunft findet der Wettbewerb nicht mehr zwischen nationalen Institutionen oder Handelsplätzen, sondern übernational statt, und damit wird unwahrscheinlich, daß Kapitalmärkte weiterhin national organisiert sein werden. Man wird von Handelsnetzen statt von Handelsplätzen sprechen und darf sogar vermuten: Je höher die Effizienz eines solchen Handelsnetzes, desto mehr trägt es zur Auflösung nationaler Organisationsformen bei.

Wettbewerb zwischen Börsen ist gut, wenn es um den Wettbewerb zwischen privatwirtschaftlichen Dienstleistungsangeboten geht. Das heißt, solange die Börsen in Deutschland sich nicht durch ein besonderes Dienstleistungskonzept unterscheiden, gibt es keinen für den Marktteilnehmer sinnvollen Grund, nicht auf die Börse mit der höchsten Liquidität zurückzugreifen. Denn eine ineffiziente Preisbildung geht zu Lasten des Anlegers. Sie geht aber auch zu Lasten des Finanzplatzes Deutschland, weil professionelle Anleger aus dem Ausland das Risiko, das diese Ineffizienz beinhaltet, nicht eingehen möchten. Ein zentraler, liquider Markt ermöglicht größere Fairneß der Preise, geringere Wahrscheinlichkeit des Oligopolistennutzens und höhere Transparenz als ein fragmentierter Markt. Er darf nur nicht mit den falschen Mitteln, zum Beispiel Gesetzen, erreicht werden. Der Wettbewerb muß immer möglich bleiben, auch weil ohne ihn die Rückkopplung über Innovationsmöglichkeiten bei Technologie, Marktstruktur oder Serviceangebot fehlt. Die Börse muß also so organisiert sein, daß sich die Liquidität gerade nicht auf die Regulierungskompetenz, sondern auf den Erfolg im Wettbewerb gründet, indem sie unter dem ständigen Druck des Wettbewerbs und der Konkurrenzangebote in der Lage ist, soviel Liquidität an sich zu ziehen, wie notwendig ist, um ein Opti-

mum an Preiseffizienz und Transparenz darzustellen. Allein für ein regulatorisches Minimum ist Wettbewerb nicht möglich. Hier kommt es auf Koordination und Kooperation verschiedener Börsen untereinander an.
Der Börsenplatz Frankfurt hat den Wettbewerb mit den deutschen Regionalbörsen gewonnen. Diese Entwicklung ist ein Beispiel für die auch an anderer Stelle zu beobachtende Abkehr von einer regional definierten Differenzierung zugunsten einer funktional definierten Differenzierung. Aber damit befindet sich der deutsche Kapitalmarkt längst nicht in einem seligen Gleichgewichtszustand. Längst hat der wettbewerbsrelevante Markt für Börsendienstleistungen nationale Grenzen überschritten. Spätestens mit der Europäischen Währungsunion wird er europäisch, wahrscheinlich ist er aber schon heute global. Damit sieht sich Frankfurt heute in der Situation, in der sich vor einigen Jahrzehnten die deutschen Regionalbörsen sahen. Die Antwort auf diese Herausforderung kann - das zeigt das Beispiel USA - nur eine konsequente Ausrichtung am Wettbewerb auf der ganzen privatwirtschaftlichen Palette sein: Spezialisierung, Service und Preis. Der Finanzplatz Frankfurt ist durch das Konzept der Deutsche Börse AG auf diesen Wettbewerb vorbereitet. Paradoxerweise könnte aber die gleiche Devise auch jetzt noch der einen oder anderen deutschen Regionalbörse zu einer neuen Chance gereichen.

KLAUS-DIETER LEHMANN

WISSENSCHAFT ZU ÖFFENTLICHEM WISSEN MACHEN

DER AUFTRAG DER DEUTSCHEN BIBLIOTHEK IN ZEITEN DES UMBRUCHS

In den 70er Jahren gab es einen Slogan, der die Bedeutung Frankfurts als Buchplatz herausstellen sollte: „Frankfurt - die Stadt, wie sie im Buche steht". Tatsächlich ist Frankfurt am Main ein einzigartiger Buchplatz mit einer wechselvollen Geschichte, die immer geprägt war durch die Bedeutung des Handelsplatzes Frankfurt am Main. Nicht das Bibliophile und Prächtige, sondern das Nützliche von Büchern und Bibliotheken standen im Vordergrund: das Buch als Voraussetzung für Lehren und Lernen, für Verwalten und Forschen - die besondere Ware Buch. Im Rahmen der allgemeinen Wirtschaftsmessen ist schon in der 2. Hälfte des 15. Jahrhunderts in Frankfurt am Main eine Bücherausstellung nachweisbar. Bereits Ende des 15. und Anfang des 16. Jahrhunderts war Frankfurt der Mittelpunkt des europäischen Büchermarktes und damit ein Zentralplatz der gelehrten Welt. Im 18. Jahrhundert lief Leipzig Frankfurt den Rang als Buchmessestandort ab, eine Folge der kaiserlichen Vorzensur und der materiellen Forderungen der kaiserlichen Bücherkommission und damit eine Beeinträchtigung der freien Bürgergemeinde und ihrer Initiativen.
Erst nach Beendigung des 2. Weltkrieges knüpfte Frankfurt am Main wieder an die alte Messetradition an. Seit den 50er Jahren ist die internationale Frankfurter Buchmesse der Haupttreffpunkt des Verlagswesens der gesamten Welt, weltweit ohne Konkurrenz. Der Friedenspreis des deutschen Buchhandels, der anläßlich der Buchmesse in der Paulskirche verliehen wird, verstärkt diese Wirkung noch.
Das Buch spielte aber nicht nur in merkantilen Zusammenhängen eine Rolle. Frankfurts Tradition als Handelsstadt und Wirtschaftsmetropole hat sich in den vergangenen Jahrhunderten nie darauf beschränkt, was Martin Luther ein-

mal als das Silber- und Goldloch der deutschen Staaten bezeichnet hat, sondern hat eine breite kulturelle Verpflichtung ausdrücklich gewollt und gefördert. Dazu gehörten auch die Bürger-Bibliotheken mit öffentlicher Widmung. So entstanden vor mehr als fünfhundert Jahren als Stiftung des Frankfurter Patriziers Ludwig von Marburg die heutige Stadt- und Universitätsbibliothek (1484), vor mehr als 200 Jahren die Senckenbergische Bibliothek (1763) und vor mehr als 100 Jahren die Rothschildsche Bibliothek (1888). Die Frankfurter Stadtbücherei geht ebenfalls auf eine solche Bürgerinitiative zurück (1845). Aber auch die Bibliothek des Freien Deutschen Hochstifts (1859) oder die Bibliothek der Frankfurter Stiftungsuniversität (1912) gehören dazu.
Es ist ein dichtgewebtes Netz der Buchkultur, das Frankfurt mit Großbibliotheken, mit der internationalen Buchmesse, dem Börsenverein des Deutschen Buchhandels, mit zahlreichen Verlagen, Buchhandlungen, mit weiteren öffentlichen und wissenschaftlichen Bibliotheken, mit bekannten Autoren und anerkannten Literaturpreisen und mit bedeutenden literaturwissenschaftlichen Forschungsstätten besitzt. Man tut gut daran, sich in einer Zeit kultureller Vernachlässigung an diesen Fundus zu erinnern.
In diesem Zusammenhang steht eine bedeutende Frankfurter Nachkriegsentwicklung, ebenfalls eine Bürgerinitiative, die aus der Teilung Deutschlands entstanden ist und durch die Einheit Deutschlands bestätigt wurde – die Deutsche Bibliothek mit den Funktionen einer Nationalbibliothek.
Frankfurter Buchhändler, an ihrer Spitze Georg Kurt Schauer und Heinrich Cobet, ergriffen 1946 gemeinsam mit dem damaligen Leiter der Stadt- und Universitätsbibliothek, Hanns Wilhelm Eppelsheimer, die Gründungsinitiative. Die Stadt Frankfurt trat zunächst in die rechtliche und finanzielle Verantwortung ein, später unterstützt vom Börsenverein des Deutschen Buchhandels, vom Land Hessen und vom Bund. Heute ist sie eine bundesunmittelbare Anstalt. Schon einmal hatte es eine Bibliotheksgründung nach gleichem Muster gegeben, 1912 in Leipzig mit der Deutschen Bücherei. Als Initiative von Verlegern und Buchhändlern, getragen vom Börsenverein, der Stadt Leipzig und dem Land Sachsen, entstand in einer liberalen Handelsstadt damals die zentrale Bibliothek Deutschlands – am Anfang argwöhnisch betrachtet vom Deutschen Reich. Nicht das Sammeln der Hochkultur, sondern die umfassende Sammlung des deutschsprachigen Schrifttums und ihre lückenlose Verzeichnung waren ihre Aufgaben. Kaum gegründet, durchlebte sie alle Höhen und Tiefen der deut-

schen Geschichte – von der Kaiserzeit bis zur Teilung Deutschlands. Hemmnisse durch Zensur, erschwerte Vertriebsbedingungen und mangelnde Zugänglichkeit führten dann letztlich zur parallelen Gründung der Deutschen Bibliothek in Frankfurt am Main.

13 Jahre nach der Gründung der Deutschen Bibliothek konnten 1959 das eigene Gebäude eröffnet und die Notquartiere verlassen werden. Aber es sollte noch bis 1990 dauern, bis die beiden großen deutschsprachigen Kulturarchive in Leipzig und Frankfurt im Zuge der Vereinigung Deutschlands zu einer gemeinsamen Einrichtung zusammengefaßt werden konnten. Die Grundlage zur Zusammenfassung der über 14 Millionen Bücher bei gleichzeitiger Erhaltung ihrer Standorte lieferte der Einigungsvertrag von 1990. Nach einer internen Neubewertung der Funktionen entstand ein arbeitsteiliges Konzept, das im Nutzen für die Öffentlichkeit deutlich über dem der bisherigen isolierten Einrichtungen lag.

Die Deutsche Bibliothek ist heute an drei Plätzen präsent, in Leipzig mit der Deutschen Bücherei, in Frankfurt am Main mit der Deutschen Bibliothek und in Berlin mit dem Deutschen Musikarchiv. Sie firmiert unter dem gemeinsamen Namen – die Deutsche Bibliothek.

Den entscheidenden Eckstein fügte der erste gesamtdeutsche Bundestag ein. Seine Ausschüsse beschlossen im Mai 1991 endgültig einen Neubau in Frankfurt am Main an der Adickesallee, nach Prüfung der möglichen Varianten einer Nationalbibliothek für das wiedervereinigte Deutschland. Die Baupläne, bereits vor der Vereinigung entstanden, wurden entsprechend modifiziert.

Die Entscheidung ist nicht nur eine Reverenz an die traditionellen Buchstädte Leipzig und Frankfurt am Main, sondern auch eine Antwort auf die tiefgreifenden Änderungen durch die Informations- und Kommunikationstechnik im Publikationsbereich, und sie bietet eine Lösung zur langfristigen Quellensicherung und Verfügbarkeit von Literatur in gedruckter und digitaler Form. Der Frankfurter Neubau ist deshalb in besonderer Weise darauf ausgerichtet, neben einem Haus der Bücher auch ein elektronisches Archiv zu sein.

Nahezu zeitgleich mit der Fertigstellung des Neubaus in Frankfurt am Main Anfang 1997 werden der Neubau der Bibliothèque Nationale de France in Paris und der der British Library in London fertiggestellt. An der Schwelle zum 3. Jahrtausend entstehen in Europa drei neue Großbauten für Nationalbibliotheken. Die enge Zusammenarbeit auf der Grundlage moderner baulicher Voraussetzungen und effizienter Technik bietet eine einmalige Chance für den kulturellen und intellektuellen Dialog in Europa, gleichsam als Kern einer Europäischen Bibliothek. So wird Frankfurt nicht nur durch seine Funktion als europäisches „Gold- und Silberloch" glänzen können, es wird auch die Text- und Buchkultur als schöpferischen Faktor einbringen und sich in einer globalisierten Informationswelt als ein wichtiger Vermittler der deutschen Sprache und Literatur erweisen. Trotzdem stellt sich die Frage: Sind Großbauten für Nationalbibliotheken heute überhaupt noch zeitgemäß?

Längst sind wissenschaftliche Texte und Informationen nicht mehr gleichbedeutend mit gedruckten Informationen. Ein ständig zunehmender Publikationssektor wird von neuen Formen elektronisch verfügbarer Publikationen gebildet - CD-ROMs, Disketten, Netzpublikationen. Printmedien sind nur noch eine Ausgabeform unter vielen. Es scheint, daß Bibliotheken in einer Zeit, in der die Vision einer globalen virtuellen Bibliothek technisch Wirklichkeit wird, sich selbst aufzulösen beginnen. Die Verheißung allseitiger Vernetzung läßt Bibliotheken als staubige Überbleibsel vergangener Zeiten erscheinen. Heute kommunizieren bereits mehr als 60 Mio. Menschen weltweit über das Internet. Täglich werden dort Daten in einem Umfang übermittelt, der 500.000 Büchern von je 200 Seiten entspricht. Auch wenn ein Großteil des Datentransfers eher der Kommunikation als der Publikation zuzuordnen ist, so besteht kein Zweifel, daß Online-Netzpublikationen von zunehmendem Interesse für die Wissenschaften werden. Sie werden bevorzugt von solchen Wissenschaftlern genutzt, die einen hohen Aktualitätsdruck haben, mit kurzen Informationseinheiten arbeiten, international orientiert und verstreut angesiedelt sind.

Die Tatsache, daß sich die weltweit produzierte wissenschaftliche Information alle 5-10 Jahre verdoppelt und daß von allen Wissenschaftlern, die die Welt je gekannt hat, mehr als die Hälfte heute lebt und arbeitet, illustriert das quantitative Phänomen des exponentiellen Wachstums. Es mußte deshalb zu neuen Lösungen im wissenschaftlichen Publikationswesen kommen. Der Weg in die digitale Informationsgesellschaft ist vorgezeichnet. Er ist aber nicht ohne Risiken, denn die neue Form des Wissens ist flüchtig und kurzlebig. Dafür sorgt schon die sich schnell ändernde Technik, die zwar eine aktuelle Verfügbarkeit erlaubt, aber sehr schnell an der dauerhaften Sicherung scheitert. Die begrenzte Lebensdauer von Datenträgern, die kurzfristige Änderung von Codierungen und Formaten, der schnelle Wechsel bei Programmen und Gerätetypen lassen die Inhalte, die Informationen, in kurzer Zeit unleserlich werden. Die radikale Verteilung von Informationen, im Extremfall existiert die digitale Publikation einmal auf einem Rechner im globalen Netz, führt zu Unsicherheiten bezüglich der Verfügbarkeit auf Dauer. Angenommen, jemand hat im Internet etwas veröffentlicht. Viele haben es gelesen und zitiert. Nun löscht der Autor seinen Text und keiner findet mehr das Zitat. Damit würde wissenschaftliches Arbeiten unmöglich gemacht. Es würden sehr schnell blinde Flecken in der intellektuellen und kulturellen Überlieferung entstehen. Die Wegwerfmentalität unserer Gesellschaft würde dann auch die Qualität unserer Quellensicherung bestimmen. So weltumspannend und dicht das globale Datennetz auch geknüpft wird, die Zweifel wachsen, ob dieser Wissenstransfer auf Dauerhaftigkeit gegründet ist. So faszinierend die neuen Informations- und Kommunikationstechniken auch sind, die Zweifel wachsen, ob die Kommunikation nicht selbst zum Problem werden kann und unsere Gesellschaft in privilegierte Informationsbesitzer und ausgeschlossene Informationshabenichtse teilt.

Wenn die Entwicklung der Informationsgesellschaft ausschließlich dem Wettbewerb und dem freien Spiel des Marktes überlassen wird, dann werden bestimmte Bereiche, die nicht diesen Anforderungen entsprechen, ausgeblendet. Da unser menschliches Zusammenleben in allererster Linie eine Kulturleistung ist, muß sichergestellt werden, daß es weiterhin dauerhafte Wissensspeicher gibt, daß Wissenschaft zu öffentlichem Wissen gemacht wird und weiterhin ein ungehinderter Zugang zu diesen Informationen besteht.

Kommunikation ist nicht allein das Phänomen eines globalen Netzes. Das Netz verteilt lediglich die Informationen. Entscheidend für Inhalt und Einfluß sind die Informationsquellen selbst, die Text- und Mediensammlungen. Deshalb wird auch in Zukunft entscheidend sein, ob lokale bzw. nationale Ressourcen verfügbar gemacht werden können, um mit den globalen Ressourcen verknüpft zu werden. Bei den elektronischen Publikationen geht es um mehr als um Auswahl und Verwaltung durch Institutionen. Es geht um die Authentizität von Texten, um die Sicherung des geistigen Eigentums und um die Dauerhaftigkeit kurzlebiger Informationen. Jede Kultur stützt sich auf eine historisch gewachsene Überlieferung, jede Wissenschaft ist angewiesen auf veröffentlichte, reproduzierbare und zitierbare Erkenntnisse. Publikationen sind Ausdruck der kulturellen und intellektuellen Aktivitäten und Leistungen. Wenn diese Erkenntnisse künftig nicht nur in gedruckter, sondern auch in elektronischer Form verbreitet werden, so muß die neue Form konsequenterweise genauso Teil des kollektiven Gedächtnisses der Gesellschaft werden. Nicht der Träger, sondern der Inhalt muß ausschlaggebend sein. Die Tatsache, daß die dauerhafte Verfügbarkeit digitaler Publikationen erheblich größere Schwierigkeiten verursacht, darf wohl kaum zum Maßstab einer Entscheidung gegen diese Publikationsform gemacht werden, sondern sollte Ansatz geeigneter Verfahren sein.

Nach traditionellem Verständnis von Bibliotheken gibt es in fast allen Kulturstaaten Nationalbibliotheken, die eine umfassende Sammlung der gedruckten Überlieferung ihres Landes oder Sprachbereichs betreuen, gleichsam als Bindeglied zwischen Vergangenheit und Gegenwart, in der Regel als gesetzliche Verpflichtung ausgestaltet. Sie sind Schatzhäuser, kulturelle Werkzeuge und Serviceeinrichtungen. In ihrer langen Geschichte hat es immer wieder technische Transformationen gegeben - vielleicht nicht so radikal wie die derzeitige Informationsrevolution.

So wichtig wie das Bekenntnis zu den Büchern ist, so richtig ist auch die Erkenntnis, daß Bibliotheken - erst recht Nationalbibliotheken - ohne Fortführung nicht gedacht werden können. Dabei ist entscheidend, daß ihre Entwicklung sich aus der kulturellen Mentalität und den wissenschaftlichen Bedürfnissen bestimmt. Und dazu gehören inzwischen auch digitale Kommunikationstechniken.

Es ist deshalb folgerichtig, daß Nationalbibliotheken digitale Publikationen in ihre Depotfunktion einbeziehen und nachweisen. Insoweit wird sich ihre Rolle als nationales Gedächtnis nicht ändern. Aber sie werden künftig in ihren Funktionen weniger statisch und mehr dynamisch sein, Basis für Innovation und intellektuelle Stimulanz. Dazu ist eine leistungsfähige Informationsinfrastruktur notwendige Voraussetzung. Dies wird sie verstärkt zu Schlüsseleinrichtungen für die Wirtschaft und für die Wissenschaft machen. Dies wird sie aber auch zu einer engen Kooperation untereinander befähigen, zum Austausch von Serviceleistungen und digitalen Informationen. So ist es durchaus vorstellbar, daß sich Nationalbibliotheken, die noch der Universalität und zentralen Konzentration von Sammlungen folgen, künftig als Teil einer virtuellen Bibliothek verstehen und ausländische digitale Publikationen über das Netz gegenseitig verfügbar machen. Dabei sind die Rechte von Autoren und Verlagen zu beachten. Gedruckte Bücher werden auch in der Zukunft eine wichtige Rolle spielen, die digitalen Medien treten hinzu. Nationalbibliotheken müssen beides sein: Haus der Bücher und digitaler Speicher, realer Ort der Gelehrsamkeit und elektronischer Knoten im globalen Netz, öffentliche Einrichtung und unternehmerisch tätiger Dienstleister.

Kein Zweifel, die neuen und erweiterten Aufgaben von Nationalbibliotheken erfordern nicht nur Gebäude mit entsprechenden Raumkapazitäten, sie erfordern auch eine hochkomplexe moderne und zukunftsfähige Informationsstruktur. Dann lassen sich auch in einer globalen Informationsgesellschaft gewachsene Sphären der menschlichen Kommunikation erhalten sowie der kulturelle Dialog und der Austausch von Wissen unter gleichwertigen Partnern organisieren.

Der Neubau der Deutschen Bibliothek in Frankfurt am Main kann sich diesen Herausforderungen stellen. Die Architektur aus Glas, Stahl und schiefergrünem Stein entwickelt sich von innen nach außen, aus den funktionalen Inhalten zur Formensprache. Sie ist dem Nützlichen und nicht dem national Erhabenen verpflichtet, Arbeitsstätte und nicht Monument.

Dem Nutzer erschließt sich das Gebäude über die Eingangsrotunde in übersichtlicher und überschaubarer Weise. Die Arbeitsatmosphäre in den zum Bibliotheksgarten kaskadenförmig abfallenden Lesesälen ist durch Licht und Ruhe geprägt. Die zu den lauten Straßen geschlossene Fassadenbildung gewährt optimalen Schallschutz. Die Lesesäle und die Mitarbeiterräume sind auf die vollständig verglaste Gartenfront des Gebäudes orientiert und erlauben den Blick auf die beeindruckende Frankfurter Hochhauslandschaft. Nur ein Drittel der Nutzfläche ist oberirdisch. Die Buchmagazine mit einem Fassungsvermögen von bis zu 20 Mio. Bänden befinden sich – gegliedert in drei fußballfeldgroße Etagen – unter der Erde. Jedes Magazin, mit Kompaktregalanlagen ausgestattet, erlaubt eine effiziente Ausnutzung. Förderanlagen verbinden die Magazine mit den verschiedenen Gebäudeteilen und ermöglichen eine schnelle Sofortausleihe in die Lesesäle. Eine Vollklimatisierung sorgt für optimale Lagerbedingungen der Sammlungen in den Magazinen. Derzeit stehen etwa 7 Mio. Bände in den Regalen. Täglich kommen mehr als 1.000 neue Titel hinzu. Bei diesem Zuwachs wird die Kapazität bis zum Jahr 2035 ausreichen.

Die digitalen Publikationen erreichen derzeit pro Jahr 2.000 bis 3.000 Einheiten. Das entspricht etwa 1% des Gesamtzugangs. Erwartet werden bis zum Jahr 2000 etwa 20%.
Dieser Entwicklung begegnet die Deutsche Bibliothek mit einem neu konzipierten Archivierungs- und Bereitstellungssystem, bei dem kommunikationstechnisches Neuland betreten wird. Die Bibliothek verfügt über ein lokales Hochgeschwindigkeitsnetz (155 Mbit/s.), das bis zu den Endgeräten Text, Sprache und Bilder digital transportiert. Sie verfügt über eine offene modulare Systemarchitektur, deren Herzstück ein Medienserver ist, der als digitales Archiv die Objekte bereitstellt. Im Gegensatz zur Archivierung von gedruckten Publikationen im Original können digitale Publikationen wegen der Vielfalt der Vertriebsformen nicht im Original aufbewahrt werden, sondern müssen in ein einheitliches Archivformat umkopiert werden. Aber auch dann bleibt die Bibliothek wegen des technischen Wandels von Anpassungen nicht verschont. Was billig zu produzieren ist, ist um so aufwendiger zu erhalten.
Für die Nutzung digitaler Publikationen ist ein eigener Multimedialesesaal vorhanden. Außerdem ist etwa ein Drittel der übrigen Lesesaalplätze verkabelt und mit PCs ausgestattet. Bei Bedarf können auch alle weiteren Plätze nachträglich verkabelt und sogar in Multimediaplätze umgewandelt werden.
Bauseitig ist die nötige Flexibilität vorhanden. Die in den Räumen der neuen Deutschen Bibliothek Lesenden sind aber nur ein Teil der Benutzer. Künftig wird die Bibliothek auch entfernte Benutzer über offene Netze zu Hause oder am Arbeitsplatz, in der Universität oder in der Schule versorgen können.
Schon heute können die Bestände der Deutschen Bibliothek über einen vollständigen elektronischen Online-Katalog recherchiert werden, in oder außerhalb der Bibliothek. Auch für die Erschließung digitaler Publikationen hat die Bibliothek wichtige Vorarbeiten geleistet und geeignete Suchmaschinen getestet.
Die Dienstleistungen sind über einen eigenen Informationsserver im Internet verfügbar (http://www.ddb.de) oder über den Server der europäischen Nationalbibliotheken (CENL) unter dem Namen GABRIEL (Gateway to Europe's National Libraries). Dieses von der Deutschen Bibliothek aktiv betriebene Projekt verbindet die 38 europäischen Nationalbibliotheken unter einer einheitlichen Internetadresse zu einer gemeinsamen europäischen Servicefunktion.

Damit hat Europa den Weg zu einer virtuellen Europäischen Bibliothek beschritten und den Reichtum seiner Bibliotheken geöffnet.
Die Deutsche Bibliothek ist aber nicht nur als eine öffentliche Bibliothek für jedermann zugänglich. Als Depotbibliothek für die gesamte deutschsprachige Literatur ist sie auch zuständig für die lückenlose Erschließung und für die Bearbeitung der Deutschen Nationalbibliographie. Die täglich eingehenden oder von Verlagen schon vorab gemeldeten neu erschienenen Bücher, Zeitschriften, digitalen Publikationen, Tonträger usw. werden unverzüglich für die Titelaufnahme in den Redaktionen bearbeitet und als bibliographische Daten den Bibliotheken, Buchhandlungen und Verlagen sowie wissenschaftlichen Einrichtungen gegen Bezahlung zur Verfügung gestellt.
Der Wissenschaftsrat hat sich kürzlich gutachterlich wie folgt geäußert: „Die Dienstleistungen werden von den Beziehern für Zwecke der Erwerbung, Erschließung und Auskunftserteilung genutzt; dies trägt wesentlich zur Entlastung von eigenen aufwendigen Erschließungsarbeiten bei, erlaubt aufgrund der dringend notwendigen Normierung den Aufbau von Gesamtnachweissystemen und erleichtert damit die Vernetzung."
Ein Blick auf die Statistik zeigt, in welchem Umfang Dienstleistungen auf diesem Sektor erbracht werden. An konventionellen Titelkarten für Kataloge werden jährlich 3,7 Mio. Karten verkauft. An elektronischen Titelaufnahmen wurden 1996 nahezu 10 Mio. Einheiten verkauft.
Die neuen Informationstechniken werden voraussichtlich weitere Steigerungen zur Folge haben. Die bibliographischen Dienste stellen eine wesentliche Voraussetzung dar, Wissenschaft zu öffentlichem Wissen zu machen. Damit wird nicht nur die Verlagsliteratur eindeutig dokumentiert und bekanntgemacht, sondern auch Veröffentlichungen außerhalb des Verlagsbuchhandels, z. B. Veröffentlichungen von Forschungsinstituten, Behörden, Firmen u. ä. In vielen Fällen ist sie dabei die einzige Einrichtung. Durch den internationalen Datentausch, etwa mit der British Library, London, oder der Library of Congress, Washington, bedeutet dies insgesamt eine international gesicherte Zugänglichkeit. Das neue Haus unterstützt durch seine übersichtliche und zweckmäßige Anordnung der Redaktionsstellen und durch seine leistungsfähige Ausstattung auch das umfangreiche Dienstleistungskonzept und sichert damit in einer Phase der schnellen Veränderungen im Kommunikationsbereich die Konkurrenzfähigkeit dieser Servicefunktionen. Effiziente bauliche

und technische Infrastruktur ist zweifellos eine wichtige Voraussetzung für die Leistungsfähigkeit einer Nationalbibliothek.
Ausschlaggebend sind jedoch die nutzerorientierten Dienstleistungen. Die Frage kann nicht sein, wie können wir die Welt verändern, sondern welche Lösungen können für bestimmte Situationen und Probleme gefunden werden? Das setzt voraus, sich Veränderungen laufend anzupassen, neue Ideen aufzunehmen und Ideen mit anderen teilen zu können.
Der Neubau in Frankfurt am Main ist eine große Chance, die lokalen Vorzüge mit der Weltöffentlichkeit zu verbinden, die Tugenden einer Handelsmetropole mit der Ausstrahlung der Buchkultur zu verknüpfen und das Buch mit den digitalen Medien ohne bibliothekarische Identitätskrise zu vermitteln.

RAINER KOCH

SELBSTHILFE UND GEMEINSINN

ZUR GESCHICHTE DER GEWERBEKASSE UND DER FRANKFURTER VOLKSBANK

„Fehlt den Bürgern all das Geld,
Ist die Gleichheit hergestellt
Und was dann bleibt überig,
Darin theilt euch brüderlich“

Mit dieser Eulenspiegelei in der „Frankfurter Latern“ trat Friedrich Stoltze am 30. September 1862 an die Öffentlichkeit, genau einen Tag vor jenem Mittwoch, dem 1. Oktober 1862, an dem die Frankfurter Gewerbekasse ihren Geschäftsbetrieb im Hause des Spielwarenfabrikanten Caspar Ludwig Wüst im „Mohrengarten“ in der Großen Gallusgasse 15 aufnahm.

Demokratische Reform und Erneuerung der Rahmenbedingungen wirtschaftlichen Handelns waren angesagt, die Änderung des Gewerberechts in der Freien Stadt Frankfurt stand bevor und damit die Sterbestunde des seit dem Hochmittelalter, des seit Jahrhunderten die Lebenswelt der städtischen Bürger prägenden „Nahrungsschutzes“. Die Zeit der Zünfte ging zu Ende, aber waren die Handwerksmeister und ihre Betriebe, waren die kleingewerbliche Warenproduktion und der Kleinhandel jener modernen Welt gewachsen, die nun über die Menschen im Namen des Fortschritts hereinbrach? Gewerbefreiheit, Kapitalismus, Industriesystem – so hießen die Leitbilder der Moderne, und rechtzeitig versuchten Hellsichtige, dem alten Mittelstand der Städte ein neues, ein zukunftweisendes Selbstverständnis zu geben.

Es ging ihnen nicht um die „Hilfskasse für Gewerbetreibende“, die ja seit 1844 in sozialen Notlagen stützend eingreifen konnte, nicht um eine Ausweitung der Aufgaben bestehender Bankinstitute mit ihren Schwerpunkten in Staatspapieren und Industrieförderung, sondern um völlig neue Perspektiven zur

Befriedigung der Kreditbedürfnisse in Handwerk und Gewerbe. Als im Herbst 1860 die Liberalen und Demokraten als Sieger der Neuwahlen zur Gesetzgebenden Versammlung hervorgingen, war allen klar, daß der politische Kampf um Gewerberecht und Freizügigkeit gegen angstvoll rückwärtsorientierte Meister, aber auch gegen einflußreiche Gruppen in Handel und Banken, in seine entscheidende Phase getreten war. Zum 1. Mai 1864 sollte dann auch nach schweren Konflikten zwischen der Gesetzgebenden Versammlung und der Gewerbekammer für die Freie Stadt Frankfurt, die Hochburg des Zunftrechtes, ein Konzessionssystem eingeführt und damit der entscheidende Schritt in Richtung Gewerbefreiheit getan werden.

Den Gang der Entwicklung voraussehend, trafen sich bereits am 19. Mai 1862 im Haus der Polytechnischen Gesellschaft unter dem Vorsitz von Adolf Reinach, Bankier in der Mainzer Straße, königlich belgischer Konsul und verheiratet mit Clementine Oppenheimer, Tochter der großen jüdischen Handels- und Bankendynastie, jene Männer, denen ein Vorschußverein, eine „Gewerbekasse“ als Instrument einer fortschrittlichen Mittelstandsförderung vorschwebte. Rechtskonsulent Dr. Eduard Ludwig Cnyrim und Caspar Ludwig Wüst wurden in der Gründungsversammlung zu Stellvertretern des Vorsitzenden berufen, der Buchdrucker Heinrich Carl Adelmann und der Handelsmann Georg Hoffmann vervollständigten den Vorstand. Im Aufsichtsrat, dem sogenannten „Ausschuß“, saßen 18 bekannte Frankfurter Persönlichkeiten, unter ihnen der Seifenfabrikant J. G. Mouson und der Bankier Leopold Sonnemann, der schon seit 1859 die „Neue Frankfurter Zeitung“ herausgab. Insgesamt 81 Bürger der Freien Stadt Frankfurt waren Unterzeichner der Statuten.

„Das Prinzip, worauf die Vorschußvereine fußen, ist ein so gesundes und zugleich allgemein gültiges, daß es auf alle Stände und Erwerbsklassen Anwendung findet“, gerade in Süddeutschland nähmen sie „den Charakter wirklicher Volksbanken“ an – so hatte bereits der Demokrat Franz Wirth die Ziele genossenschaftlicher Gewerbekassen präzisiert.

An den Älteren Bürgermeister Dr. Johann Georg Neuburg richtete man unverzüglich den Antrag auf Genehmigung der Kooperationsrechte für die Gewerbekasse, doch dieser verhielt sich zögerlich, wählte den beschwerlichen Frankfurter Instanzenweg: Das Stadtgericht, das in Gewerbesachen zuständige Amt des Jüngeren Bürgermeisters, die Handelskammer und das Polizeiamt wurden um gutachtliche Stellungnahme gebeten. Die Spitzen der Frankfurter Politik scheuten sich ganz offensichtlich, einen klaren Schritt nach vorn zu gehen – doch was waren ihre Gründe?

Der Gründungsversammlung der Gewerbekasse vorausgegangen waren langjährige Auseinandersetzungen des Senats mit dem Wortführer der Frankfurter Freihandelspartei Dr. Friedrich Ernst Passavant. Passavant war der eigentliche Kopf der Kräfte der Bewegung in Frankfurt und in den wirtschafts- und handelspolitischen Diskussionen in jenen Umbruchjahren der deutschen und europäischen Geschichte ein Mann von herausragender Bedeutung. 1860 hatte ihn die Polytechnische Gesellschaft zu ihrem Vorsitzenden gewählt. Als ein Jahr später, im April 1861, in Frankfurt am Main der „Volkswirtschaftliche Ausschuß für Südwestdeutschland" gegründet wurde, war er sein erster Präsident. Es verwundert nicht, daß in jenem Zusammenschluß liberaler Nationalökonomen und Publizisten wiederum die Hauptinitiatoren der Gewerbekasse zu finden waren: Dr. Cnyrim, die Brüder Franz und Max Wirth, Dr. Malß und der junge Bankier Sonnemann.

Zugleich waren diese Männer der Reform auch jene, die in der Tradition von 1848 am entschiedensten die Idee der nationalen Einheit verfochten. Als 1859, als unter dem Eindruck des französisch-sardischen Sieges über Österreich und des Waffenstillstandes von Villafranca in Frankfurt am Main der Deutsche Nationalverein gegründet wurde, als man in den Schillerfeiern die kulturelle und nationale Einheit des deutschen Volkes beschwor, verbanden sich ganz offenkundig die Impulse der Gewerbereform mit jenen der nationalen Idee.

Hermann Schulze-Delitzsch, Stellvertreter Rudolf von Bennigsens im Vorsitz des Nationalvereins, vertrat am nachhaltigsten die Überzeugung, daß die handwerklichen Betriebe der Konkurrenz der Großindustrie nur dann standhalten könnten, wenn sie sich auf der Grundlage der Selbsthilfe zu gemeinsamer Beschaffung von Kapital und Produktionsmitteln zusammenschlössen. Schulze-Delitzsch, der Vater des deutschen Genossenschaftswesens, war spiritus rector der Frankfurter Gewerbekasse, deren Vorbild in der 1850 in Delitzsch, Provinz Sachsen, gegründeten Vorschußkasse lag.

Es war kein Zufall, daß im Juli 1862, als auf der Bornheimer Heide mehr als 6.000 Schützen aus allen deutschen Ländern zum Ersten Deutschen Bundesschießen zusammenkamen und die Forderung „Einheit und Freiheit des lieben Vaterlandes, und die Einigkeit des Deutschen Volkes" zum zentralen Programmpunkt erhoben, wir die Initiatoren der Frankfurter Gewerbekasse unter den Hauptrednern finden: Dr. Passavant, Hermann Schulze-Delitzsch, die Brüder Wirth, Dr. Cnyrim und Leopold Sonnemann. Kreditgenossenschaftliche Selbsthilfe und nationale Zielsetzung gingen Hand in Hand.

Der Hohe Senat der Freien Stadt Frankfurt mußte gleichwohl überaus vorsichtig taktieren: Der Wiener Kongreß hatte zwar 1815 die Souveränität der Republik Frankfurt bestätigt, zugleich aber war 1816 die Bundesversammlung des Deutschen Bundes, ein Gesandtenkongreß der deutschen und europäischen Mächte, nach Frankfurt, in das Palais Thurn und Taxis, verlegt worden. Alle Frankfurter Angelegenheiten vollzogen sich also unter den Augen der Großen der Politik, zudem hatte man seit 1848 mehr als 5.000 Mann Bundestruppen in die heimliche Hauptstadt der deutschen Demokratie verlegt, um alles unter Kontrolle halten zu können. Gerade eben, 1862, war der vormalige preußische Bundestagsgesandte Otto von Bismarck von König Wilhelm zum Ministerpräsidenten ernannt worden, und Bismarcks Verachtung des Frankfurter Freigeistes kannte man aus den Jahren 1851 bis 1859 noch recht gut. Angesichts der prekären Lage der Monarchie war in Berlin mit einem harten Vorgehen gegen die Fortschrittspartei zu rechnen. Die „Neue Ära" der moralischen Eroberungen Preußens in Deutschland war offenkundig zu Ende. War aber jene preußische Fortschrittspartei nicht auch die Partei Schulze-Delitzschs, saß er nicht als einer der Wortführer der liberalen Mehrheit und als eingeschworener Gegner Bismarcks im preußischen Abgeordnetenhaus, ja, war der Nationalverein nicht das politische Reservoir des Liberalismus überhaupt? Gab man dem Antrag auf Gründung der Gewerbekasse nach, setzte man dann nicht womöglich auf das falsche Pferd?

Es kam hinzu, daß die Frankfurter Politik seit Jahrhunderten - gleichsam im Gegenzug zu den Privilegien als Wahl- und Krönungsstadt der Könige und Kaiser des Heiligen Römischen Reichs Deutscher Nation und als einer der großen Messeplätze Europas - die Politik Habsburgs stützte. Zentralort deutscher und europäischer Geschichte - dies stand auf der einen Seite der Medaille -, Parteigänger Wiens auf der anderen. Als dann im Oktober 1862 in Frankfurt am Main als Gegengewicht zum kleindeutsch-preußischen Nationalverein der großdeutsch orientierte „Deutsche Reformverein" gegründet wurde, konnte er sich des Wohlwollens der Partei Alt Frankfurt sicher sein.

Doch die österreichische Karte wurde von Tag zu Tag schwächer. Soeben hatten Preußen und Frankreich einen Freihandelsvertrag geschlossen mit dem offenkundigen Ziel einer Demütigung Wiens, und es war eine weitere Niederlage, als man gleichfalls 1862 den Beitritt Österreichs zum Deutschen Zollverein verwarf. Preußen begann, seine Spielräume auszuloten und konnte dies um so sicherer tun, als seit dem Krimkrieg Rußland Dankesschuld an Berlin abzustatten hatte. Bedenkt man die damalige Instabilität der Weltlage – der Niedergang des Osmanischen Reichs, der Beginn des russisch-österreichischen Gegensatzes auf dem Balkan, das Vordringen Rußlands nach Zentralasien und an den Pazifik und der Beginn des Konflikts zwischen England, dessen Kolonialreich zwei Fünftel der Landfläche der Erde umfaßte, und Rußland in Afghanistan, das Streben Italiens nach nationaler Einheit unter König Viktor Emanuel II., der nordamerikanische Bürgerkrieg, das die Weltmacht England provozierende Ausgreifen Frankreichs in Südostasien, am Suez-Kanal, in Mexiko, die Unterstützung der Konföderierten im amerikanischen Bürgerkrieg auf der einen Seite und auf der anderen, der regionalen, der stadtgeschichtlichen Seite, die Finanzierung des Krieges der Nordstaaten durch Frankfurter Bankhäuser unter der Führung Goldschmidt – Rothschild –, so wird deutlich, daß die Gründung eines Kreditinstitutes, welches sich dem Gedankengut des Genossenschaftswesens, politisch: der liberal-demokratischen, gegen Bismarck im Verfassungskampf stehenden Richtung, verband, vom Senat schon allein wegen notwendiger außenpolitischer Rücksichtnahmen keineswegs als eine quantité négligeable angesehen werden konnte.

Hinzu trat die demokratische Haltung der Gründer der Gewerbekasse in der sozialen Frage. Seit 1856 gaben die Brüder Wirth das Wochenblatt „Der Arbeitgeber" heraus, in welchem sie – unter irreführendem Titel – offen Partei für die Belange der Handwerker und der Arbeiter ergriffen. Mit Johann Baptist Schweitzer waren sie verbunden, dem radikalen Führer der Frankfurter Arbeitervereine, der soeben auf dem Ersten deutschen Bundesschießen davor gewarnt hatte, daß die preußische Bourgeoisie kein Herz für die Ehre und Größe der Nation habe und die deutsche Einheit nur wolle, um Kaffee und Butter besser berechnen zu können.

In der Sache selbst, im industrie- und nationalpolitischen Kurs also, lag das Hauptproblem. In Frankfurt scheute man mit durchaus guten Argumenten vor einem radikalen Kurswechsel zurück. Gewiß, 1862 gab es auch in der Stadt am

Main notleidendes, absterbendes Handwerk, wie die Feuerhandwerker oder das Textilgewerbe. Andere Branchen, das Nahrungsgewerbe etwa, entwickelten sich stetig fort, das Baugewerbe befand sich in starkem Aufwind. War der Weg in das Industriesystem wirklich nur ein Gewinn an Freiheit und Gestaltungsräumen? War man nicht besser beraten, wenn man an den seit Jahrhunderten bewährten Prinzipien der stadtbürgerlichen Ordnung, des Bürgereides und der traditionalen sozialen Schutzfunktionen festhielt? In den Städten und Landschaften, die sich rückhaltlos der Moderne geöffnet hatten, gab es zwar unglaubliche Fortschritte in der Mengenproduktion und unvorstellbare Gewinne - standen sich da aber nicht auch Bourgeoisie und Proletariat mit zunehmendem Haß gegenüber, drohte da nicht ein Klassenkampf, weit schrecklicher als die berufs- oder geburtsständischen Konflikte der alten Städte?

Es war in Frankfurt eben alles mit allem verbunden: Politik, Wirtschaft und Gesellschaft, national wie international, und für den Senat war es gewiß eine Erleichterung, als Passavant darauf verzichtete, die Gewerbekasse unter dem Dach der Polytechnischen Gesellschaft zu errichten. Dies war nicht nur eine Frage der Abgrenzung von der Sparkasse von 1822, sondern Passavant hatte ausdrücklich den französisch-preußischen Freihandelsvertrag gutgeheißen, also österreichisches Interesse verletzt.

Klar treten uns jetzt die Zeitumstände und Spannungselemente vor Augen, zwischen denen sich das Schicksal der Gründung der Gewerbekasse vollzog: die nationale Frage zwischen Preußen und Österreich und den Konfliktlagen und Interventionsdrohungen der großen Mächte, die Frage der Wirtschaftsförderung zwischen Zunftzwang und Gewerbefreiheit, zwischen kleingewerblicher Warenproduktion und Industriesystem, die Gesellschaftsordnung zwischen berufsständischem, stadtbürgerlichem Modell und industrieller Klassengesellschaft. Schließlich - und in Frankfurt besonders stark empfunden - das Ideal der Paulskirche; alle diese Grundfragen von Stadt und Nation waren im Rahmen von Verfassungsordnung und Demokratie zu klären und zu entscheiden.

Es verlohnte sich, noch einmal zu prüfen, was denn Schulze-Delitzsch mit dem Genossenschaftsprinzip intendierte. Schon 1857, als Victor Aimée Huber den internationalen Kongreß der „Société d'Economie charitable" nach Frankfurt - an den Tagungsort des „Allgemeinen Gewerbekongresses" von 1848 - geladen hatte, war Schulze-Delitzsch ja Hauptstreiter für die Idee von Vorschuß-

kassen auf genossenschaftlicher Basis gewesen. Unter dem Motto „Hilfe zur Selbsthilfe" schufen seine Vorschußvereine für den Mittelstand neue Perspektiven des Überlebens, seit 1854 leitete er die Zeitschrift „Innung der Zukunft", die späteren „Blätter für das Genossenschaftswesen". 1859 schließlich gelang ihm der Zusammenschluß von Vorschußvereinen, Produktions- und Konsumgenossenschaften zum „Allgemeinen Verband der deutschen Erwerbs- und Wirtschaftsgenossenschaften". Seit 1861 war Schulze-Delitzsch Mitglied des preußischen Abgeordnetenhauses, und ebenso entschieden, wie er für die Gewerbefreiheit eintrat, ebenso nachdrücklich lehnte er die Entwicklung zu einer industriellen Klassengesellschaft ab. Die Interessenvertreter der Bourgeoisie waren ebenso seine erbitterten politischen Gegner wie die führenden Köpfe der sozialistischen Bewegung, die mehr und mehr unter den Einfluß von Karl Marx und Friedrich Engels geriet. Auch den Reformismus eines Ferdinand Lassalle lehnte er ab, da die Prinzipien der Staatsintervention seinen Vorstellungen eines freien, eines unabhängigen Mittelstandes widersprachen.
„Die arbeitenden Klassen und das Assoziationswesen" – dies war das Leitmotiv der Initiatoren der Gewerbekasse, das von drei politisch-sozialen Motivationssträngen getragen wurde:

- Das starre Festhalten an der Zunftverfassung ist weder mit dem Konsumgedanken moderner Verkehrsgesellschaften noch mit den Verfassungsidealen einer liberalen und demokratischen Ordnung zu rechtfertigen
- Großindustrie und Bankwesen unterliegen Konzentrationsprozessen, die letztlich ökonomisch riskant und verfassungspolitisch abträglich sind
- Vorteile der alten Gesellschaftsordnung, zumal die Ethik des Solidarverhaltens, gelte es zeitgemäß zu formulieren und mit den Vorteilen moderner Finanzierungs-, Produktions- und Distributionsweisen zu verbinden

Verfassungspolitisch also bedeutete der Kurs Schulze-Delitzschs Gemeindefreiheit, Demokratie und Föderalismus, nationalpolitisch die Einheit der Deutschen unter preußischer Führung, aber eines Preußens, das nicht durch Waffengewalt, sondern durch innere Zustimmung zu seiner liberalen Ordnung neue Rahmenbedingungen setzt.
Eben jene Prinzipien aber ermöglichten – trotz aller Rücksichtnahmen und trotz aller Bedenken – letztlich dem Senat der Freien Stadt Frankfurt, am 11. November 1862 ein klares Ja zur Gründung der Frankfurter Gewerbekasse zu sagen. Die Korporationsrechte verliehen die Befugnis „zum Erwerb von

Grundeigentum und Hypotheken in dem Gesamtgebiet der Freien Stadt Frankfurt am Main".

Der Aufschwung der Gewerbekasse war beachtlich: Aus den 113 Mitgliedern zum Ende des Jahres 1862 waren fünf Jahre später 694 geworden, die Bilanzsumme war im gleichen Zeitraum von 42.000 Gulden auf nahezu 1 Million gestiegen, die Dividendenausschüttung lag bei 7%. Schon ein Jahr nach der Gründung war man in das Nachbarhaus, in den stattlichen Neubau des Hotels du Nord, Große Gallusgasse 17, gezogen, wo Buchhalter Glöckner unter Aufsicht des noch ehrenamtlich tätigen Vorstandes die Geschäfte versah.

Die Sterbestunde Alt-Frankfurts, die Besetzung durch preußische Truppen im Juli 1866 und schließlich die Annexion der Freien Stadt, überstand die Gewerbekasse unbeschadet. Durch königlichen Erlaß von 1868 bekräftigt, behielt sie ihren Status als juristische Person, die Berliner Ministerien verzichteten auf den Genehmigungsvorbehalt bei Statutenänderungen - vielleicht auch als Geste des guten Willens gegenüber dem gedemütigten Frankfurt.

Vom Hotel du Nord, von der Großen Gallusgasse, verlegte man im gleichen Jahr die Geschäftsräume auf den Großen Kornmarkt 18, in das Haus des „Neuen Bürgervereins", und schon 1873, nach weiteren höchst erfolgreichen Geschäftsjahren - man zählte bereits 1.525 Mitglieder -, zog die Gewerbekasse erneut um, und zwar in die Große Eschenheimer Gasse, in das neugebaute Geschäftshaus des Herausgebers der „Frankfurter Zeitung" Leopold Sonnemann.

Seit 1868 hatten Leopold Sonnemann, Johann Jacoby, Julius Haußmann u. a. in der süddeutschen „Demokratischen Volkspartei" für Demokratie, Föderalismus, politische und wirtschaftliche Emanzipation der arbeitenden Klassen und gegen eine „Verpreußung" Deutschlands gekämpft. 1871, nach der Reichsgründung, mußten sie sich neuen politischen Realitäten stellen. Die Förderung des Genossenschaftswesens, der Kampf gegen Monopole, die „Erhaltung und Kräftigung des bäuerlichen und gewerblichen Mittelstandes" standen nun im Mittelpunkt ihres wirtschafts- und sozialpolitischen Programms.

Die „Frankfurter Zeitung" des Reichstagsabgeordneten Sonnemann war eines ihrer wichtigsten Sprachrohre. Daß Sonnemann und Baron Reinach, der langjährige Vorstandsvorsitzende der Gewerbekasse, deutsche Juden waren - kein Zeitgenosse nahm dies zur Kenntnis.

Das schwierige Jahrzehnt der Reichsgründungszeit überstand die Gewerbekasse glänzend. Nicht zuletzt Gustav Adolf Humser, 1865 als noch 29jähriger in den Vorstand gewählt, später Senior der Frankfurter Anwaltschaft, als Nationalliberaler Mitglied der Stadtverordnetenversammlung und 1880–1904 deren Vorsitzender, war die umsichtige Geschäftsführung zu danken.
1878 ging ein langgehegter Traum in Erfüllung: Man hatte das Eckgrundstück Kalbächer Gasse/Börsenstraße erworben, errichtete einen repräsentativen Neubau, bezog schließlich das eigene Haus an der „Freßgass", und trotz der schwierigen wirtschaftlichen Jahre der „großen Depression" verblieb der Gewerbekasse anhaltender Erfolg.
Der rasante Wandel Frankfurts von der stadtbürgerlichen Republik zur Einwohnerstadt wird bei Betrachtung der Einwohnerzahlen deutlich: 1864 zählte man etwa 78.000 Menschen in der Stadt und circa 12.000 in den Landgemeinden – wobei nur etwa 10.000 Männern das Stadtbürgerrecht zustand –, 1914 war die Zahl der Einwohner auf circa 445.000 gestiegen. Vor allem Oberbürgermeister Franz Adickes war es zu verdanken, daß diese Entwicklung in Bahnen verlief, die den alten bürgerlichen Idealen des Gemeinsinns verpflichtet blieben. Gegen das „System der Mietscaserne" und die sie begleitenden Ausdrucksformen, vor allem in der Architektur und mehr und mehr auch der bildenden Kunst und des Theaters, setzten er und Männer wie Stadtrat Flesch genossenschaftliche Strategien. Eingemeindungen zur Anpassung von Stadt und Wirtschaftsraum, genossenschaftlicher, gemeinnütziger Wohnungsbau, Förderung der christlichen und jüdischen Stiftungen zählten zu den Eckpunkten einer Strategie der Verbürgerlichung der Arbeiter, des unermüdlichen Kampfes gegen die soziale Barbarei der Klassengesellschaft.
Für die Gewerbekasse bedeutete diese Politik eine willkommene Unterstützung der eigenen Philosophie, was vor allem in der starken Ausweitung der Hypothekarkredite ablesbar war. Als auf der 51. ordentlichen Generalversammlung in der Loge „Sokrates", Hochstraße 14, am 6. März 1913 der Geschäftsbericht des Vorstandes vorgelegt wurde, konnten die Direktoren Albrecht Huber, Wilhelm Keller und Alwin Baumgarten mit Befriedigung feststellen, daß das abgelaufene Jahr die Erwartungen erfüllt hatte. Die Zahl der Mitglieder war auf 3.072 gestiegen, das Geschäftsguthaben auf 2.947.000 Mark, die Reserven beliefen sich auf 1.204.375 Mark und die Haftsummen auf 5.894.000 Mark. 7,5% Dividende konnte man ausschütten und 65.000 Mark

der Reserve zuweisen. Die Zusammenarbeit mit der 1904 von der Dresdner Bank übernommenen „Deutschen Genossenschaftsbank“ von Sörgel, Parisius und Co. hatte sich als fruchtbar erwiesen. Die Konkurrenz der Rödelheimer, der Griesheimer und Niederräder Volksbank, der „Frankfurter Genossenschaftsbank“ von 1897, der „Hausbesitzerbank“ von 1908 beeinträchtigte in keiner Weise das Geschäft.
Bedeutende Persönlichkeiten des Aufsichtsrates wie Dr. Schleußner, Bruno Böttger, Carl Klimsch, der Gründer der DEGUSSA, Hector Rößler, der Kaufmann Georg F. C. Hoffmann, der Brauereibesitzer Franz Bär – sie alle standen für die kontinuierliche Entwicklung und für die Entscheidung, das genossenschaftliche Kreditinstitut nicht in eine Aktiengesellschaft umzuwandeln, eine Entscheidung, die durch die Novellierung des preußischen Genossenschaftsgesetzes vom 1. Mai 1889 und die Aufhebung der Solidarhaft allerdings erleichtert worden war. Das neue „Statut der Frankfurter Gewerbekasse“, beschlossen in der General-Versammlung vom 15. 12. 1890, bezeichnete sie jetzt als „eingetragene Genossenschaft mit beschränkter Haftung“. Das Statut bekräftigte in seinem Abschnitt über „Rechte und Pflichten der Mitglieder“ das Prinzip der Selbstverwaltung der durch Eintrittsgeld und Geschäftsanteil ausgewiesenen Genossen. In seiner vorzüglichen Darstellung der Geschichte der Frankfurter Gewerbekasse sollte Direktor Albrecht Huber am 19. Mai 1912 im großen Saal des Kaufmännischen Vereins in der Eschenheimer Anlage 40 denn auch jene Grundlagen der Selbsthilfe und des Gemeinsinns betonen, die ihre wirtschafts- und gesellschaftspolitische Funktion über alle Brüche und Krisen hinweg auch in den kommenden Jahrzehnten bewahren sollten.
Den dreißigjährigen Krieg unseres Jahrhunderts, den ersten Weltkrieg, die Zwischenkriegszeit und den zweiten Weltkrieg überstand die Gewerbekasse nur unter erheblichen Substanzverlusten, ja schließlich unter dem Zwang zur Fusion und der Zerstörung ihrer wichtigsten Häuser.
Es war vor allem Wilhelm Keller, dem Vorsitzenden des Vorstandes von 1913 bis 1936, und dem Aufsichtsratsvorsitzenden Wilhelm Hofmann-Bang zu danken, daß ab November 1923, nach der verheerenden Inflation, mit der Stabilisierung des Geldwertes ein neuer Aufschwung genommen werden konnte. Zu Beginn des Jahres 1924 konnte man zwar nur noch von einem Geschäftsguthaben von knapp 200.000 RM ausgehen, allerdings ließen die mehr als 4.000 Mitglieder und das erhebliche Kreditbedürfnis des Mittelstandes sehr bald die

Bilanzsumme von 2,6 Millionen RM Ende 1924 auf gut 10 Millionen RM Ende der zwanziger Jahre steigen. Im Durchschnitt der wenigen Jahre der Stabilität der Weimarer Republik, von 1924 bis 1929, konnten 10% Dividende ausgezahlt werden.

Der Ausbruch der Weltwirtschaftskrise 1929, die Rücktritte von Finanzminister Hilferding und Reichsbankpräsident Hjalmar Schacht, schließlich der Sturz des sozialdemokratischen Reichskanzlers Hermann Müller über die Beitragsfrage zur Arbeitslosenversicherung markierten das Ende der parlamentarischen Demokratie der Weimarer Republik. Seit den Juliwahlen 1932 verfügten NSDAP und KPD über eine negative Sperrmehrheit, die jegliche konstruktive parlamentarisch gestützte Politik verhinderte. Am 30. Januar 1933 wurde Hitler als Chef einer Präsidialregierung zum Reichskanzler berufen, eineinhalb Monate später, einen Tag nach den Stadtverordnetenwahlen vom 12. März 1933, wehte die Hakenkreuzfahne auch auf dem Römer, Oberbürgermeister Ludwig Landmann mußte zurücktreten.

Als 1937 die Frankfurter Gewerbekasse ihr 75jähriges Bestehen feierte, war es vor allem dem Aufsichtsratsvorsitzenden Bernhard Dietz zu danken, daß der genossenschaftliche Grundgedanke des Instituts, daß die strikte mittelständische Ausrichtung gewahrt werden konnten. Auch die Erklärung Frankfurts zur „Stadt des deutschen Handwerks" auf dem Reichshandwerkertag im Juni 1935 führte zu keinerlei Irritation. 1939 folgte Philipp Platz Wilhelm Keller als Vorstandsvorsitzender und vermochte inmitten des Krieges für das Geschäftsjahr 1942 mit einer Bilanzsumme von 16,24 Mio RM einen erstaunlichen Erfolg auszuweisen. Gleichwohl, den Nationalsozialisten waren unabhängige mittelständisch-genossenschaftliche Institute suspekt, man versuchte, auf dem Weg der Zwangsfusionierung größere, leichter zentralem Einfluß zugängliche Institutionen zu schaffen.

1943 schlossen sich unter diesen Prämissen die Frankfurter Gewerbekasse, die Frankfurter Genossenschaftsbank, die seit 1940 als Frankfurter Volksbank firmierende frühere Hausbesitzerbank und die Bank für Handel und Gewerbe zur Volksbank Frankfurt am Main zusammen.

1897 war die Frankfurter Spar- und Vorschußkasse gegründet worden, die seit Ende 1909 den Namen Frankfurter Genossenschaftsbank trug. Unmittelbar der Gewerbekasse benachbart, lag der Geschäftssitz seit 1917 an der Ecke Börsenstraße/Theaterplatz, seit 1922 in der Biebergasse 10, und von hier aus war

unter der Leitung von Georg Hinkel, Carl Velte, Valentin Butscher und Johann Dick konsequent der Aufbau eines Zweigstellennetzes - auch außerhalb Frankfurts - betrieben worden.
Die Hausbesitzerbank, 1908 gegründet, diente als Kreditgenossenschaft vor allem den Mitgliedern des Hausbesitzervereins. Seit 1933 mußte man sich den neuen Bedingungen anpassen, einen breiteren Trägerkreis suchen, und Geschäftsführer Albert Cromm gelang 1940 die Umstellung zur Frankfurter Volksbank.
Die Bank für Handel und Gewerbe trug erst seit 1928 ihren Namen und war aus der 1925 gegründeten Volks-Spar- und Creditkasse hervorgegangen. Bis 1943 leitete Hubert Oberkötter den Vorstand, die Geschäftsführung lag in den Händen von Karl Michel. Alles in allem entstand mit der Frankfurter Volksbank ein genossenschaftlich orientiertes Kreditinstitut mit knapp 5.000 Mitgliedern und einer Bilanzsumme von circa 47 Millionen RM.
Zwei Jahre später, nach dem Untergang des alten Frankfurt im Bombenterror vom März 1944 und nach der bedingungslosen Kapitulation des Deutschen Reiches vom Mai 1945, galt es, aus Trümmern und Elend heraus aufzubauen. Es war kein Wiederaufbau, sondern eine neue Stadt entstand, in Städteplanung und Architektur bewußt vom Hergebrachten abweichend. Gleichwohl gab es Kontinuitätslinien, die man entschlossen wieder aufnahm, und der seit 1946 amtierende Oberbürgermeister Walter Kolb stand für eben jene zukunftsorientierte, demokratische Stadt - trotz aller Tagesprobleme. Messestadt, Bankenstadt, industrielles und Dienstleistungszentrum, Verkehrsknotenpunkt und, mit Blick auf die Paulskirche, Zentrum deutscher Demokratie, das waren die Ziele.
1945-1948 leitete Friedrich Adler die Geschicke der Volksbank, Karl Geck stand ihm - gleichfalls seit 1945 - im Aufsichtsrat zur Seite, 1948 löste ihn Stadtrat Bernhard Bär als Vorsitzender ab. Ein halbes Jahr nach der Währungsreform, in der Generalversammlung vom 16. 12. 1948, wurde für das Jahr 1947 noch ein Reichsmarkabschluß vorgelegt, im Dezember 1950 mußte hingegen den Mitgliedern und Geschäftsfreunden mitgeteilt werden, daß die RM-Abschlußbilanz vom 20. 6. 1948 und die DM-Eröffnungsbilanz vom 21. 6. 1948 noch nicht von der Bankenaufsicht freigegeben waren.
Gleichwohl, die Währungsreform war das entscheidende Datum des Neubeginns, und schon für 1948/49 konnten erstaunliche Erfolge gemeldet werden:

Die Bilanzsumme war von 4,7 Mio. DM am 21. 6. 1948 um 13 Mio. DM zum 31. 12. 1949 gestiegen und die Höhe der Spareinlagen von 1,5 auf 2 Mio. DM. Seit der Währungsreform waren 4.261 Kredite mit einem Gesamtbetrag von 23,7 Mio. DM vergeben worden - dies ergab durchschnittliche Kredithöhen, die genau dem mittelständischen Profil der Volksbank entsprachen.
Im November 1950 wurden wieder 4.546 Mitglieder mit 10.552 Anteilen gezählt, und stolz berichtete der Vorstand vom Neuaufbau der Geschäftsstellen in Sachsenhausen, im Nordend, der Mainzer Landstraße, am Weißen Stein, in Bad Homburg und in Oberursel. Im Dezember 1952 trugen die Herren Adler, Butcher, Platz und Witzel die entschiedene Absicht vor, das Geschäftsgebäude Börsenstraße 1/Ecke Kalbächer Gasse neu zu errichten - eine Entscheidung, die um so leichter fiel, als man die Liegenschaft Biebergasse 10 günstig und langfristig vermieten konnte. Im August 1952 konnte das neue Gebäude bezogen werden. Man habe, so betonte Aufsichtsratsvorsitzender Stadtrat a. D. Bernhard Bär in seiner Eröffnungsansprache, bewußt die Verpflichtung aufgegriffen, „sich würdig einzureihen in das im Entstehen begriffene neue Stadtbild der Innenstadt“.
Als am 19. Mai 1962 die Frankfurter Volksbank unter ausdrücklichem Bezug auf ihre Vorgängerin, die Gewerbekasse, zur 100-Jahr-Feier in die Paulskirche einlud, konnten Aufsichtsratsvorsitzender Bär und Vorstandsvorsitzender Philipp Platz Bürgermeister Rudolf Menzer und den Hessischen Ministerpräsidenten Georg August Zinn begrüßen. Die Bedeutung der Frankfurter Volksbank als eines der größten genossenschaftlichen Institute in Deutschland überhaupt aber würdigte in seiner Festansprache Altbundespräsident Theodor Heuss und machte deutlich, daß die Lehren Schulze-Delitzschs, daß genossenschaftliches Denken zum Schutz und im Interesse des gewerblichen Mittelstandes keineswegs durch den Gang der Zeit überflüssig werden.
Dem wirtschaftlichen und gesellschaftlichen Erfolg der Volksbank entsprach ihr mäzenatisches Wirken: 1977 übergab sie dem Freien Deutschen Hochstift die beiden noch fehlenden Gemälde aus Johann Georg Trautmanns Josephs-Zyklus als Dauerleihgabe.
Überblickt man abschließend die personelle und geschäftliche Entwicklung der Frankfurter Volksbank vom Ende der 80er bis in die Mitte der 90er Jahre unseres Jahrhunderts, so fällt auf, daß Anerkennung, daß Wertschätzung und Erfolg ganz offenkundig verbunden waren mit überaus glücklicher personel-

ler Kontinuität. Der Vorstand mit den Herren Albert Weber als Vorsitzendem, Walter Bühl, Hans-Joachim Tonnellier, ab 1. 1. 1992 noch ergänzt durch Heinz Sohn, der Aufsichtsrat unter dem langjährigen Vorsitzenden Wilhelm Küchler und dessen Stellvertretern Horst Abt und Hans-Wolfgang Pfeifer, der am 13. 12. 1994 den Vorsitz übernahm, konnten 1988 von einer Bilanzsumme von 2,4 Milliarden DM berichten und von einer Zahl der als Teilhaber die Bank tragenden Mitglieder von 43.656. Im Geschäftsbericht 1995 waren 5,2 Mrd. DM als Bilanzsumme ausgewiesen, die Zahl der Mitglieder hatte sich auf 61.210 erhöht. Der Überschuß von 9,3 Mio. DM erlaubte eine Dividendenausschüttung von 6%.

Über die Tochtergesellschaften, die Immobiliengesellschaft der Frankfurter Volksbank und die gif - Gesellschaft für individuelle Finanzberatung, ist jenes Dienstleistungsethos einer genossenschaftlichen Einrichtung akzentuiert, das die Ideen von Selbsthilfe und Gemeinsinn auf glückliche Weise auch in das nächste Jahrtausend führen wird.

In der Frankfurter Volksbank hat sich unter stetem Anpassungsdruck an sich wandelnde weltwirtschaftliche, europäische und nationale Rahmenbedingungen und ihre ökonomischen, rechtlichen und politischen Konsequenzen eine Einrichtung höchst erfolgreich über 135 Jahre durchgesetzt. Mittelständisches Profil und soziale Orientierung als allgemeine Ziele, Finanzberatung, Kreditbereitstellung, Information und Beratung als engere Aufgaben verbinden heute 21 ehemals selbständige Genossenschaftsbanken unter einem Dach. Trotz fortschreitender Konzentrationsprozesse, trotz erheblicher Ausweitung der Marktanteile und einer Internationalisierung des Geschäftes blieb die Frankfurter Volksbank ein regionales, ein Wirtschaft und Gesellschaft der europäischen Region Rhein-Main par excellence verbundenes Institut.

Bei allem Wandel der Aufgaben, bei aller Notwendigkeit der raschen und sachgerechten Vorstandsentscheidung ist doch die genossenschaftliche Selbstverwaltung noch immer entscheidendes Bindeglied zwischen den Mitgliedern und ihrer Bank.

Es ist gewiß kein Zufall, daß der Präsident des Verbandes Freier Berufe in Hessen, zugleich der Vorsitzende des Aufsichtsrates der Frankfurter Allgemeinen Zeitung, Hans-Wolfgang Pfeifer, heute zugleich Vorsitzender des Aufsichtsrates der Frankfurter Volksbank ist. Damit ist zugleich die Brücke geschlagen zu jenem Gründer der „Frankfurter Zeitung“, der selbst als engagierter Demokrat dem deutschen Genossenschaftswesen mit der Gründung der Frankfurter Gewerbekasse und der jahrelangen Führung ihrer Geschäfte in seinem Haus so kraftvoll voranhalf, nämlich zu dem in Frankfurt unvergessenen Leopold Sonnemann.

FRANK NIETHAMMER

FRANKFURT VOR DER JAHRTAUSENDWENDE

SELBSTÄNDIGKEIT ALS MOTOR DES FORTSCHRITTS

Selbständigkeit als Motor des Fortschritts anzusehen, dies bedeutet für viele in Deutschland, eine gewagte These aufzustellen. Dies gilt vor allem vor dem Hintergrund der traditionell geringen Selbständigenquote in der Bundesrepublik Deutschland.

Ein genauerer Blick auf die einzelnen Aspekte wirtschaftlicher Selbständigkeit verdeutlich jedoch, welche fundamental wichtigen Einflüsse Selbständigkeit auf arbeitsmarktpolitischem, gesellschaftlichem und auf dem Gebiet wirtschaftlicher Innovationen hat.

Jeder Mensch muß sich zu Beginn oder im Laufe seiner beruflichen Laufbahn entscheiden, ob er seine wirtschaftliche Existenz als selbständiger Unternehmer oder als Mitarbeiter in einem vorhandenen Unternehmen aufbaut. Der Weg in die Selbständigkeit ist oft der steinigere, risikoreichere Weg, der andererseits - bei Erfolg - die größere Befriedigung und Anerkennung bringt. Viele junge Menschen, vielleicht zu viele, entscheiden sich heute immer noch für die „zweitbeste Lösung“ und gehen in die abhängige Beschäftigung. Dieser zweite Weg ist in der heutigen Zeit deutlich risikoreicher geworden als früher. Großunternehmen bieten schon längst nicht mehr die Garantie eines auf Jahre sicheren Arbeitsplatzes. Gerade der jüngste Konjunkturzyklus zeigt am unteren Wendepunkt, daß die Großunternehmen noch Beschäftigung in größerem Umfang abbauen, während junge und kleinere Unternehmen bereits schon wieder Mitarbeiter suchen. Darüber hinaus hat die Bedeutung der kleinen und mittleren Unternehmen als Träger von Innovationen weitere Arbeitsplätze entstehen lassen. Nach dem vom Bundesministerium für Bildung, Wissenschaft, Forschung und Technologie herausgegebenen „Bundesbericht Forschung 1996“ stammen von den zwischen 1982 und 1994 in Westdeutschland neu entstandenen 2,3 Millionen Arbeitsplätze fast zwei Drittel von neugegründeten Unternehmen.

Dieses positive Bild der Arbeitsplatzbeschaffung durch Firmenneugründungen muß aus hessischer Sicht differenziert werden. Nach einer Analyse des hessischen Wirtschaftsministers entfielen von den von der Landesregierung geförderten Existenzgründungsvorhaben rund 90 Prozent aller Kreditzusagen auf das Handwerk, den Handel und das Hotel- und Gaststättengewerbe. Nur etwa 10 Prozent der Mittel dieses hessischen Existenzgründungsprogramms entfielen auf die Industrie und sonstige Unternehmen.

Für die Beschäftigungs- und Wachstumspolitik unserer Volkswirtschaft kommt neugegründeten Unternehmen eine Schlüsselrolle zu. Damit bestätigt sich erneut eine bekannte These, daß junge und kleine Unternehmen maßgeblich zur Entlastung des Arbeitsmarktes und zur Beschäftigungsstabilisierung beitragen. Darüber hinaus sind kleine und mittlere Unternehmen als Motor des Strukturwandels unentbehrlich. Denn mit jedem neugegründeten Unternehmen werden neue Marktchancen, neue Verfahren und Konzepte und neue Produkte getestet. Diese Neugründungen, die naturgemäß im Bereich der kleinen und mittleren Unternehmen anzusiedeln sind, haben eine oft entscheidende Rolle für eine Volkswirtschaft. Die Geschichte der Technik zeigt, daß zahlreiche wichtige Innovationen auf Erfindungen zurückgehen, die das Ergebnis der Forschungsarbeiten von Einzelerfindern und kleinen und mittleren Unternehmen waren. Rund die Hälfte aller Patente in Deutschland werden von freien Erfindern oder kleinen und mittleren Unternehmen angemeldet. Auch bei der raschen Umsetzung von Erfindungen und Forschungsergebnissen in neue Produkte sind kleine und mittlere technologieorientierte Unternehmen häufig führend.

High-Tech-Unternehmen treffen in ihrer Gründungsphase zum Teil auf erhebliche Schwierigkeiten. Im Gegensatz zu neugegründeten Handwerksbetrieben, Gaststätten oder Einzelhandelsgeschäften haben junge Technologieunternehmen häufig hohe, zugleich risikobehaftete Investitionen vorzunehmen, wobei in der Regel nur eine vergleichsweise geringe Eigenkapitalquote vorhanden ist. Das Risiko der Investitionen erklärt wiederum den häufig schwierigen Zugang zu Kapital von kleinen Technologieunternehmen. Aus diesem Grund fördert die Bundesregierung beispielsweise technologieorientierte Unternehmen mit besonderer Priorität. Eine vom Fraunhofer-Institut für

Systemtechnik und Innovationsforschung, Karlsruhe, im Auftrag der Wirtschaftsförderung Frankfurt GmbH und des Umlandverbandes Frankfurt erstellte Studie über High-Tech-Unternehmen in der Region Rhein-Main hat als bedeutende Technikfelder in der Rhein-Main-Region die Bereiche Produktionsverfahrenstechnik sowie Meß-, Regel- und Analysetechnik deutlich vor dem Bereich der Biotechnologie identifiziert. Unternehmen der modernen Biotechnologie hatten in den vergangenen Jahren in Hessen dennoch keinen leichten Stand. Gentechnologische Genehmigungsverfahren wurden in Hessen über lange Zeit behindert oder verschleppt mit der Folge, daß die Unternehmen ins europäische Ausland und in die USA abgewandert sind. Auch die Anschläge und Zerstörungen bei den gentechnischen Freilandversuchen in Mittelhessen, Kongresse von Gegnern der Gentechnik, aber auch Publikationen der Landesregierung haben dazu beigetragen, die Ängste und das Mißtrauen in der Bevölkerung hinsichtlich dieser unverzichtbaren und zukunftweisenden Technologie zu vergrößern anstatt abzubauen. Auch Selbständigkeit in diesem Bereich wird durch das Schüren dieser Ängste nicht gerade gefördert. Erst die jüngsten Bemühungen des hessischen Wirtschaftsministers, beispielsweise im Rahmen des bundesweiten Wettbewerbs Bio-Regio, signalisieren ein Umdenken und Umsteuern. Bio- und Gentechnologie sind Schlüsseltechnologien für die Zukunft. In Deutschland – anders als in anderen europäischen Ländern – gibt es noch nicht einmal 100 Unternehmen, während in den USA bereits mehr als 1.300 Gentechnik-Firmen tätig sind. Der Bundesforschungsminister will mit seinem Programm Bio-Regio dazu beitragen, den Aufholwettbewerb in Gang zu setzen. Dabei haben kleine und mittlere Unternehmen, die im Umfeld von Universitäten in Deutschland in letzter Zeit auch glücklicherweise zunehmend gegründet werden, hervorragende Chancen.

Neben unternehmerischem Mut und Risiko sind Leistung und Innovationskraft gefordert. Innovationskraft setzt Aufgeschlossenheit für moderne Technologien voraus. Die Gesellschaft muß Technik und Innovationen und somit Fortschritt wollen. Nur dann kann die Innovationsschwäche der Unternehmen überwunden, Selbständigkeit gefördert und die Tendenz zu Auslandsinvestitionen umgekehrt werden.

Während all diese Auswirkungen auf rein wirtschaftspolitischem Gebiet von Bedeutung sind, so sollten doch die gesellschaftspolitischen Aspekte nicht vergessen werden, die aus einer hohen Selbständigenrate resultieren. Alle Verantwortungsbereiche eines Unternehmens befinden sich nämlich nur scheinbar ausschließlich im Unternehmen selbst. Dort Verantwortung z. B. für eine ausreichende Motivation seiner Mitarbeiter zu übernehmen scheint im ersten Moment nicht identisch mit der Übernahme von Verantwortung in der Gesellschaft. Unternehmen befinden sich jedoch nicht im luftleeren Raum. Jedes Unternehmen ist durch eine Vielzahl von Prozessen mit seiner Außenwelt verbunden. Es steht in direktem Kontakt mit seinen physischen Nachbarn, die in der Nähe des Betriebsgeländes von Auswirkungen der Produktionsprozesse unmittelbar betroffen werden können. Die Produktion eines Gutes versorgt letztendlich Menschen, sie befriedigt deren Bedürfnisse, und sie hat enorme Bedeutung für die Existenz derjenigen, die mit der Produktion dieser Güter ihr Geld verdienen.

Die Kreditgeber des Unternehmers, die Teilhaber, Aktionäre und Geschäftsnachfolger sind ebenfalls von den Entscheidungen des Unternehmers direkt betroffen. Aus all dem ist ersichtlich, daß die Verantwortung des Unternehmers in der Gesellschaft ein fester und unverzichtbarer Bestandteil unseres Wirtschafts- und Sozialsystems ist. Mit wirtschaftlicher Selbständigkeit untrennbar verbunden ist gesellschaftliche Verantwortung. Dies ist kein Phänomen, das als Endprodukt einer Strategiesitzung der Führungsebene eines Unternehmens entsteht.

Die von Zeit zu Zeit immer aufs neue wiederentdeckte Forderung nach der Ethik im Geschäftsleben ist nichts anderes als die Rückbesinnung auf die Tatsache, daß es eben nicht damit getan ist, nur darauf zu achten, daß die Zahlen in der Bilanz stimmen. Ethisches Handeln, im Sinne von Verantwortung über die Grenzen der Geschäftsbilanz hinaus, ist für den Unternehmer conditio sine qua non für erfolgreiches Arbeiten. Die Begriffe „Ethik“, „Verantwortung“ und „wirtschaftlich erfolgreich sein“ schließen sich nicht gegenseitig aus, sondern sind einander ergänzende Teile eines Gesamtkonzepts.

Die Förderung von Eigeninitiative, Selbständigkeit und Unternehmergeist ist daher eine wichtige gesellschaftspolitische Führungsaufgabe. Unternehmerischem Denken muß auf allen Ebenen unserer Gesellschaft zum Durchbruch verholfen werden. Kreativität, Verantwortungsbereitschaft und ein gewisser Mut zum Risiko sollten dabei jedoch Eigenschaften sein, die nicht nur den selbständigen Unternehmern allein zugeschrieben werden dürfen. Die großen Zukunftsaufgaben unserer Gesellschaft verlangen, daß mehr denn je

Freiräume für die Leistungskraft des einzelnen, für seine Ideen und seine Initiativen geschaffen werden. Selbständigkeit ist daher nicht nur ein Motor des Fortschritts in rein wirtschaftlicher, sondern auch in gesellschaftspolitischer Hinsicht.

Wie gut gewappnet gehen Frankfurt und die Rhein-Main-Region in diesen Prozeß? Frankfurt, so meine These, ist aus mehreren Gründen für die kommenden Herausforderungen gut gerüstet. So wird zwar die Wirtschaft in der Rhein-Main-Region im öffentlichen Bewußtsein im allgemeinen mit großen Dienstleistungsunternehmen wie Flughafen, Messe, Banken, Hotels und Handel in Verbindung gebracht; dabei wird dann allzu schnell vergessen, daß die Region auch Standort Tausender Industrieunternehmen der verschiedensten Branchen und Größenordnungen ist, nicht zu vergessen der gesamte Bereich der Hochtechnologie. Wichtig ist dabei auch, auf die zahlreichen Verflechtungsbeziehungen zwischen den verschiedenen Branchen hinzuweisen. Bei einer Veranstaltung in der IHK wurde beispielsweise festgestellt, daß die Luftfahrtregion Rhein-Main nicht nur am Flughafen selbst, sondern bei vielen kleineren und mittleren High-Tech-Firmen als Komponenten- und Systemhersteller, Software- und Entwicklungslabors eine Großzahl von Arbeitsplätzen geschaffen hat. Diese Strukturvielfalt der Wirtschaft ist auch der wesentliche Grund dafür, daß in der Rhein-Main-Region ein hoher Wohlstand erreicht wurde. Das Regionaleinkommen liegt an der Spitze in Deutschland.

Die bereits erwähnte Fraunhofer-Studie über High-Tech-Unternehmen in der Region Rhein-Main hat darüber hinaus festgestellt, daß in der Region eine Dominanz der Informations- und Kommunikationstechnik einschließlich Elektronik, Konsumelektronik und Softwareentwicklung vorherrscht. Dieses Technikfeld ist weltweit von einer ungeheuren Dynamik gekennzeichnet. Information ist zu einem unverzichtbaren Produktionsfaktor für unsere Gesellschaft geworden. Nur wer die richtige Information zum richtigen Zeitpunkt hat, wird aus dem Ringen um Marktanteile als Sieger hervorgehen. Der Weg in die Informationsgesellschaft wird durch zwei Zahlen deutlich: Seit 1991 wuchs der Markt der Informationstechnik um nahezu 40 Prozent auf mehr als 900 Milliarden ECU. Der Weltmarkt der gesamten Informationsbranche (Informationstechnik, Kommunikationstechnik und Medien) wird derzeit auf etwa 3 Billionen Dollar geschätzt. Bis zum Jahr 2000 soll sich der Betrag verdoppeln. Diese enormen Wachstumspotentiale der entstehenden Informationsgesell-

schaft bringen vor allem für bewegliche kleine und mittlere Unternehmen hervorragende neue Möglichkeiten.
Wer somit bei der Begriffskombination Rhein-Main-Region nur an Banken, Messe und Frankfurter Flughafen denkt, greift mehr und mehr zu kurz. Die hervorragende Infrastruktur der Stadt Frankfurt im Bereich Telekommunikation führte erst vor kurzem zu einer sehr hohen Bewertung bei einem internationalen Städtevergleich des „Fortune"-Magazines, bei dem der Investitionsstandort Frankfurt einen hervorragenden vorderen Platz belegte. Diese Bewertung verdeutlicht exemplarisch, welchen Stellenwert die Informationswirtschaft für die Region hat. Diesem Wirtschaftszweig, zu dem rund 7.000 Unternehmen im IHK-Bezirk Frankfurt am Main zählen, gehören Verlagshäuser, Werbe- und PR-Agenturen, Marktforschungsunternehmen und zahlreiche nationale und internationale Presse-, Bild- und Informationsdienste an, die vielfach weit über die Grenzen hinaus bekannt sind.
In der jüngsten Zeit macht Frankfurt zudem als hervorragende Adresse für die Produktion von Film- und Werbespots von sich reden. Eine junge Generation von Werbefilmern hat mit der digitalen Bildbearbeitung internationales Renommee gewonnen. Daß Frankfurt ein hohes Potential in der Nutzung neuester Telekommunikationstechnologien hat, zeigt sich auch in der Präsenz vieler ausländischer Telekommunikationsgesellschaften. Nur durch ihre Kooperation ist der Aufbau kommerzieller Datennetze und damit die Versorgung der Frankfurter Innenstadt mit einem hochleistungsfähigen Glasfasernetz vor der allgemeinen Aufhebung des Netzmonopols der Deutschen Telekom möglich geworden. Frankfurt am Main ist damit der erste deutsche Standort, an dem private Dienstleistungen in der Telekommunikation angeboten werden.
Auch hinsichtlich der Unternehmensstruktur ist die Rhein-Main-Region gut auf die kommenden Anforderungen vorbereitet. Arbeitsstättenzählungen in Frankfurt zeigen, daß der Anteil der Arbeitsstätten mit weniger als 100 Beschäftigten seit 1961 relativ stabil bei 98% liegt. Darüber hinaus ist die Anzahl der Beschäftigten in diesem Zeitraum bei den kleinen und mittleren Unternehmen nur leicht zurückgegangen. Absolut gesehen, stellen diese Betriebe z.B. in Frankfurt zusammen mehr als 220.000 Arbeitsplätze. Dies sind sehr aufschlußreiche Größenordnungen, die den Stellenwert des Mittelstandes in unserer Stadt deutlich machen.

Zu den kleinen und mittleren Unternehmen zählen Einzelhandelsbetriebe, Handelsvertretungen, Gastronomiebetriebe, Dienstleister und auch Produktionsbetriebe, alle im Zuliefererbereich. In ganz Hessen sind dies rund 270.000 IHK-zugehörige Unternehmen mit insgesamt 1,7 Millionen Beschäftigten. Ihre Rolle als Motor und Garant des wirtschaftlichen und sozialen Wohlstandes ist unverzichtbar. So hat eine Untersuchung ergeben, daß mittelständische Unternehmen ihre Gewinne überwiegend zur Sicherung der Wettbewerbsfähigkeit einsetzen. Nahezu zwei Drittel der Unternehmen finanzieren ihre Investitionen aus Eigenmitteln.

Wer sich aufgrund dieser Perspektiven für flexible und kreative Jungunternehmer selbständig macht, dem wird die Industrie- und Handelskammer Frankfurt am Main zur Seite stehen. Die Kammern bemühen sich, traditionell vor allem die Wege in die Selbständigkeit aufzuzeigen und durch ihre zahlreichen Orientierungshilfen zu fördern. Neben einer Grundberatung geben die Industrie- und Handelskammern spezielle Informationen über Finanzierungshilfen, Rechts- und Steuerfragen, technische und Patentberatung oder arbeitsrechtliche Hinweise. Sie sind aber auch tätig bei Firmierungsfragen, bei der Suche nach geeigneten Gewerbeflächen oder der Beschleunigung von Genehmigungen.

Die Aufgabe der Kammern ist es aber nicht nur, die „Geburtenrate" von Unternehmen stark zu erhöhen, sie müssen auch die Fehlerrate von Existenzgründungen möglichst niedrig halten. Um dieses Ziel zu erreichen, bedarf es eines Programms der Existenzsicherung für junge Unternehmen, die die ersten schwierigen Hürden zu nehmen haben. Hier bieten sich Verknüpfungen zu den Senior-Expert-Gruppen und auch den Wirtschaftsjunioren an. Zu wenig bekannt sind auch immer noch die Leistungen der Bürgschaftsbanken.

Diese Hilfen kommen natürlich auch allen vorhandenen Unternehmen zugute. Dabei konzentrieren sich die Maßnahmen der Industrie- und Handelskammern vor allem auf den Mittelstand. Spezielle Ausschüsse und Gremien erarbeiten die besonderen Belange dieser wichtigen Unternehmensgruppe, um mittelstandsspezifische Lösungen entwickeln zu können. Ein Schlüssel zur Verbesserung mittelständischer Rahmenbedingungen ist dabei die permanente Verbesserung der regionalen Infrastruktur. Hierzu gehören neben den Verkehrsleistungen vor allem auch die Versorgung mit Bildungsangeboten und die Energieversorgung. Weitere Felder sind die Verbesserung der

steuerlichen Rahmenbedingungen, die Harmonisierung von Standards - vor allem im EG-Binnenmarkt - sowie die Entwicklung von maßgeschneiderten Dienstleistungen für die Unternehmensführung und die Deregulierung.
Aufgabe von Politik und Verwaltung ist es nun, die Rahmenbedingungen für Innovationen und Investitionen weiter zu verbessern, um unternehmerische Leistungen herauszufordern und um Existenzgründungen attraktiv zu machen. Ich bin sicher, daß auf diese Weise die Unternehmen in Frankfurt und der Rhein-Main-Region im Wettbewerb mit Unternehmen in anderen Regionen Europas die Zukunft nicht zu fürchten brauchen und zur Jahrtausendwende hin eine erfolgreiche Entwicklung erwarten können.

BERND THIEMANN

BEWÄHRUNGSPROBE INTERNATIONALISIERUNG

DER MITTELSTAND UND SEINE FINANZPARTNER

Seit Ende der 80er Jahre haben sich die politischen und wirtschaftlichen Rahmenbedingungen in der Welt so dramatisch wie selten zuvor verändert. Eine Verlangsamung oder gar ein Ende dieses Umstrukturierungsprozesses ist gegenwärtig nicht erkennbar. Es gibt im Gegenteil starke Anzeichen dafür, daß gerade in Deutschland noch ein erheblicher Anpassungsbedarf an die neuen Wettbewerbsbedingungen besteht, wie die aktuelle Standortdebatte deutlich zeigt. Der Mittelstand als ein prägendes Element der deutschen Wirtschaft und seine Finanzpartner sind daher gefordert, Strategien zu entwickeln, die dazu beitragen, die Wettbewerbsfähigkeit langfristig zu sichern und auszubauen.
Weitreichende Globalisierungstendenzen verändern in entscheidendem Maße die für alle geltenden Marktbedingungen. Der Wettbewerb mit allen damit verbundenen Chancen und Risiken beschränkt sich nicht mehr allein auf das Heimatland, sondern vollzieht sich zunehmend international. Dadurch werden die Absatz- und Beschaffungsmärkte größer; aber auch zusätzliche Anbieter, neue Produkte und Vertriebswege, ein verändertes Verbraucherverhalten und der Wegfall von Wirtschaftsgrenzen setzen neue Rahmenbedingungen. Allein die wirtschaftliche Integration Europas hat einen Markt mit rund 370 Millionen Menschen zusammenwachsen lassen.
Der Globalisierungstrend wird in den kommenden Jahren an Schärfe zunehmen. Fortschreitende Innovationen im Technologiesektor lassen die Welt noch enger zusammenrücken, was zu einer Intensivierung des Wettbewerbes führt. Durch weltweite Kommunikationsnetze haben Unternehmen die Möglichkeit, potentielle Kunden rund um den Globus anzusprechen; die Kunden wiederum können ohne großen Aufwand fast beliebig viele Angebote miteinander vergleichen und Angebots- und Preistransparenz herstellen.

Von der Internationalisierung sind zunächst einmal die Unternehmen direkt betroffen, die von sich aus im Rahmen von Handelsaktivitäten im Weltmarkt aktiv werden. Aus der Mittelstandsumfrage der DG BANK, die zweimal im Jahr bei einer repräsentativen Auswahl mittelständischer Unternehmen durchgeführt wird, wissen wir, daß dies etwa auf die Hälfte aller mittelständischen Unternehmen zutrifft. Von diesen bezeichnen wiederum knapp 50% den Umfang ihrer Auslandsgeschäfte als erheblich. Die Industrie ist in besonderem Maße engagiert, darunter vor allem die Chemie- und Kunststoffbranche mit einem Anteil von über 75%. Aber auch die Verlagerung von Unternehmensteilen wird immer stärker durchgeführt. Bei den Betrieben ab einer Größenklasse von 50 Mio. DM Jahresumsatz liegt der Anteil der Unternehmen, die den Schritt über die Grenzen vollzogen haben oder dies planen, bereits bei über 20%.

Auch im Rahmen ihrer Rolle als Zulieferer multinationaler Unternehmensgruppen sind mehr und mehr mittelständische Unternehmen unmittelbar mit den Auswirkungen von Internationalisierungsstrategien konfrontiert. Durch den verstärkten Wettbewerb, dem sie ausgesetzt sind, geraten auch sie unter Druck. Damit werden Analysen über Marktchancen und -risiken, Produktrentabilität und Stückkostenrechnungen zunehmend wichtiger.

Welche Auswirkungen hat die Internationalisierung auf die Kreditinstitute in ihrer Rolle als Finanzpartner der mittelständischen Unternehmen?

Die mit dieser Fragestellung verknüpfte hohe Komplexität legt es nahe, die Fragestellung auf drei Problemkreise zu konzentrieren. Neben dem originären Auslandsgeschäft der Banken, das ausgebaut werden muß, um die zunehmende Internationalisierungstendenz der Wirtschaft zu flankieren – hier ist der Produktaspekt angesprochen –, zählen hierzu die Verbesserung des Beratungsangebotes sowie die immer dringender werdende Vernetzung der Leistungen.

Wie gut die Finanzpartner des Mittelstandes ihre „Bewährungsprobe Internationalisierung“ bestehen, zeigt sich selbstverständlich in erster Linie daran, wie umfassend und effizient sie die Außenhandelsaktivitäten ihrer Kunden begleiten können. Grundvoraussetzung hierfür ist, daß das gesamte Instrumentarium der Außenhandelsfinanzierung von der einfachen Auslandsüberweisung bis zur komplexen Exportfinanzierung zur Verfügung steht. Hierbei zeichnet sich ab, daß die klassischen außenhandelsbezogenen Bankprodukte

wie z. B. Auslandszahlungsverkehr, Dokumentengeschäft oder Bestellerkredite tendenziell zugunsten neuerer Produkte an Bedeutung verlieren. Hierzu zählen Electronic Banking, strukturierte Handelsfinanzierungen oder auch Forfaitierungen bzw. Factoring, wobei letztere insbesondere auch den Bedürfnissen mittelständischer Unternehmen entgegenkommen.
Voraussetzung für die Entwicklung eines wettbewerbsfähigen Produktangebotes ist die genaue Kenntnis der Bedürfnisse des Mittelstandes. Dies gilt um so mehr, als die Internationalisierung verbunden mit den weltweit zu beobachtenden Liberalisierungsmaßnahmen zu der vielzitierten Disintermediation zwischen den Banken und ihren Kunden geführt hat. Eine Tendenz, die durch die technische Entwicklung noch weitere Schubkraft erhält und den Wettbewerbsdruck weiter erhöhen wird. Nutznießer dieser Entwicklung sind zunächst die wenigen Global Player. Diese Unternehmen stehen nicht nur in vorderster Linie bei der Produktentwicklung, sondern sind meist auch Vorreiter bei der Implementierung der neuesten Technologie. Die Globalisierung eröffnet diesen Unternehmen gewaltige Chancen, ihre Marktposition weiter auszubauen und fördert den Konzentrationsprozeß, um noch höhere economies of scale zu erzielen. Als weiterer Faktor kommt hinzu, daß die großen global operierenden Banken am ehesten in der Lage sind, einen weltweiten, umfassenden Service zu bieten, beispielsweise im Bereich Cash management, was insbesondere für transnationale Unternehmen von Bedeutung ist.
Neben Know-how, Abwicklungssicherheit und Preiswürdigkeit als Erfolgsfaktoren bei den standardisierten Dienstleistungen sowie der Fähigkeit kreativer, kundenspezifischer Problemlösungen benötigen die Banken aber auch die Verbindung zu einem globalen Auslandsstützpunktnetz in allen wichtigen Wirtschafts- und Zeitzonen. Dazu gehören auch die direkt benachbarten Reformländer des Ostens, die GUS-Staaten und die Länder des asiatischen Raumes.
In diesem Umfeld ist es für die Finanzpartner des Mittelstandes, wollen sie weiter erfolgreich sein, wichtig, ihre spezifischen Marktkenntnisse in maßgeschneiderte Produkte umzusetzen. Gemäß dem Grundsatz der Subsidiarität ist es förderlich, durch Verlagerung von Aufgaben auf Zentralinstitute die Voraussetzungen zur Generierung kritischer Massen zu schaffen. Damit ist ein wichtiger strategischer Erfolgsfaktor angesprochen. Internationale Kooperationen erlauben es darüber hinaus auch vorwiegend national tätigen Banken, Syner-

gieeffekte zu erzielen und ein Gegengewicht gegenüber den Global Player aufzubauen.
Die genossenschaftliche Bankengruppe hat diesen Ansatz in den letzten Jahren systematisch umgesetzt. Auf der einen Seite hat der Verbund mit der DG BANK, der als Spitzeninstitut des Sektors die wichtige Aufgabe zukommt, den Volks- und Raiffeisenbanken den Zugang zu den internationalen Finanzmärkten zu gewährleisten, seine Auslandspräsenz weiter verstärkt. Die internationale Kooperation wurde ausgebaut und beispielsweise im Rahmen der UNICO Banking Group, der acht europäische genossenschaftliche Spitzeninstitute angehören, in wichtigen Geschäftsfeldern wie Zahlungsverkehr, Wertpapiergeschäft, Investmentbanking, Leasing intensiviert. Hierdurch konnte nicht nur die Marktposition der Spitzeninstitute gefestigt werden, sondern es sind in erheblichem Umfang auch direkte Beiträge zur Verbesserung der Wettbewerbsfähigkeit der Primärinstitute geleistet worden.
Der mit dem Mittelstand eng verbundene genossenschaftliche Finanzsektor hat frühzeitig die Strukturen und Kapazitäten geschaffen, um seine Kunden umfassend und kompetent bei ihren Auslandsaktivitäten begleiten zu können. Diese Tatsache gilt es stärker noch als bisher zu propagieren, denn nach wie vor liegt der Marktanteil des genossenschaftlichen FinanzVerbundes im Auslandsgeschäft mit Firmenkunden erheblich niedriger als im Inlandsgeschäft.
Vor diesem Hintergrund wird deutlich, welch hoher Stellenwert der Beratungsfunktion der Kreditinstitute für ihren Geschäftserfolg zukommt. Dieser Aspekt gewinnt vor allem in dem Maße an Bedeutung, in dem die mittelständischen Kunden die reinen Handelsaktivitäten durch Direktinvestitionen in den ausländischen Märkten untermauern.
In diesem Zusammenhang erwarten speziell die mittelständischen Unternehmen von ihren Banken – über die Produktkompetenz hinaus – Kenntnisse über die ausländischen Märkte und Informationen zu deren Erschließung. Anders als Großunternehmen verfügt diese Kundengruppe in der Regel nicht über die Ressourcen zur Untersuchung von Fragestellungen wie beispielsweise Länderrisikobeurteilung, Bonitätseinschätzung lokaler Partner, Möglichkeiten für Investitionen und Joint-ventures.
Aktuell zeigt auch die bevorstehende Europäische Währungsunion, wie groß der Informationsbedarf und der Bedarf an Handlungsempfehlungen bei mittelständischen Unternehmen sind. Dies reicht von allgemeinen Fragen zur

Erstellung von Checklisten zur Vorbereitung der Umstellung bis hin zu konkreten Anlage- oder Verschuldungsstrategien über das Jahr 1999 hinaus. Veranstaltungen zu diesen Themen sind regelmäßig gut besucht und signalisieren die Erwartungshaltung an die Banken, Vordenker und Mitgestalter eines wichtigen Prozesses von historischer Dimension zu sein.

Generell gilt, daß die Beratungskompetenz für die Banken zu einem immer wichtigeren Wettbewerbsfaktor wird. Um sich gegenüber Wettbewerbern zu profilieren, sind umfassende Konzepte gefragt. Diese reichen beispielsweise bei der Betreuung von Unternehmensgründern von Markt- und Branchenstudien, Strategien für einzelne Geschäftsfelder, der Beratung bei der Entwicklung geeigneter Organisationsstrukturen bis hin zur Bereitstellung von Venture-capital und der Vermittlung geeigneter Partner.

Aktuelle Informationen sind unverzichtbar, wenn weltweit neue Lieferanten, Abnehmer oder Kooperationspartner gesucht werden. Die Banken müssen in der Lage sein, ihren Kunden schnell und kostengünstig den Zugang zu entsprechenden Informationsquellen zu eröffnen. Dies sind zum Beispiel Datenbankdienste und darauf bauende Recherchedienste wie die Business-Datenbank, die Creditreform-Datenbank oder Archive der großen Wirtschaftszeitungen. Aber auch bei der konkreten Suche nach Persönlichkeiten als neuen Führungskräften oder Teilhabern werden immer häufiger Banken oder deren speziell dafür gegründete Tochtergesellschaften für Vermittlungsdienste als Informationsberater eingeschaltet.

In diesem Umfeld wird die Rolle des Firmenkundenbetreuers als dem direkten Ansprechpartner des mittelständischen Unternehmens zu einer Schlüsselposition. Das Feld, das der Firmenkundenbetreuer als Generalist abdecken muß, wird immer breiter und erhält zunehmend eine internationale Dimension. Die Rolle des Firmenkundenbetreuers als Relationship-Manager rückt vor diesem Hintergrund stärker in den Mittelpunkt. In dieser Rolle wird er künftig noch stärker als „Mittler" auftreten, der im Sinne des Corporate Finance alle Finanzdienstleistungen für den Kunden zusammenstellt. Um ein Unternehmen beurteilen zu können, aber auch um dem Unternehmen Handlungsbedarf aufzeigen und Handlungsempfehlungen bieten zu können, muß er die Auswirkungen internationaler Entwicklungen auf das einzelne Unternehmen abschätzen können. Dafür ist eine reibungslose Zusammenarbeit mit den Spezialisten aus den verschiedenen Produktbereichen sowie Volkswirtschaft,

Research und den Auslandsstützpunkten unerläßlich. Die Banken müssen hier intern die Voraussetzungen schaffen, daß die Firmenkundenbetreuer ohne Reibungsverluste auf dieses Spezial-Know-how zurückgreifen können. Darüber hinaus müssen Personalentwicklungsprogramme dahingehend ausgerichtet werden, einen Typus von Firmenkundenbetreuer auszubilden, der fachliche Expertise, soziale und kommunikative Kompetenz gleichermaßen in sich vereint.

Wie die gesamte deutsche Wirtschaft, so hat auch der Mittelstand die „Bewährungsprobe Internationalisierung" noch nicht bestanden. Zunehmend wird dieser Prozeß jedoch als eine Herausforderung gesehen, die zwar erhebliche Risiken birgt, mit der aber auch große Chancen zur Erschließung neuer Märkte verbunden sind. Eine Alternative verbleibt ohnehin nicht, denn eine Abkopplung vom Internationalisierungstrend wäre kontraproduktiv und würde den Anpassungsbedarf lediglich aufstauen. Die Konsequenz für die Finanzpartner des Mittelstandes kann deshalb nur heißen, die Auslandsaktivitäten der Kunden nach Kräften zu fördern und zu begleiten. Banken, die nicht zusammendenken, was zusammengehört, die sich im Wettbewerbsumfeld nicht als lernende Organisation begreifen oder für institutionelle Reformen stehen und diese am Kunden unter Beweis stellen, werden unweigerlich zu den Verlierern zählen, wenn es darum geht, verbesserte Marktpräsenz und Kostenführerschaft nachhaltig zu dokumentieren: ein Ziel, das gerade dezentral strukturierte Bankengruppen wie der genossenschaftliche FinanzVerbund vorzugsweise nur durch eine Bündelung der Kräfte und eine partnerschaftlich organisierte und verläßliche Arbeitsteilung realisieren können.

JÜRGEN HEYNE

DEN WANDEL FÖRDERN

ERFOLGVERSPRECHENDE RAHMENBEDINGUNGEN FÜR DAS HANDWERK

Carl Friedrich von Weizsäcker stellte Anfang der sechziger Jahre fest: „Alle finden sich heute in einer Welt, die in rascher, gefährlicher, nicht auffangbarer Verwandlung begriffen ist." Und er fügte hinzu: „Bewahrung dessen, was bewahrt werden muß, kann allerdings nicht dadurch geschehen, daß man sich gegen die Verwandlung sperrt, sondern indem man sie gestaltet."

Bewahrt werden muß das Handwerk als Wirtschaftszweig, der sich immer wieder auch im konjunkturellen Auf und Ab der Zeit als stabilisierende Säule unserer Volkswirtschaft bewährt. Dabei hat das Handwerk einerseits eine in ihrem Wert nicht zu unterschätzende Tradition, andererseits ist es gerade damit immer der Zeit voraus. Sichtbares Zeichen hierfür ist die unbestrittene Tatsache, daß immer wieder Erfindungen in Klein- und Mittelbetrieben getätigt wurden und auch heute noch getätigt werden.

Hier liegen das geistige Potential und das fachliche Können mit in die Zukunft gerichteten Ideen, die unsere Wirtschaft und unsere Gesellschaft voranbringen. Tatsächlich ist das, was Carl Friedrich von Weizsäcker ansprach, nichts anderes als das Gesetz des Handelns. Es hat heute, mehr als 30 Jahre später, die gleiche grundlegende Bedeutung - auch für das Handwerk. Noch zu keinem Zeitpunkt sind auch hier Verhinderung und Trägheit das Gebot der Stunde gewesen, sondern aktives Handeln, das die Zukunft gestaltet. Es gilt also unter dem Begriff „Tradition" nicht Asche zu bewahren, sondern das Feuer voranzutragen.

Allein dadurch hat das Handwerk sich seine hohe außerordentliche Lebensfähigkeit, mit seinen 127 zukunftsorientierten Berufen seine Vielfalt, aufgrund seiner kleinbetrieblichen Struktur seine Anpassungsfähigkeit an veränderte Situationen und aufgrund des bewährten dualen Ausbildungssystems sein individuelles Schaffen auf höchstem Qualitätsniveau erhalten.

Die Worte „Den Wandel fördern – erfolgversprechende Rahmenbedingungen für das Handwerk" können deshalb nur bedeuten, sich immer wieder auf die vorgenannten Werte als dynamische Kräfte zu besinnen und sie noch mehr als in der Vergangenheit den Menschen in unserem Land bewußtzumachen. Nicht zuletzt dadurch ist das Handwerk in vielerlei Hinsicht im Laufe der Jahrhunderte immer stärker geworden. Gerade in jüngster Zeit wurde dies mit der Handwerkszählung 1995 wieder deutlich: In den nahezu 24.000 von der Handwerkskammer Rhein-Main betreuten Betrieben sind es knapp 20.000, die von einer Handwerksmeisterin bzw. einem Handwerksmeister geleitet werden. Mit etwa 24.000 Beschäftigten sind in diesen sogenannten Vollhandwerksbetrieben heute rund 25% mehr Beschäftigte tätig als im Jahre 1977, dem Jahr der vorletzten Handwerkszählung. 40% aller Lehrlinge werden in diesem Bereich ausgebildet. Allein das Handwerk kann mit seinen individuellen Produkten und Dienstleistungen der wachsenden Individualität der Menschen Rechnung tragen. Es ist richtig, daß die Zahl der handwerklichen Unternehmen über Jahrzehnte betrachtet zwar kleiner, die Betriebe selbst aber größer geworden sind. Statt durchschnittlich acht Beschäftigte pro Handwerksbetrieb im Rhein-Main-Gebiet sind es heute bis zwölf Arbeitnehmer. Damit sind die Betriebe hier größer als im übrigen Bundesgebiet und machen damit ihre Leistungsfähigkeit in besonderer Weise deutlich.
Das Handwerk kann sich entwickeln, wenn es ein „wirtschaftsfreundliches" Umfeld hat. Der gesellschaftlichen Akzeptanz von Wirtschaft und Technik kommt dabei als entscheidende Existenzgrundlage eine hohe Bedeutung zu. Hinzu kommt die Notwendigkeit, Innovationsstrategien zu entwickeln und zu fördern. Dies ist eine gemeinsame Aufgabe von Politik, Wirtschaft, Wissenschaft und Gesellschaft. Dem Staat kommt die Rolle des aktiven Moderators in einem dringend notwendigen Dialog aller Beteiligten zu. Er ist zur Durchsetzung von Privatisierungsoffensiven genauso aufgerufen wie zur Senkung der Staatsquote, die gegenwärtig die Entwicklung der Marktkräfte nachhaltig hemmt. Die wirtschaftliche Leistungsfähigkeit wird durch die Entfaltung wettbewerbsverfälschender Wirkungen auch durch Erhaltungssubventionen gebremst. Besonders hart trifft einen personalintensiven Wirtschaftszweig wie das Handwerk die Tatsache, daß Deutschland seit Jahren an der Spitze der internationalen Arbeitskosten-Rangliste steht. Kurze Betriebsnutzungszeiten und mangelnde Flexibilität in der Arbeitszeitgestaltung verschärfen die Situation jedes einzel-

nen handwerklichen Unternehmens, das ja Arbeits- und Ausbildungsplätze erhalten und neue schaffen soll. Das Motto kann also nur lauten: Wir müssen die Kosten senken!

Wandel im Handwerk bedeutet über die Betriebsgrößenentwicklung hinaus Veränderungen in der Arbeitweise, in neuen Materialien und insbesondere im Einsatz modernster Techniken bis hin zur Elektronik. Im Internet wird bereits gesurft. Die 127 Handwerksberufe zeichnen sich dadurch aus, daß heute neue Techniken mit Sicherheit kein Fremdwort mehr sind. Allein durch die Technologieberatungsstelle der Handwerkskammer Rhein-Main ist die Verbindung zwischen Wissenschaft und Praxis gewährleistet. Mehr als jeder dritte Handwerksbetrieb bedient sich der elektronischen Datenverarbeitung, zumindest im kaufmännischen Bereich. Die Tendenz ist steigend. Dabei darf aber auch nicht übersehen werden, daß im Handwerk nach wie vor der Mensch im Mittelpunkt des Geschehens steht und damit auch das individuelle Arbeiten. Maschinen und neue Techniken dienen, so wichtig sie sind, nur der Erleichterung und ersetzen es nicht. Unabhängig davon wird der Handwerker immer mehr zum „Kopfwerker“, was wiederum Auswirkungen auf das Mitarbeiterpotential hat. Einmal erhalten damit auch junge Damen mehr Chancen für eine handwerkliche Ausbildung, weil ihnen schwere körperliche Arbeiten abgenommen werden. Die breite Palette der Handwerksberufe ist auch für sie eine gute Grundlage für eine gesicherte Lebensplanung. Zweitens schreitet aber auch gerade der Bereich der neuen Techniken mit einer so rasanten Schnelligkeit voran, daß an jede Mitarbeiterin und jeden Mitarbeiter im Handwerk eine hohe Fort- und Weiterbildungsbereitschaft gestellt wird.

Der Kunde verlangt mit Recht handwerkliche Produkte und Dienstleistungen nach dem neuesten Stand der Technik. Wer sich in dem immer härter werdenden Wettbewerb behaupten will, muß dies deshalb erkennen, daraus die Schlußfolgerungen ziehen und das Ergebnis in die Tat umsetzen. Nicht umsonst bietet die gesamte Handwerksorganisation, insbesondere aber auch die Akademie des Handwerks der Handwerkskammer Rhein-Main und die beiden Berufsbildungs- und Technologiezentren der Kammer in Frankfurt und Weiterstadt, eine Vielzahl von fachlichen und überfachlichen Seminaren an. Viele der überfachlichen Seminare beziehen sich auf die Neugründung bzw. Übernahme eines Unternehmens und auf Fragen der Unternehmensführung an sich. Hierher gehört auch die Fähigkeit für die handwerkliche Unterneh-

merin und den handwerklichen Unternehmer, neue Märkte zu erkennen und für sich zu erschließen. Dies gilt insbesondere gegenüber der Industrie, wo das Handwerk durch Fertigung individueller Produkte seinen Platz gefunden und behauptet hat. Viele industrielle Erzeugnisse wie Heizungsanlagen, sanitäre Einrichtungen, elektrotechnische Geräte, Maschinen, Fahrzeuge usw. werden erst durch Leistungen des Handwerks in Form von Montage, Wartung und Reparatur zu einem gebrauchsfähigen Wirtschaftsgut, Wartung und Service nicht zu vergessen. Gerade im Zusammenhang mit dem Umweltschutz ist das Handwerk kompetenter Ratgeber für den Kunden. Durch die Veränderung der Märkte sind auch immer wieder neue Berufe entstanden. Dazu gehören der Radio- und Fernsehtechniker, der Elektroinstallateur, der Kraftfahrzeugmechaniker ebenso wie der Büroinformationselektroniker und Zweiradmechaniker. Ein besonders eindrucksvolles Beispiel stellt das Gerüstbauergewerbe dar, das im Berufsbildungs- und Technologiezentrum in Weiterstadt für Südhessen eine einzigartige Aus-, Fort- und Weiterbildungseinrichtung gefunden hat.
Gerade heute besteht aufgrund der wirtschaftspolitischen und insbesondere der arbeitsmarktpolitischen Situation ein hohes Interesse an handwerklichen Fachkräften, die im Vertrauen auf ihr Können und ausgestattet mit Mut und Zuversicht bereit sind, Führungsaufgaben zu übernehmen und vor allem den Schritt in die Selbständigkeit zu wagen. Mehr als 60% der angehenden Jungmeisterinnen und Jungmeister tragen sich auch in ihrer Vorbereitung auf die höchste Qualifikation im Handwerk, die Meisterprüfung, mit diesem Gedanken. Ihre Chancen sind gut. Etwa ein Drittel der Handwerksbetriebe im Rhein-Main-Gebiet, dies sind zwischen sechs- und siebentausend, suchen in den nächsten Jahren einen neuen Chef. Deshalb ist die Politik immer wieder aufgefordert, die Existenzgründungsförderung zu verstärken. Ihr kommt deshalb eine erhebliche Bedeutung zu, weil dadurch Arbeits- und Ausbildungsplätze geschaffen werden und gleichzeitig die Grundlage für zukünftige Steuereinnahmen gelegt wird. In allen Regionen benötigen wir eine Wirtschaftsförderung, die sich insbesondere auch dem Schutz bestehender Handwerksbetriebe zuwendet. Hierher gehören das Vorhandensein bezahlbarer Gewerbeflächen, die Schaffung von Gewerbezentren und insbesondere eine Verkehrspolitik, die die Erreichbarkeit der Betriebe durch Kunden und Lieferanten, aber auch die Erreichbarkeit der Verbraucher durch die Handwerksunternehmen sicherstellt. Der Nahversorgung der Bevölkerung kommt eine hohe

Bedeutung zu. Immerhin erzielt ein durchschnittlicher Handwerksbetrieb etwa 50% seines Umsatzes allein in der Stadt oder Gemeinde, in der er ansässig ist. Der Wandel in den Stadt- und Gemeindestrukturen führt aber vermehrt zu Standortproblemen. Dabei sind die Standortfaktoren so unterschiedlich wie die 127 Handwerksberufe selbst. So benötigen Betriebe mit Ladengeschäften, wie z. B. Optiker, Hörgeräteakustiker, Bäcker, Fleischer usw., Standorte in den Zentren. Andere Handwerker wie beispielsweise Tischler, Zimmerer, Metallbauer, Kraftfahrzeugbetriebe dagegen Standorte am Rande der Innenstädte oder in Gewerbegebieten. Stark steigende Bodenpreise und Ladenmieten machen dem Handwerk das Leben schwer. Diese Unternehmen stehen auch in einer starken Konkurrenz mit dem Dienstleistungsgewerbe bzw. mit der Nutzung für Büros und Wohnungen. Standorte in den Randlagen und den Innenstädten sind seit Jahrzehnten durch eine gewachsene gemischte Nutzung von Wohnen und Gewerbe geprägt. Durch eine verstärkte Wohnnutzung und Umstrukturierung bisher gewerblicher Standorte werden Handwerksbetriebe mehr und mehr aus ihren angestammten Quartieren verdrängt. Bei planungsrechtlichen Neugestaltungen kommt es gerade auf kommunaler Ebene immer mehr darauf an, die Bedürfnisse der kleinen und mittelständischen Gewerbebetriebe ausdrücklich in die Stadtplanung miteinzubeziehen.
Das Handwerk arbeitet für den privaten Verbraucher ebenso wie als Zulieferer für die Industrie und für die öffentliche Hand. Es wird dies auch künftig tun können, wenn vor allen Dingen die Steuer- und Abgabenquote zurückgeführt wird. Dadurch werden nämlich Mittel für Investitionen frei. Nur wenn auch Handwerksbetriebe investieren können, bleiben sie wettbewerbsfähig.
Handwerk beginnt bei den Bau- und Ausbaugewerben und den Metall- und Holzhandwerksberufen, geht über das Bekleidungs-, Textil- und Leder-Gewerbe, die Nahrungsmittel-Handwerke bis hin zu den Gesundheits- und Körperpflege- sowie chemischen und Reinigungsgewerben bzw. Glas-, Papier-Keramik- und sonstigen Berufen. Hier ist überall der traditionelle Karriereweg, der über den Lehrling, die Gesellenzeit zur Meisterprüfung führt. Mit dem sogenannten Meister-Bafög hat die Politik eine vor Jahren in die falsche Richtung weisende Entscheidung rückgängig gemacht. Es ist ein Erfolg aller, die im Handwerk ehrenamtlich Verantwortung tragen, auch ein Erfolg der Handwerkskammer Rhein-Main, denn sie hat sich in besonderer Weise aufgrund der hohen Zahl junger Menschen, die sich gerade hier in den beiden Berufs- und

Technologiezentren und in der Akademie des Handwerks fort- und weiterbilden, für einen deutlichen Schritt im Hinblick auf die Gleichwertigkeit von beruflicher und allgemeiner Bildung stark gemacht. Sicherlich sind noch manche Wünsche offen. Zunächst kommt es jetzt aber darauf an, daß auch der handwerkliche Nachwuchs die Chance ergreift und die höchste Qualifikation in seinem Beruf anstrebt. Schließlich bringt die handwerkliche Meisterprüfung entscheidende persönliche Vorteile. Als Handwerksmeisterin oder Handwerksmeister ist jeder z. B. Mitbewerbern aus den europäischen Nachbarstaaten einen Schritt voraus, und wir brauchen Handwerksmeisterinnen und Handwerksmeister für die Ausbildung junger Menschen in unserem bewährten dualen Ausbildungssystem. Dabei muß das Leistungs- und Eignungsprinzip gelten. Die Ausbildungsqualität in den Handwerksbetrieben darf nicht dadurch negativ vorbestimmt werden, daß junge Menschen nicht ausreichend auf die Berufs- und Arbeitswelt vorbereitet werden. Defizite in diesem Zusammenhang kann der Ausbildungsbetrieb nicht ausgleichen. Er muß verständlicherweise für eine optimale Nutzung der Ausbildungszeit eintreten und damit auch für eine Neuorganisation des Berufsschulunterrichts mit dem Ziel, daß junge Menschen wieder mehr in den Betrieben sind.

Über die sogenannten Vollhandwerksberufe hinaus sind dem Handwerk seit 1965 noch circa 50 sogenannte handwerksähnliche Berufe zugeordnet. Wir kennen sie beispielsweise als Reparaturschneider, Speiseeishersteller und Kosmetiker oder Kosmetikerinnen. Handwerk und handwerksähnliches Gewerbe leisten traditionsgemäß einen wichtigen Beitrag für unsere Wirtschaft und Gesellschaft. Strukturwandel hat es nie als Verteidigung alter Traditionen verstanden. Es waren schon immer die Herausforderung und der Mut zur Anpassung an veränderte Situationen und die Bedürfnisse der Zeit bzw. der Zukunft, was im Vordergrund stand. Diesen Wandel wird das Handwerk auch künftig aus eigenen Anstrengungen heraus mit guten Wachstumschancen bestehen können. Allerdings sind eben entsprechende wirtschaftspolitische Rahmenbedingungen notwendig. Es gilt, jungen Menschen immer wieder den sprichwörtlichen goldenen Boden des Handwerks deutlich zu machen und damit die lohnenden Möglichkeiten bis hin zu der hohen Arbeitszufriedenheit, weil man eben keine Nummer in einem Großbetrieb, sondern im Handwerksbetrieb ein Fachmann unter Fachleuten ist. Das gilt auch für die vielen ausländischen handwerklichen Fachkräfte. Mitarbeiter sichern die Wettbewerbsfähigkeit des Unternehmens um so besser, je mehr sie sich als Team für das gemeinsame Ziel verstehen. Damit wird eben auch an die Mitarbeitermotivation durch den Handwerksmeister oder die -meisterin eine hohe Anforderung gestellt.

So werden Handwerker und Handwerkerinnen sowohl als Führungskräfte wie als selbständige Unternehmerinnen und Unternehmer gebraucht, aber auch dort, wo die Rahmenbedingungen geschaffen werden, in denen sich das Handwerk tagtäglich bewähren muß, nämlich in der Politik. Nur noch 8% der in Hessen in politischen Gremien Tätigen sind Handwerker. Das ist einerseits verständlich. Der Handwerker lebt von seinen produktiven Stunden. Andererseits ist jeder aufgerufen zu prüfen, ob ihm ein solches Engagement nicht doch möglich ist.

Hier müssen vor allen Dingen solche politischen Rahmenbedingungen geschaffen werden, die besonders junge Menschen motivieren. Dies gilt für die Finanz- und Steuerpolitik, die Berufsbildungspolitik, Verkehrspolitik, Umwelt- und Energiepolitik, in der Arbeits- und Sozialpolitik und auch in der Europapolitik, um einige Beispiele zu nennen.

FRANK ALBRECHT

PERSPEKTIVE 2000

NEUE CHANCEN FÜR DEN MITTELSTÄNDISCHEN EINZELHANDEL

Die Zeiten, in denen der Einzelhandel der verlängerte Arm der Industrie war, sind lange vorbei. Nicht die Produktion der Güter ist das Problem, sondern deren Vertrieb. War der Einzelhandel ursprünglich überwiegend klein- und mittelständisch orientiert mit wenigen Waren- und Kaufhäusern, hat sich mittlerweile eine vielfältige Handelslandschaft entwickelt, deren Ausprägungen sowohl den Kiosk an der Ecke als auch den internationalen Handelskonzern betreffen. Prognosen besagen, daß im Jahr 2000 oder kurz darauf ein Handelsbetrieb das größte Unternehmen der Welt sein wird. Mit fast 70 Mrd. DM ist die Metro in Deutschland bzw. mit 75 Mrd. Dollar die Firma Walmart in den USA mittlerweile auf dem Weg dorthin. In den letzten 20 bis 30 Jahren hat sich die Handelslandschaft rasant entwickelt. Eine rasch wachsende Bevölkerung, gute Geschäfte mit Gebietsfremden, kräftiges Wirtschaftswachstum, kontinuierlich steigende Einkommen, niedrige Steuern und Abgaben, geringe Arbeitslosigkeit, Handlungsfreiheit für Unternehmen, optimistische, ausgabefreudige Verbraucher und eine Vielzahl echter Produktinnovationen waren die wichtigsten Elemente eines gesamtwirtschaftlichen Rahmens, der fast automatisch Erfolgsstorys schreibt. Der westdeutsche Einzelhandel kennt derartige Traumkonstellationen aus den frühen 60er Jahren oder aus der Zeit des Vereinigungsbooms zu Beginn der 90er Jahre. Doch Gegenwart und Zukunft spielen sich inmitten eines Kranzes von Rahmendaten ab, der gegensätzlicher kaum sein dürfte.

Die Bevölkerungsentwicklung ist für den Einzelhandel eine wichtige Größe. Bei Ausgaben von fast 12.000 DM pro Kopf für Einzelhandelsgüter (einschl. Pkw) bedeutet eine Million mehr oder weniger an Bundesbürgern schlicht 12 Mrd. DM mehr oder weniger Umsatz. In Westdeutschland hat die Zahl der Menschen zwischen 1960 und 1995 um 11 Millionen zugenommen, das heißt,

15% des Einzelhandelsumsatzes des Jahres 1995 sind diesem Bevölkerungszuwachs zuzurechnen.
Doch dieser konsumbelebende Bevölkerungseffekt wird durch die restriktivere Geburtenrate bis zur Jahrtausendwende auslaufen, um dann vermutlich erst langsam, dann immer schneller zu schrumpfen. Auch die Veränderungen im Altersaufbau der Bevölkerung wirken sich auf die Einzelhandelskonjunktur aus. Gegenwärtig sind gut 15% der Deutschen im Rentenalter, fast 60% im berufstätigen Alter zwischen 20 und 65 Jahren. Langsam, aber stetig wird die Zahl der Rentner in Richtung 20% wachsen und das Marktsegment für Senioren stärken. Dem steht die verringerte Wertschöpfung der sinkenden Berufstätigenzahl gegenüber.
Klein ist auch die Hoffnung, die negative Bevölkerungsentwicklung könnte durch ein höheres Wachstumstempo kompensiert werden. Doch auch hier zeigen die Erfahrungen der letzten Jahre und wichtige Trendfaktoren auf, daß der Wachstumsprozeß nicht in ehemalige Größenordnungen steigen kann.
Die für den Einzelhandelsumsatz zentrale Einflußgröße „Verfügbares Einkommen der privaten Haushalte" ist ebenfalls kritisch zu sehen. Zwar wächst die Entwicklung des Masseneinkommens kontinuierlich, die Polarisierung der personellen Einkommensverteilung spricht gegen einen positiven Trend. Die vormals starke mittlere Einkommensgruppe ist aufgrund der wachsenden Arbeitslosigkeit rückläufig.
Auch die Entwicklung der Konsumstruktur spricht in den kommenden Jahren gegen den Einzelhandel. Während 1960 noch fast 50% am Zuwachs des privaten Verbrauchs in den Einzelhandel flossen, tendiert diese Quote zur Jahrtausendwende gegen Null. Höhere Mieten, ständig steigende Abgaben und konkurrierende Verbrauchsbereiche wie Urlaubs- und Freizeitaktivitäten sind die Gründe.
Die aktuelle Umsatzentwicklung im deutschen Einzelhandel, der seit über vier Jahren unter Stagnation und Umsatzrückgang leidet, bestätigt diese Darstellung. Das Jahr 1996 hat wieder ein kleines reales Umsatzminus gebracht. Eine Trendwende in 1997 oder im Wahljahr 1998 zeichnet sich angesichts der Unsicherheiten in der Steuerpolitik, der Entwicklung der Arbeitslosenzahl und der Gesamtkonjunktur nicht ab. Wie sich diese Entwicklung auf die Struktur des Einzelhandels in den Jahren von 1980 bis 1995 ausgewirkt hat, zeigen die folgenden Zahlen:

Waren noch 1970 fast 75% des Einzelhandelsumsatzes kleineren und mittleren Fachgeschäften zuzurechnen, so hat sich über 55,4% in 1980 mittlerweile ein Abschmelzungsprozeß auf etwa 35% in 1996 ergeben.
Die aktuelle Marktsättigung bzw. Stagnation der Nachfrage erzeugt einen andauernden Wettbewerbsdruck, der ständig zu eskalieren droht und immer wieder durch Newcomer entfacht wird. Es ist nicht mehr der Wettbewerb von Hosen-Müller gegen Hosen-Meier, sondern der totale Wettbewerb aller Verbrauchsausgabenkategorien gegeneinander. Wohl zu keiner Zeit hat es im Einzelhandel auf so breiter Front Preiskämpfe quer durch die Sparten, Vertriebsschienen und Produktgruppen gegeben wie bisher. Für den normalen Lebenszyklus von Marken- oder Vertriebslinien bleibt kaum noch Raum. Innovationen haben nur selten noch Chancen, ihre Kosten wieder einzuspielen, bevor der Prozeß der Preisauszehrung einsetzt.
Die Discountformen sind in diesen schwierigen Zeiten die Gewinner und werden wohl auch in Zukunft größere Umsatzzuwächse haben als der traditionelle Fachhandel. Fachmärkte, filialisierte Fachgeschäfte, Verbrauchermärkte und in geringem Maße auch SB-Warenhäuser werden in den kommenden Jahren ihren Umsatzanteil systematisch ausbauen. Dabei darf allerdings nicht übersehen werden, daß mittlerweile auch Unternehmen aus dem traditionellen Fachhandel sich auf dem Markt der filialisierten Fachgeschäfte bzw. der Fachmärkte tummeln.
Nicht wenige agile Unternehmer haben Fachgeschäfte z. B. in der Innenstadt und betreiben gleichzeitig einen Fachmarkt unter anderem Namen auf der grünen Wiese. Angesichts des immer härter werdenden Wettbewerbs, der mit immer niedrigeren Spannen und minimalen Erträgen auskommen muß, bleiben Handelsfaszination, Erlebniskauf, kompetente Beratung und freundlicher Service auf der Strecke. Dieses „Trading down“ bedeutet langfristig eine Katastrophe, denn den Kunden in besseren Zeiten wieder zu einem anderen Preisverhalten umzuerziehen ist unendlich schwer.
Der zur Zeit weit verbreitete aggressive Preiskampf geht zu Lasten der Wertschöpfung und der Qualität und führt letztlich zu weiterer Konzentration. Schwächere und nicht flexibel reagierende Firmen verschwinden vom Markt. Es hat noch nie so viele leerstehende Ladenlokale gegeben wie heute. Die Standortentwicklung für den Einzelhandel, insbesondere für den Fachhandel, ist insofern problematisch, als er sich entweder für den traditionellen Stand-

ort, die Innenstadt, entscheiden muß oder das Einkaufszentrum am Stadtrand bzw. die grüne Wiese wählen kann.
Wie sich Innenstädte entwickeln können, läßt sich heute in Deutschland schon differenziert beobachten. Einige Innenstädte, wie Hamburg, München, Köln oder Darmstadt, haben noch einen hohen Stellenwert und bieten eine faszinierende und vielfältige Einzelhandelserlebniswelt. Doch mit großer Sorge ist zu beobachten, daß in manchen Städten der Trend genau in die entgegengesetzte Richtung läuft. Billiganbieter machen sich breit, weil sie mit niedrigen Kosten, ohne Service und mit Massenangeboten die überzogenen Mieten zahlen können, die der qualifizierte Fachhandel mit seiner anderen Sortiments- und Kostenstruktur nicht aufbringen kann. Damit ändern sich der Sortimentsmix und dessen Vielfalt, die einen wesentlichen Teil der Innenstadtattraktivität ausmachen. Eine zu enge Ausrichtung nur auf Textilien, Schuhe, Schmuck oder Fast food sind auf Dauer für eine gesunde Innenstadt zu wenig. Aber auch Umfeldfaktoren wie Sauberkeit und Sicherheit bereiten dem Innenstadt-Einzelhandel immer mehr Sorge, zumal in dieser Hinsicht viele Kunden wesentlich bessere Angebote in Einkaufszentren aufgrund des Hausrechts der Eigentümer honorieren.
Insbesondere die oft ideologisch geprägte Verkehrspolitik führt in vielen Städten zu immer größeren Problemen. Wenn den Besuchern durch künstliche Engpässe die Anfahrt zur Stadt erschwert, durch hohe Parkgebühren zu teuer oder gar durch unzureichende Parkplätze unmöglich gemacht wird, bleiben die für Innenstädte wichtigen Pkw-Kunden weg, was insbesondere den Fachhandel trifft. In mittleren Städten kommen mehr als 50% der Besucher mit dem Auto. Gleiches gilt auch für die Citys größerer Städte, deren hochspezialisierter Fachhandel auf diese Kunden angewiesen ist. Eine entideologisierte Haltung gegenüber allen Kunden, die Bereitschaft zur Erweiterung der Einkaufsflächen in der Innenstadt z. B. in Form von zusätzlichen Galerien, Einkaufspassagen und ähnlichem sind heute für die Zukunft der Innenstädte lebensnotwendig. Ist die Kaufkraft einmal abgewandert, stirbt urbanes Leben ab. Die Hoffnung auf eine Revitalisierung bleibt meistens nur eine Illusion. Ausbleibende Investitionen, nur zweit- oder drittrangig genutzte Flächen und eine Änderung in der Publikumsstruktur sind die Folgen.
Auch das Verhältnis Hersteller–Handel wird sich in den nächsten Jahren ändern. Immer häufiger lebt der Hersteller von den Impulsen, die er von inno-

vativen Fachhändlern erhält. Die Zusammenarbeit hat sich verbessert und geht häufig in eine echte Kooperation und Aufgabenteilung im Waren- und Servicebereich über. Aber auch gegenläufige Entwicklungen sind erkennbar. Eine wachsende Zahl von Markenartikelherstellern sucht ihr Heil in eigenen Niederlassungen, um Markenphilosophie und Rendite zu verbessern. Mit Direktverkäufen kämpfen Hersteller auf anderer Ebene um den Umsatzkuchen. Und letztlich wächst die Zahl der Hersteller, die über Fabrikverkäufe zu Niedrigpreisen sich ein weiteres Standbein aufbauen wollen.
Hauptkontrahent des Fachhandels werden jedoch auch in Zukunft die preisaggressiven Discounter und artverwandten Fachmärkte einschließlich Filialketten sein, die nicht nur im Lebensmittelsektor, sondern z. B. bei Unterhaltungselektronik, für PCs, für Drogerieartikel und auch in Textilien Marktanteile gewinnen werden. Deren Erfolge beruhen in der Regel nicht nur auf der Preisführerschaft im jeweiligen Markt, sondern auch auf der hohen Kompetenz, die der Verbraucher diesen Vertriebsformen zubilligt.
Verlierer sind und werden auch in den kommenden Jahren die nicht kooperationsfähigen oder -willigen Einzelhandelsunternehmen sein, die mit ausgereizten Betriebsformen, mit Akzeptanzproblemen und mit zu hohem Kostenniveau arbeiten und in der Regel auch selten eine klare Unternehmensphilosophie erkennen lassen. Bis zum Jahr 2000 wird ihr Marktanteil vermutlich auf 32% sinken, und auch die Zahl der Geschäfte wird aufgrund des ausbleibenden Wachstums und des Generationsprozesses deutlich abnehmen. Und dennoch werden gut geführte Fachgeschäfte auch weiterhin besser abschneiden als die meisten Filialunternehmen, denn die Vertriebsform des Fachgeschäftes wird durch das Wegbrechen unrentabler Betriebe leistungsfähiger.
Die Strategie der Handelskonzerne zur Bewältigung dieses Teufelskreises heißt Internationalisierung. Deren Vorstöße auf inländische Märkte nehmen ständig zu. Diese Internationalisierung birgt aber den Keim zu weiterer Konzentration in sich.
Die für Fachunternehmen wesentliche Strategie zum Überleben ist der Aufbau strategischer Allianzen, in die das eigene Unternehmen eingebracht werden muß. In horizontalen Verbundgruppen finden sich schon seit langem solche Angebote. Neben ertragsstabilisierender Rationalisierung müssen diese Verbundgruppen selbst allerdings in ihrer Schnelligkeit und Beweglichkeit Fortschritte machen und dabei einen Teil der Selbständigkeit von den Fachhan-

delsunternehmen abfordern. Auch in der Kooperation mit Systemanbietern, in der Regel im Rahmen des Franchisings, bieten sich Entwicklungschancen, die erst noch ausgelotet werden müssen.

Zur Überlebensfähigkeit des Fachhandels gehören jedoch insbesondere weitere Schritte zur Rationalisierung der Arbeit mit dem Hersteller. Ob in der Verkaufsförderung, der Produkteinführung und -entwicklung, der Logistik, der Umschlagsgeschwindigkeit oder des Warentransports - hier sind sicher die Ertragspotentiale noch nicht ausgeschöpft.

Während die Großbetriebe des Einzelhandels ihre strategische Ausrichtung auf das Jahr 2000 und darüber hinaus bereits gefällt haben, steht die Mehrzahl des mittelständischen Fachhandels noch vor dieser Weichenstellung. Die wichtigste Grundentscheidung kann nur lauten: Verkaufe ich künftig preis- oder serviceaktiv? Um das Jahr 2000 wird etwa die Hälfte der Einzelhandelsgüter preisaktiv, die andere serviceaktiv verkauft werden. Wer an seinem Standort keine deutlichen Wettbewerbsvorteile aufweist, kann den Wettbewerb eigentlich nur über den Preis führen - eine für den Fachhandel allerdings schwer verdauliche Strategie. Preisführerschaft anzustreben ist nämlich nur bei striktem Kostenmanagement möglich. Hier stehen Vertriebstypen wie Discounter und Fachmärkte eindeutig im Vordergrund.

Der Fachhandel kann nur die Serviceführerschaft anstreben. Er muß versuchen, an seinem Standort eine unangreifbare Einzigartigkeit zu erreichen. Einzigartig zu werden heißt Erfolgsfaktoren auszuspielen, die andere nicht oder nur mit großem Aufwand kopieren können. Eine Alternative ist zum Beispiel Convenience. Dahinter steht der Gedanke, es dem Verbraucher so bequem wie möglich zu machen, damit er sich angemessen wohl fühlt. Kundennähe, paßgerechte Produkte, Integration von Dienstleistungen in den Handel, Streßfreiheit, Zeitgewinn, Kommunikation - all dies sind Erfolgsfaktoren im Convenience-Geschäft.

Zur Zeit ist diese Strategie in Deutschland noch lange nicht ausgereizt. Das Marktvolumen, das heute kaum mehr als 25 Mrd. DM ausmacht, könnte sich leicht verdoppeln. Dieser Markt ist allerdings zur Zeit fest in den Händen von Filial- und Franchisekonzepten, die nicht dem klassischen Einzelhandel zuzuordnen sind: Tiefkühlkost und Fertiggerichtketten mit ihren Heimdiensten, Tankstellenshops oder auch Versuche von Gastronomie und Ladenhandwerk gehen in diese Richtung.

Die klassische Spielwiese für den Fachhandel bleibt auch in Zukunft der Erlebnishandel, ein Feld, das sich der Fachhandel mit den noch expandierenden Filialisten teilen muß. Totale Kundenorientierung heißt die Erfolgsformel, d.h., der Handel muß zur Kooperation mit dem Kunden finden. Als Erfolgsfaktoren für Fachgeschäfte gelten:

- die Schnelligkeit in der Reaktion auf sich wandelnde Konsum- und Einkaufstrends
- Preisgünstigkeit durch leistungsfähige Kooperationen
- klare Ausrichtungen auf Zielgruppen und Leistungsprogramm
- flexible Standortpolitik

Das klingt so einfach und überzeugend und ist doch unendlich schwer. Der Weg zur Service-Führerschaft führt nur über ein konsequentes Qualitätsmanagement und ein ebenso konsequentes Kundenmanagement. Beides gehört zusammen und darf nicht isoliert betrachtet werden. Mit Qualitätsmanagement sollen eine höhere Kundenzufriedenheit und Kundenbindung erreicht werden. Dies wird erreicht, indem Fehler in der Organisation ausgemerzt werden und die Motivation der Mitarbeiter gestärkt wird.

Ein geschicktes Kundenmanagement kennt eine Vielzahl von geeigneten Maßnahmen wie Beschwerdekultur, Direct Mailing, Kundenclubs, Zustelldienste, Ausstellungen etc. All dies muß aus der Sicht der Verbraucher unmittelbar mit dem Handelsbetrieb verbunden sein, der jedoch seine Kostenstruktur dabei nicht aus dem Auge lassen darf.

Fazit: In den kommenden Jahren wird sich im deutschen Einzelhandel vermutlich mehr ändern als in der Vergangenheit. Der Anpassungsdruck steigt, weil die Entwicklung nicht mehr durch den Schleier von Wachstum und Wohlstand überlagert wird. Mehr denn je werden die Handelsbetriebe vor die Alternative gestellt sein, sich gegen abzeichnende Änderungen abzuschotten, aktiven oder passiven Widerstand zu leisten oder besser Neuerungen aufgeschlossen gegenüberzutreten und sie für sich selbst zu nutzen.

ROLF ZAENGLER

ÖFFENTLICHE LEISTUNGEN UND FREIBERUFLER

MÖGLICHKEITEN DER PRIVATISIERUNG

In den Dienstleistungen liegt die Zukunft der Wirtschaft. Diese keineswegs neue Erkenntnis ist gerade im Zusammenhang mit der gegenwärtigen Standortdiskussion mit der Frage zu verbinden, woher zukünftig die stärksten Impulse für den Aus- und Umbau unserer Sozialen Marktwirtschaft kommen werden.

Schon heute steht fest, daß weder die Güterproduktion noch die primären Dienstleistungen (wie Handel oder Transport) große Wachstumspotentiale bieten. Vielmehr wird in Zukunft die weitaus stärkste Dynamik in den sekundären, also den hochqualifizierten Dienstleistungen zu finden sein. Eine Projektion der Entwicklung bis zum Jahr 2010 zeigt Beschäftigungsverluste in den Bereichen Handel, Verkehr und Nachrichtenübermittlung, während Kreditinstitute und Versicherungen den derzeitigen Beschäftigungsstand weitgehend halten können. Dagegen werden sich vor allem im qualifizierten Dienstleistungsgewerbe und in den Freien Berufen erweiterte oder auch neue Arbeitsfelder und Berufsbilder erschließen. *Hier* – und nicht in der Industrie oder im öffentlichen Dienst – werden also die zusätzlichen Arbeits- und Ausbildungsplätze entstehen, die Deutschland als Wirtschaftsstandort so dringend benötigt.

Die personalintensiven öffentlichen Dienste und herkömmlichen Verwaltungsstrukturen dagegen werden sich angesichts der wachsenden Defizite der staatlichen und kommunalen Haushalte wohl kaum im bisherigen Umfang aufrechterhalten lassen. Unter dem Druck einer bereits seit Jahren angespannten Finanzlage sind die Kommunen überall zur kostensparenden Reorganisation gezwungen. In der Diskussion hierüber wird seit den achtziger Jahren u. a. zunehmend auch die Verlagerung bislang von der öffentlichen Hand wahrgenommener Aufgaben auf Private als ein erfolgversprechender Weg gesehen, zu einer dauerhaften Haushaltskonsolidierung beizutragen. Durch die Kooperation mit der privaten Wirtschaft suchen die Städte und Gemeinden die Kostenvorteile und Synergieeffekte solcher öffentlich/privater Partnerschaften zu nutzen.

Es gibt mittlerweile eine ganze Reihe von wissenschaftlichen Arbeiten und empirischen Studien, die die Vorteile einer privatwirtschaftlich organisierten Dienstleistung gegenüber einer entsprechenden Betätigung der öffentlichen Hand belegen.[1)]

Übereinstimmend wird hierin dargelegt, daß Freiberufler und privatwirtschaftliche Unternehmen die meisten vom Staat angebotenen bzw. vorgehaltenen Güter und Dienstleistungen bei geringerem Ressourcenverbrauch kostengünstiger und damit auch billiger als staatliche Aufgabenträger herstellen und bereithalten könnten, und dies auch noch schneller, zuverlässiger, flexibler, bedarfsgerechter und mit höherer Qualität.

Das liegt einmal an der dem Privaten eigenen Anreizfunktion der erfolgsabhängigen Entlohnung und der Gewinnsteigerungschancen für den Inhaber, die eine höhere Produktivität gegenüber einer staatlichen Unternehmensführung vermuten lassen.

Dann sind es die Wirkungen unternehmerischen Wettbewerbs, die gegenüber staatlicher Produktion bzw. Dienstleistung zu besserer Faktorallokation und Ressourcennutzung, zu höherer Kapazitätsauslastung, zu größerer Produktionsflexibilität und Anpassungsfähigkeit an Nachfrageänderungen und zu höherer Markt- und Kundenorientierung wie aber auch zu schnellerer Innovation und zur vielfältigeren Produktgestaltung im privaten Unternehmen führen dürften.

Und es sind schließlich noch die klareren Verantwortungsstrukturen, die kurzen und schnellen Entscheidungswege und die dynamischen Führungsstrukturen, die dem Privatunternehmer erhebliche Effektivitäts- und Effizienzvorteile gegenüber staatlichen oder kommunalen Akteuren verschaffen können.

Gleichwohl ist ein eindeutiger Kostenvergleich zwischen öffentlicher und privater Leistungserbringung nur sehr schwer möglich und in der Praxis bislang auch nur in Einzelfällen vorgenommen worden.

Dies liegt vor allem darin begründet, daß es trotz vieler Anläufe – von einigen Ausnahmen abgesehen – noch nicht gelungen ist, die Kosten von öffentlichen

Dienstleistungen einem betriebswirtschaftlich einwandfreien Rechnungswesen zu unterwerfen. Denn bei den echten Kosten des öffentlichen Dienstes müssen ja nicht nur die Gehälter der Bediensteten, sondern natürlich auch ihre Versorgungsansprüche sowie die Arbeitsplatzkosten berücksichtigt werden. Solange aber die tradierte Rechnungslegung öffentlicher Einnahmen und Ausgaben in weiten Bereichen noch immer auf der „kameralistischen" Haushaltsführung beruht, werden solche Nachweise mangels Kostentransparenz auch nicht möglich sein. Lediglich in Einrichtungen mit vollständiger Erfassung und verursachergerechter Zuordnung aller Kosten einschließlich Kapitalverzinsung, Abschreibung und Rücklagenzuführung für Erhaltungs- und Erneuerungsaufwand, wie sie für entgelt- oder gebührenfinanzierte Einrichtungen der Gemeinden teilweise vorgeschrieben sind, lassen sich solche Kostenvergleiche durchführen, deren Ergebnisse dann im Einzelfall zu einer rationalen Privatisierungsentscheidung führen können.

Doch selbst dann, wenn die Vermutung höherer Effektivität und Effizienz privater Güter- und Dienstleistungsproduktion nicht immer oder nicht eindeutig nachgewiesen werden kann, ist und bleibt Privatisierung ein zentrales Postulat der Ordnungspolitik. Demnach ist in einem sozialen und marktwirtschaftlich organisierten Wirtschafts- und Gesellschaftssystem grundsätzlich der privaten Initiative und dem privaten Eigentum Vorrang vor staatlicher Zuständigkeit und staatlichem Eigentum einzuräumen.

In diesem Sinne hat sich die politisch unabhängige Monopolkommission gemäß § 24 b des Gesetzes gegen Wettbewerbsbeschränkungen (GWB) in ihren Gutachten zur Entwicklung der Unternehmenskonzentration in der Bundesrepublik Deutschland mehrfach und mit Nachdruck für eine durchgreifende Privatisierung bei Bund, Ländern und Gemeinden ausgesprochen. In ihrem kürzlich vorgelegten elften Hauptgutachten wiederholt die Monopolkommission vor dem Hintergrund einer nach wie vor unzureichenden Privatisierungspolitik, vor allem der Länder und Kommunen, ihre Forderung nach einem konsequenten Rückzug der öffentlichen Hand aus privater Wirtschaftstätigkeit.

Die gleiche Forderung findet sich unter finanz- und wirtschaftspolitischen Gesichtspunkten auch immer wieder in den Jahresgutachten des Sachverständigenrats zur Begutachtung der gesamtwirtschaftlichen Lage sowie in den Regierungserklärungen und Jahreswirtschaftsberichten der Bundesregierung.

Zur Schaffung von mehr wettbewerbsfähigen Arbeitsplätzen hat die Bundesregierung darüber hinaus in ihrem Anfang Februar 1996 vorgestellten 50-Punkte-Aktionsprogramm unter anderem angekündigt, auf allen Ebenen der Bundesverwaltung verstärkt prüfen zu wollen, „welche Aufgaben von Privaten besser oder ebenso gut erledigt werden und welche bisherigen Aufgaben entfallen können". So soll im Geschäftsbereich der Bundesregierung in Zukunft jeder Gesetzentwurf darauf überprüft werden, ob die Aufgabe nicht ebenso gut von privaten Dienstleistern oder Unternehmen wahrgenommen werden kann.

Dieser Politikansatz ist folgerichtig, längst überfällig und gerade auch aus der Sicht der Freien Berufe sehr zu begrüßen. Die in diesem Zusammenhang gern verwendeten Gegenargumente, eine Privatisierung und Deregulierung staatlicher Aufgaben erhöhe die Kosten und schade dem Schutz der Verbraucher, sind keineswegs zwingend. Im Hinblick auf die Preisgestaltung bei privatisierten Dienstleistungen muß man sich vor Augen führen, daß durch die Verlagerung von Dienstleistungen auf Private die entsprechenden Kosten der Leistung spezifisch ermittelt und zugeordnet werden und nicht, wie dies bei staatlich angebotenen Leistungen der Fall ist, über das allgemeine Steueraufkommen subventioniert oder quersubventioniert werden. Eine konsequente Privatisierungspolitik mag daher in Einzelfällen zu höheren Preisen für denjenigen führen, der eine solche Dienstleistung in Anspruch nimmt. Insgesamt wird die Belastung der Allgemeinheit aber reduziert, da für die öffentliche Hand die gesamten Vorhaltekosten und Zuschüsse für Dienstleistungen entfallen, die private Anbieter ebenso gut erbringen können; ganz zu schweigen von den Steuern und Abgaben, die dem Staat von diesen Leistungserbringern wiederum zufließen. Es ist ja auch wirklich nicht einzusehen, daß z. B. die in einem Ingenieurbüro bereits vorhandenen Investitionen und Arbeitsplätze mit modernsten Geräten auch von der öffentlichen Hand nochmals vorgehalten werden.

Dieser ordnungspolitischen Maxime gesellt sich als gesellschaftspolitische Komponente die Auffassung hinzu, daß der Staat nur dort als Akteur auftreten darf und soll, wo gesamtstaatliche und/oder elementare Gemeinschaftsinteressen wahrzunehmen sind und wo private Akteure nicht oder nicht in ausreichendem Maße zur Sicherung der Versorgung mit lebensnotwendigen Gütern und Dienstleistungen in der Lage sind.

Auch wenn der verfassungsrechtliche Rang dieses sogenannten Subsidiaritätsprinzips umstritten sein mag, so hat es doch seit den achtziger Jahren - mehr oder weniger - Eingang in die Grundsatzprogramme von politischen Parteien, von Bundes- und Landesregierungen bis hinein in die Diskussion um die Aufgabenverteilung kommunaler Selbstverwaltung gefunden. Dabei wird die Rückführung staatlich wahrgenommener Aufgaben durch Privatisierung gleichzeitig auch als mittelstandspolitisches Instrument zur Förderung von Existenzgründung und -sicherung für kleine und mittlere Unternehmen und Freie Berufe und damit auch des wirtschaftlichen Wachstums gewertet. Zunehmend findet sich daher in den Mittelstandsförderrichtlinien die sich besonders an die kommunalen Gebietskörperschaften richtende Aufforderung, wirtschaftliche Leistungen, die von privaten Unternehmen auf Dauer zweckmäßig, ordnungsgemäß und kostengünstig erbracht werden können, soweit wie möglich an solche Unternehmen, insbesondere der mittelständischen Wirtschaft zu vergeben.

Bund, Länder und Gemeinden sind rechtlich verpflichtet, ihre Finanz- und Haushaltswirtschaft sparsam und wirtschaftlich zu führen. Diese Verpflichtung ergibt sich für den Bund und die Länder aus § 6 Abs. 1 des Haushaltsgrundsätzegesetzes und dem im wesentlichen gleichlautenden § 7 Abs. 1 der Bundeshaushaltsordnung sowie den Landeshaushaltsordnungen, für die Gemeinden aus den Gemeindeordnungen. Der Grundsatz der Wirtschaftlichkeit hält die öffentliche Verwaltung an, bei ihrer Aufgabenwahrnehmung nicht mehr Kosten als unbedingt notwendig zu verursachen. Daß das staatliche Finanzgebaren am Maßstab der Wirtschaftlichkeit auszurichten und zu beurteilen ist, folgt im übrigen schon aus Art. 114 Abs. 2 S. 1 des Grundgesetzes.

Aus den Mittelstandsförderungsgesetzen einiger Bundesländer ergibt sich sogar eine unmittelbare Rechtspflicht zur Privatisierung. So heißt es z. B. im Mittelstandsförderungsgesetz des Landes Baden-Württemberg sowie des Saarlandes: „Die öffentliche Hand soll wirtschaftliche Leistungen, die von privaten Unternehmen zweckmäßig, ordnungsgemäß und kostengünstig ausgeführt werden können, soweit wie möglich an solche vergeben."

Welche konkreten Aufgaben der öffentlichen Hand eignen sich nun grundsätzlich für eine Privatisierung?

Der Bund allein kann für die Privatisierung von Dienstleistungen im Zuge der Deregulierung nur Rahmenbedingungen schaffen, da er in der überwiegenden

Zahl der Fälle nicht die Handlungskompetenz hat, die Verwaltungen der Länder und Kommunen zur Übertragung ihrer derzeitigen Aufgaben auf private Dritte zu verpflichten.

Da ein weit überwiegender Teil der dem Staat zufallenden Aufgaben der Daseinsvorsorge und -sicherung seiner Bürger den Ländern und Gemeinden zugewiesen ist, liegt auch dort für Privatisierungsbestrebungen das ergiebigste Aktionsfeld mit entsprechenden Wachstumschancen für kleine und mittlere Unternehmen sowie die Freien Berufe. Gerade bei den Berufen und Berufsgruppen, die qualifizierte freiberufliche Dienstleistungen erbringen, findet sich ein wesentliches Potential, das durch Deregulierungsmaßnahmen im Sinne des „schlanken Staates" aktiviert werden kann.

Dementsprechend haben die Interessenvertretungen der privaten Wirtschaft, hier insbesondere der Bundesverband mittelständische Wirtschaft, der Zentralverband des Deutschen Handwerks und der Bundesverband der Freien Berufe, aber auch der Deutsche Städtetag selbst umfangreiche Privatisierungskataloge aufgestellt und darüber hinaus eine ganze Reihe von Planungsunterlagen und Entscheidungshilfen zur Prüfung der Privatisierungsmöglichkeiten im einzelnen entwickelt.

Für den Bundesverband der Freien Berufe liegen die Schwerpunkte der Privatisierungsvorschläge naturgemäß in den klassischen Tätigkeitsbereichen seiner freiberuflichen Mitglieder, also insbesondere in der Beratung und Übernahme von Aufträgen auf den Gebieten Wirtschaft, Recht und Kultur, Sicherheit und Umweltschutz, Bau- und Vermessungswesen, Gesundheits-, Sozial- und Veterinärwesen.

Mit der laufenden Beratung und Prüfung durch Angehörige der freien rechts- und wirtschaftsberatenden Berufe hat die öffentliche Verwaltung z.B. nur wenig Erfahrung, da sie von ihr bislang kaum Gebrauch macht. Eine Beratung durch externe Fachleute hätte den Vorteil, daß ein breiteres Erfahrungswissen eingebracht werden könnte und eine objektivere Beurteilung der vorgefundenen Situation durch den größeren Abstand der Berater möglich ist, was sich auf die Qualität der öffentlichen Verwaltung nur positiv auswirken kann. Deshalb sollte die öffentliche Verwaltung in weit höherem Maße, als dies bisher der Fall gewesen ist, auf die Beratung durch Unternehmens- und Wirtschaftsberater, Wirtschaftsprüfer und Steuerberater insbesondere in allen Bereichen der Wirtschaft, Organisation, Rationalisierung, Finanzierung, Wirtschaftsförderung, Investition, Technik, Technologie und elektronischen Datenverarbeitung zurückgreifen. Auch in der öffentlichen Rechtsberatung bestehen zahlreiche Betätigungsmöglichkeiten für niedergelassene Rechtsanwälte; die Rechtsberatung und -vertretung der Verwaltung selbst könnte nach dem Beispiel der USA von den kommunalen Rechtsämtern auf Anwaltskanzleien verlagert werden, da auch bei uns keine zwingende Notwendigkeit besteht, daß Staat und Gemeinden sich bei den von ihnen geführten Prozessen vor den Gerichten selbst vertreten. Das gleiche gilt für die Erteilung von Erbscheinen sowie die Verwahrung und Eröffnung von Testamenten durch Notare anstelle von Gerichten.

Möglichkeiten eines verstärkten Einsatzes von freiberuflichen Journalisten, Public-Relations-Beratern und Werbeberatern bestehen in der kommunalen Presse- und Öffentlichkeitsarbeit sowie in der Städte- und Fremdenverkehrswerbung.

Weitere Privatisierungsmöglichkeiten sieht der Bundesverband der Freien Berufe in der Mitwirkung von Freiberuflern bei der Aus-, Fort- und Weiterbildung der öffentlich Bediensteten; in der Sachverständigentätigkeit sowie bei der Vergabe von Dolmetscher- und Übersetzungsaufträgen; im Einsatz von freiberuflichen Wirtschaftswissenschaftlern für Aufgaben der Markt- und Sozialforschung sowie der Infrastrukturforschung und -planung; und schließlich in der Arbeitsvermittlung, insbesondere im Bereich qualifizierter Spezialisten.

Dieser gesamte Bereich eignet sich besonders zur Übertragung auf beratende Ingenieure und niedergelassene Architekten sowie auf freiberufliche Chemiker und Geologen, die gegebenenfalls als Sachverständige öffentlich zu bestellen und zu vereidigen sind.

Bei den technischen Sachverständigen muß es Freiberuflern – unter Aufhebung der Prüfmonopole halbstaatlicher Überwachungsorganisationen – ermöglicht werden, verstärkt bei der Kfz-Überwachung und in der Prüfung von überwachungspflichtigen und -bedürftigen Betrieben, Gebäuden und Anlagen tätig zu werden. Das gleiche gilt für die Beteiligung von Freiberuflern am zunehmend bedeutsamer werdenden Umweltmanagement und Öko-Audit sowie an den sicherheitstechnischen Prüfungen im Rahmen des gewerblichen Arbeitsschutzes und der Gewerbeaufsicht.

Auch viele andere gesetzlich gebotene Sicherheitskontrollen können verstärkt von den Angehörigen der Freien Berufe wahrgenommen werden; so zum Beispiel die Schlachttier- und Fleischbeschau durch niedergelassene Tierärzte sowie die Überwachung der Qualität von Lebens- und Futtermitteln oder der Trinkwasserqualität durch private Laboratorien.

In diesem Bereich ist eine umfassende Verlagerung der öffentlichen Eigenleistung auf freiberuflich tätige Architekten, Ingenieure und Vermessungsingenieure zu fordern. Hier würde sich durch den verstärkten Einsatz von Freiberuflern auch ein weites Feld für Deregulierungen eröffnen, etwa durch die Verkürzung von Genehmigungszeiten und den Wegfall bestimmter Genehmigungsverfahren bzw. deren Ersetzung durch bloße Anzeigepflichten. Die öffentlichen Bauverwaltungen sollten sich daher auf ihre Bauherrenfunktion beschränken, während freie Architekten und Ingenieure die Planung und Bauüberwachung einschließlich der Bauabnahme und -abrechnung leisten. Das gleiche gilt für die Wertermittlung von Grundstücken und Gebäuden (Gutachterausschüsse), die Baugrunduntersuchungen und Baugründungsgutachten sowie für die Baustatik, ferner für die Durchführung von Aufgaben des Denkmalschutzes und der Restauration von Bau- und Kunstwerken.

Erheblich entlastet werden könnten auch die Vermessungsbehörden durch Verlagerung von weiteren Aufgaben des Kataster- und Liegenschaftswesens auf öffentlich bestellte Vermessungsingenieure. Nach Auffassung des Rechnungshofs des Landes Baden-Württemberg kann auch unter günstigeren Voraussetzungen z. B. nicht damit gerechnet werden, daß die staatlichen Vermessungsämter künftig Katasterfortführungsvermessungen und Grenzfeststellungen kostendeckend erledigen können. „Es sprechen deshalb wirtschaftliche Gründe dafür, die Aktivitäten der staatlichen Vermessungsingenieure in diesem Bereich unter entsprechender Reduzierung des Personals einzuschränken und diese Aufgaben verstärkt den öffentlich bestellten Vermessungsingenieuren zu überlassen."

Das Gesundheits- und Veterinärwesen kann man geradezu als das klassische Beispiel einer erfolgreichen Privatisierung bezeichnen, da die ursprünglich staatlich organisierte Gesundheitsfürsorge traditionell von den freien Heilberufen wahrgenommen wird. So sei in diesem Zusammenhang nur daran erinnert, daß der Gesetzgeber in der gesetzlichen Krankenversicherung die Sicherstellung der ambulanten ärztlichen Versorgung insgesamt den in eigener Praxis niedergelassenen Kassenärzten übertragen hat. In die falsche Richtung weisen dagegen die wettbewerbsverfälschenden Vorschläge, die überwiegend staatlich gestützten und von den Krankenkassen grundfinanzierten Krankenhäuser im Zuge der Gesundheitsreform verstärkt an der ambulanten kassenärztlichen Versorgung zu beteiligen. Als eine sinnvolle Form der Verzahnung von ambulanter und stationärer Patientenbehandlung sollte dagegen das Belegarztwesen gefördert werden, insbesondere in seiner kooperativen Form durch Hinzuziehung mehrerer Belegärzte für die stationäre Versorgung einer Krankenhausabteilung. Größere Bedeutung sollte auch der Übertragung von Teilfunktionen eines Krankenhauses in private Trägerschaft zukommen (z.B. Labor, Apotheke, Datenverarbeitung, technische und Verwaltungsdienste).

Den freiberuflichen Tierärzten sollten über die Schlachttier- und Fleischbeschau hinaus auch die Tierseuchenprophylaxe und -bekämpfung sowie die Zertifizierung von Tieren und tierischen Produkten im Verkehr innerhalb des europäischen Binnenmarkts übertragen werden. Die Tätigkeit der Amtstierärzte kann sich auf die Anordnung und Überwachung dieser Maßnahmen beschränken.

Freiberufliche Sachverständige können z. B. auch mit der chemischen, mikrobiologischen, physikalischen und biologischen Prüfung des Wassers in Schwimmbädern beauftragt werden. Es ist nicht erforderlich, daß diese Aufgaben von den Gesundheitsämtern und Landesuntersuchungsämtern für das Gesundheitswesen durchgeführt werden.

Für freiberufliche Psychologen ist schließlich die Übernahme von schulpsychologischen Beratungen, Ehe-, Familien- und Erziehungsberatungen sowie der Drogen- und Suchtberatung denkbar. Auch dies sind Leistungen, die nicht unbedingt durch die Angehörigen des öffentlichen Dienstes erbracht werden müssen. Dies trifft auch zu auf psychologische Berufseignungsgutachten, die im Rahmen der Berufsberatung von Arbeitsämtern angefertigt werden.

Als Leitgedanke für all diese konkreten Vorschläge ist festzuhalten, daß eine Privatisierung öffentlicher Dienstleistungen immer dann in Betracht kommt, wenn sie zu einer Kostensenkung führt und wenn gleichzeitig weitere Ziele wie Leistungssicherung, Zumutbarkeit des Entgelts für den Bürger erreicht werden und wenn für die Beschäftigten keine sozialschädlichen Auswirkungen auftreten.

Die Freien Berufe ihrerseits müssen die Möglichkeiten einer interprofessionellen oder interdisziplinären Kooperation verstärkt nutzen, um bei der Privatisierung von wichtigen Dienstleistungsaufgaben gegen die Konkurrenz großer Dienstleistungskonzerne bestehen zu können. Ein wichtiger Schritt auf diesem Weg wurde bereits getan. Seit dem 1. Juli 1995 ist das Partnerschaftsgesellschaftsgesetz in Kraft, das den Freien Berufen mit einer für sie maßgeschneiderten Kooperationsform den rechtlichen Rahmen gibt, um sich durch Zusammenschlüsse innerhalb des eigenen und mit anderen Berufsständen auf dem Markt zu behaupten.

Eine weitere entscheidende Voraussetzung für eine erfolgreiche Verlagerung öffentlicher Dienstleistungen auf die Freien Berufe ist schließlich ein Abbau der steuerlichen Ungleichbehandlung öffentlicher und privater Unternehmen sowie der Freien Berufe.

Wenn man den Mittelstand und die Freien Berufe wirklich fördern will, dann müssen sowohl das Umsatzsteuerprivileg für kommunale Eigenbetriebe als auch der gespaltene Einkommensteuersatz für natürliche und juristische Personen so rasch wie möglich beseitigt werden. Die Steuervorteile der mit der privaten Wirtschaft konkurrierenden Kommunalbetriebe betragen zur Zeit noch rund 17% des Umsatzes!

Aus der Sicht der Freien Berufe stellt deshalb die Expansion und Diversifikation der wirtschaftlichen Betätigung der öffentlichen Hand ein besonderes Ärgernis dar. Anstatt echte Privatisierungsschritte einzuleiten, dringen insbesondere öffentliche Unternehmen zunehmend in scheinbar lukrative Wirtschaftsbereiche vor. Aus den von der Monopolkommission in ihrem jüngsten Gutachten angeführten Gründen führt diese Praxis zu erheblichen Wettbewerbsverzerrungen in den betroffenen Wirtschaftsbereichen und bedroht etliche Angehörige Freier Berufe in ihrer wirtschaftlichen Existenz. Hält man sich einmal vor Augen, daß jeder Freiberufler im Durchschnitt drei weitere sozialversicherungspflichtige Arbeitsplätze schafft, so wird deutlich, daß, hält die wirtschaftliche Expansion der öffentlichen Hand weiter an, in diesen Wirtschaftsbereichen Arbeitsplätze in großer Zahl verlorengehen werden. Stellt man zudem in Rechnung, daß der Wandel der Wirtschaft in der Bundesrepublik Deutschland hin zu einer Dienstleistungswirtschaft wesentlich von den Freien Berufen mitgetragen wird, so stellt sich der Schutz der Freien Berufe vor unlauterer Konkurrenz durch öffentlich bestimmte und quersubventionierte Wettbewerber auch als eine erstrangige ordnungspolitische Aufgabe dar.

In diesen Zusammenhang gehört auch die längst überfällige Durchforstung des Nebentätigkeitsrechts des öffentlichen Dienstes. Denn es kann ja wohl nicht angehen, daß Staat und Kommunen auf Kosten des Steuerzahlers überdimensionierte Dienststellen vorhalten und z. B. durch umfangreiche Sachverständigengutachten in Konkurrenz zu privaten Leistungsanbietern treten. Wer sich der ordnungspolitischen Forderung vom „schlanken Staat" wirklich verpflichtet sieht, sollte sich deshalb auch nicht mit einer mehr oder weniger wirksamen Abführungspflicht zufriedengeben.

Zu warnen ist schließlich vor einer bloß formalen oder „Scheinprivatisierung", die anstelle einer wirklichen Verlagerung bisher öffentlich wahrgenommener Aufgaben in den privaten Bereich dieselben lediglich ausgliedert auf Unternehmen mit eigener Rechtspersönlichkeit. Mit Recht rügt die Monopolkommission, daß solche „Eigengesellschaften" im Besitze der öffentlichen Hand, die oft die Steuervorteile der Gemeinnützigkeit genießen, gerade aufgrund ihrer organisatorischen und wirtschaftlichen Selbständigkeit dazu neigen, sich über ihre ursprüngliche Aufgabenstellung hinaus weitere Betätigungsfelder zu suchen mit der Folge, daß hierdurch die Entwicklungs- und Wachstumschancen von mittelständischen Unternehmen und Freien Berufen in wettbewerbsrechtlich relevanter Weise eingeschränkt werden.

Die Wirtschaftsordnung der Bundesrepublik Deutschland und der Wohlstand ihrer Bürger basieren auf dem Vorrang der Freiheit, der Privatinitiative, des Eigentums und des Wettbewerbs. Die Verlagerung staatlicher Leistungen auf private Unternehmen und Freie Berufe ist ein wirksamer Beitrag zu der allseits geforderten Deregulierung und Entbürokratisierung. Gleichzeitig wird die öffentliche Hand gestärkt, sich auf diejenigen Leistungen zu konzentrieren, zu denen sie eigentlich berufen ist.

---

[1]) U. a. 1) Christine Picht: „Möglichkeiten einer verstärkten Verlagerung öffentlicher Dienstleistungen auf freiberuflich Tätige", Forschungsinstitut für Wirtschaftspolitik an der Universität Mainz, 1983; 2) Professor Dr. Heinrich Siedentopf: „Die Übertragung von öffentlichen Dienstleistungen auf öffentliche bestellte und vereidigte Sachverständige", 1988; 3) WIBERA-Gutachten zur Wirtschaftlichkeit und Organisation der Staatshochbauverwaltung Nordrhein-Westfalen vom 31. Mai 1993; 4) Vorschläge der Bulling-Kommission vom Juli 1983 zur Verbesserung der Staatsverwaltung Baden-Württemberg).

GEORG MEHL

RISIKO AUS DER SICHT DES VERSICHERERS

WANDEL UND GRENZEN

Der zentrale Begriff im Versicherungsgeschäft heißt Risiko. Eine Versicherungsgesellschaft übernimmt gegen Prämien Risiken ihrer Kunden. Die Gefahr, daß ihm beispielsweise ein Unfall zustößt oder der Betrieb abbrennt, kann der Kunde nicht versichern, aber die wirtschaftlichen Folgen daraus sehr wohl. Der Versicherer tritt also in die wirtschaftliche Risikosituation seines Kunden ein. Entweder man vertraut auf sein Glück oder versichert sich, so sagt man allgemein.

Risiko betrifft stets die Zukunft. Es ist unsicher, welche Folgen durch heutige Maßnahmen oder Entscheidungen eintreten werden. Diese Ungewißheit kann unterschiedlich groß sein. Außerdem unterliegen die Ergebnisse Zufällen, weil beispielsweise zwischen der Handlung und ihren Ergebnissen Umfeldeinflüsse den erwarteten Verlauf stören. Diese Einflüsse können natürliche Ursachen (z. B. Sturm) haben, technische (z.B. Materialfehler), wirtschaftliche (z. B. Wettbewerb) oder gesellschaftliche (z. B. veränderte Gesetzgebung). Die in die Zukunft gerichtete Entscheidung oder Maßnahme unterliegt folglich Risiken. Den einzelnen kann der Eintritt solcher Risiken schwer treffen – bis hin zur Existenzgefährdung.

Hier setzt die Dienstleistung, das Geschäft der Versicherer, der Versicherungsgesellschaften also, ein. Die Versicherung deckt nämlich einen im einzelnen ungewissen, insgesamt geschätzten Mittelbedarf auf der Grundlage des Risikoausgleichs im Kollektiv und in der Zeit (Farny).

Nun sehen manche Zeitgenossen in diesem Geschäft der Versicherungen das System einer wundersamen Geldvermehrung verwirklicht. Daß dies nicht so ist, läßt sich recht plastisch aus der Jahresbilanz manches Versicherungsunternehmens ablesen. Die roten Zahlen verdeutlichen, daß es einem Versicherer erheblich die Petersilie verhageln (verbrennen, verwehen, erfrieren) kann. Das Versicherungsgeschäft reflektiert bisweilen auf verblüffend einfache Ursache-Wirkung-Weise die Befindlichkeit seiner Kunden, seien sie nun Privatpersonen, Gewerbetreibende oder Industrieunternehmen. Die zurückgehende Beschäftigung in Europa, der härtere internationale Wettbewerb bis hin zu globalen Aktivitäten, erhebliche strukturelle Veränderungen in zahlreichen Wirtschaftsbranchen, die veränderten Wertevorstellungen treffen die Versicherungsgesellschaften als Marktteilnehmer ebenfalls. Auch sie erreichen ihre unternehmerischen Ziele immer seltener ungestört. Das Risiko für Versicherungsgesellschaften als Unternehmen dürfte in den kommenden Jahren sogar sprunghaft ansteigen.

Dieser Artikel soll dazu beitragen aufzuzeigen, wie Versicherungsgesellschaften mit den tiefgreifenden Umbrüchen in ihrem Umfeld fertig werden können, wie sie ihre unternehmerischen Risiken - ihren Wandel und ihre Begrenzungen - managen können.

Die Versicherungswirtschaft sieht sich einem turbulenten Umfeld ausgesetzt. Naturkatastrophen und neue Technologien, die in ihren Auswirkungen kaum prognostizierbar sind, rücken die weltweiten Grenzen der Deckungskapazität der Erst- und Rückversicherer ins Blickfeld. Internationale Konkurrenz, deregulierte Versicherungsmärkte und eine schier unüberschaubare Fülle an neuen Versicherungskonzepten führen zu eingeschränkter Markttransparenz und als Folge wohl auch zu Marktkonzentrationen. Interessengegensätze zwischen Industrieversicherern und ihren Kunden führen dazu, daß industrielle Risiken auf Finanzmärkten plaziert werden können. Überhaupt scheinen branchenfremde Anbieter die ursprünglich geschützten Versicherungsmärkte zu entdecken.

Von Versicherungsunternehmen werden diese Entwicklungen teilweise als Bedrohung empfunden. Man muß reagieren. Manche Mitarbeiter, unabhängig von hierarchischen Stufen, sind verunsichert und hegen Zweifel an der Zukunft ihrer Branche.

Angst ist ein schlechter Ratgeber, deshalb muß ein Orientierungsrahmen her. Anpassungen können frühzeitig eingeleitet werden, wenn die Manager es verstehen, Umfeldeinflüsse und ihre Auswirkungen auf die Risikolage des eigenen Unternehmens einigermaßen einzuschätzen. So setzen Sorgen dann Signale, die kreative, vorwärtsgerichtete Anpassungsprozesse auslösen und stimulieren. Solche Prozesse ermöglichen es den Versicherern, ihre Kernfunktionen für ihre Kunden zu erfüllen und so ihren Platz im veränderten Markt langfristig sicherzustellen.

Risiko bezeichnet die Summe aller Möglichkeiten, daß ein Unternehmen seine Ziele infolge auftretender Störprozesse nicht erreichen kann (Haller). Will man die Risikolage des Versicherers abschätzen, so muß man seine Erwartungen und Ziele festgestellt haben.

Typische Ziele von Versicherungsunternehmen lassen sich zwei Kernbereichen zuordnen:

1. den Risikoausgleich im Kollektiv sicherzustellen und
2. das Bestehen im Markt, also im Wettbewerb.

Entsprechend diesen grundlegenden Unternehmenszielen lassen sich schließlich auch die Risiken einer Versicherungsgesellschaft zwei Gruppen zuordnen. Das versicherungstechnische Risiko ergibt sich aus der Kerntätigkeit des Versicherns und erstreckt sich auf Unsicherheiten beim finanziellen Risikoausgleich. Das unternehmerische Risiko kennzeichnet hingegen Störungen und ihre Folgen aus unternehmerischen Entscheidungsfehlern. Sie verhindern die rechtzeitige Anpassung auf das veränderte Umfeld und führen zum Verfehlen der unternehmerischen Ziele.

Worin besteht das versicherungstechnische Risiko? Es wäre in der Tat für ein Versicherungsunternehmen katastrophal, wenn die Summe der Entschädigungszahlungen die gesamten Prämieneinnahmen und das vorhandene Sicherheitskapital - also alle vorhandenen Mittel einschließlich des Eigenkapitals - übersteigen würde. Nun unterscheidet man normalerweise im Versicherungsbestand Teilkollektive. Aber auch sie sind erheblichen Gefahren ausgesetzt durch Zufalls- und Irrtumsrisiken.

Beim Zufallsrisiko übersteigen die Gesamtschäden den statistischen Erwartungswert, weil ein abweichendes Ergebnis eingetreten ist. Es treten viel mehr Hagelschläge auf als im langfristigen Jahresmittel der Vergangenheit. Unvollständige Informationen, nicht ausreichende Statistiken können zu Fehlkalkulationen führen. Man kann sich also irren, deshalb spricht man vom Irrtumsrisiko. Die Lebenserwartung der versicherten Rentenempfänger wurde beispielsweise unterschätzt.

Nun hat sich das versicherungstechnische Risiko in den letzten Jahren grundlegend und wahrscheinlich auch nachhaltig verändert. Gefährdungspotentia-

le haben überproportional zugenommen. Positive Kosteneffekte führen zu stetig vergrößerten Produktionseinheiten mit entsprechend zunehmenden Wertkonzentrationen. In der Energieerzeugung z.B. wurden immer höhere Leistungen erreicht durch wesentlich leistungsstärkere Kraftwerke. Gefahrguttransporte und -läger werden dem erhöhten Bedarf angepaßt.
Gleichzeitig wurden technische Systeme in Quantensprüngen weiterentwickelt. Sie haben die technischen Anlagen sicherer gemacht. Andererseits führte die Komplexität dieser technischen Systeme zu neuen Verwundbarkeiten. Kleinste Nebensysteme können bei Versagen zu katastrophalen Schadenauswirkungen führen. Die Anforderung an das Bedienungs- und Leitungspersonal für die Systeme sind teilweise beträchtlich gestiegen und führen bisweilen zur Überforderung.
Im Privatkundenbereich, also bei Wohnhäusern, Wohnungen, ihren Einrichtungen, Kraftfahrzeugen und ähnlichem, sind vermehrt Kumulschäden aufgetreten, wie die Versicherer das nennen. Elementargefahren wie Sturm, Hagel, Überschwemmungen und Frostperioden haben auf großen Flächen zu einer Vielzahl von Einzelschäden geführt. Die zunehmende Verstädterung in den westlichen Industrieländern fördert das Gefährdungspotential. Die Volatilität gesellschaftlicher oder wirtschaftlicher Teilsysteme ist ebenfalls beträchtlich gestiegen. So kann heute ein Börsencrash einem Versicherungsunternehmen sehr großen Schaden zufügen.
Diese neue Qualität des versicherungstechnischen Risikos hat für die Versicherer vor allem zwei Konsequenzen. Einmal stößt die Versicherungswirtschaft zunehmend an ihre Kapazitätsgrenzen. Sowohl quantitativ als auch qualitativ können nicht mehr alle von den Kunden gewünschten Versicherungsdeckungen geboten werden. Beispielsweise kann das weltweit zur Verfügung stehende Versicherungsangebot für die Feuerversicherung eines großen Chemiekomplexes nicht ausreichen, um es 100%ig zu decken. Oder eine umweltgefährdende Fabrik findet keine Haftpflichtversicherung mehr.
Ferner ist hier und da schon ein zunehmender gesellschaftlicher Druck auf die Versicherungsgesellschaften spürbar, bei besonders gefährlichen oder schadenträchtigen Vorgängen oder Produkten eine Art Frühwarnfunktion zu übernehmen. Aktuell wird das bei der Haftpflichtversicherung für umweltgefährdende Anlagen und für pharmazeutische Produkte ins Feld geführt. Eingeschränkte oder überhaupt keine Versicherbarkeit soll bestimmte Anlagen oder

Produkte verhindern. Der Assekuranz wird eine Verantwortung aufgebürdet, die zu tragen sie bisher nicht gewohnt war.
Wären es nur die versicherungstechnischen Risiken gewesen, die sich stark verändert hätten, so könnten die Versicherer damit noch ganz gut klarkommen. Aber die Kumulierung negativer Faktoren bringt Probleme. Sie liegt darin, daß auch die unternehmerischen Unwägbarkeiten in einem starken Wandlungsprozeß begriffen sind.
Die Einführung des europäischen Binnenmarktes auch für die Versicherungswirtschaft hat dazu geführt, daß die Versicherungsaufsicht dereguliert worden ist. Tarife und Bedingungen – also die Versicherungsprodukte – sind jetzt frei gestaltbar. Das hat zu einem breiten Angebot von Policen- und Deckungsformen geführt. Schwer durchschaubar für Kunden, aber auch für die Wettbewerber selbst. Banken und andere Finanzdienstleister bieten ebenfalls intensiv Versicherungen an und haben den Vertrieb der Versicherungsmärkte durchmischt. Es ist kaum zu prognostizieren, wie sich der Wettbewerb weiterentwickeln wird, zumal sich die Bedürfnisse der Kunden ebenfalls verändern. Versicherung bleibt aber für die Verbraucher ein erklärungsbedürftiges Produkt.
Die Kunden- und Funktionenorientierung hat sich in die Aufbau- und Ablauforganisation der Versicherungsgesellschaften hineingefressen. Als Folge werden vor allem die Systeme der Datenverarbeitung und Informationstechnik in den Häusern völlig neu gestaltet. Alle versuchen, die Verwaltung zu reduzieren.
Das Streben der Großkunden, von ihren Industrieversicherern immer weitergehende Deckungskonzepte zu erhalten bei reduzierten Preisen, führt fast zwangsläufig zu Konflikten. Instrumente alternativer Risikofinanzierung kommen deshalb stärker ins Spiel. Die Industrie gründet ihre eigenen „Captive“-Versicherungsgesellschaften.
Für die Absicherung von Risiken aus Naturkatastrophen versucht man neuerlich, handelbare Wertpapiere auf den Finanzmärkten zu gestalten, um mehr Zeichnungskapazität zu generieren. Tritt ein beschriebener Elementarschaden ein, gibt es nur eine minimale oder gar keine Verzinsung, ist das nicht der Fall, so ist die Rendite üppig.
Der Versicherungsmarkt entwickelt sich zu einem feinmaschigen Netz aus Anbietern verschiedener finanzieller Funktionen. Die unternehmerischen

Entscheidungen von heute werden für die morgige Position in diesem Netzwerk verantwortlich sein.
Gerade weil sich der Markt so bunt und vielfältig entwickelt, daß die Umfeldeinflüsse so gut wie nicht prognostizierbar sind und die Versicherungsgesellschaften schon traditionell ganz verschiedenartige Felder abgedeckt und bedient haben, sehen auch die Konsequenzen recht unterschiedlich aus. Einige Schlüsse kann man aber wohl ziehen.
In der jetzigen Phase ist es für jedes Versicherungsunternehmen besonders wichtig, sich ein eigenständiges Profil zu geben. Es soll die Rolle des Unternehmens im Versicherungs- und Finanzdienstleistungsmarkt definieren und ermöglichen, sich von den anderen Mitbewerbern deutlich abzusetzen.
Soll beispielsweise das Geschäftsfeld Industrieversicherung oder sollen die Privatkunden im Mittelpunkt stehen? Im Privatkundenbereich wird das Versicherungsunternehmen an einer Segmentierung der Kundengruppen nicht vorbeikommen. Es muß sich auch darüber klarwerden, wie es die zu versichernden Objekte selektieren will und wie es die Interaktion mit den Kunden anlegt. Dagegen werden im Industrieversicherungsgeschäft zunehmend hochspezialisierte Dienstleistungen auf den Gebieten der vorbeugenden Schadenverhütung gefordert, die in das Risikomanagement der Kunden einfließen.
Bei den Vertriebswegen ist zu klären, ob man auf die Ausschließlichkeitsvertreter setzt, auf befreundete Banken, Makler oder gar den Direktvertrieb. Geschäftsfeld und Vertriebsstruktur beeinflussen wesentlich die Angebotspalette des Versicherungsunternehmens.
Die Bildung homogener Zielgruppen und das Erforschen ihrer Bedürfnisse und Wünsche sind die Voraussetzung für eine kundenorientierte Produktpolitik.
Aufgabe der Kommunikation des Unternehmens ist es, das erarbeitete Profil bekanntzumachen mit der Zielsetzung, ein unverwechselbares Markenimage zu schaffen. Das kommunizierte Profil muß mit der Realität aus Sicht der Kunden übereinstimmen, deshalb sind die Mitarbeiter der Schlüssel für die konsequente Ausrichtung des Unternehmens auf den Markt. Ihr Verhalten entscheidet über Erfolg oder Mißerfolg bei der Umsetzung des Profils und damit der Positionierung der Versicherungsgesellschaft im Wettbewerb.
Wie man mit den rascher werdenden Veränderungen fertig wird, ist Ausdruck der Flexibilität des Unternehmens und seines Managements. Ein spezielles Ver-

änderungsmanagement wird bedeutender werden. Dem Unternehmen, dem es immer wieder gelingt, seiner Mitarbeiterschaft bewußt zu machen, daß den vielen Risiken, von denen hier gesprochen worden ist, vor allem Chancen gegenüberstehen, wird fit und proper in den Wettbewerb gehen.
Hoffentlich gelingt es zahlreichen Versicherungsunternehmen, ihre Risiken zu bewältigen und erfolgreich zu managen. Es würde der Branche Vielfalt und ein breites Leistungsspektrum erhalten. Eine Konzentration auf wenige Marktteilnehmer wäre bei einem Versagen die Folge. In einigen anderen Wirtschaftszweigen kann man das beobachten. Gewonnen würde nur nüchterne Rationalität in Form von Finanzkraft und hohen Marktanteilen. Verloren gingen Farbigkeit und wohl auch ein Stück Lebensqualität für die Mitarbeiter und Vermittler in der Versicherungswirtschaft, aber sicherlich auch für die Kunden, denn freedom of choice bedeutet für sie auch ein Stück Einkaufskultur.

Am Institut für Versicherungswirtschaft der Universität St. Gallen (HSG) forschen und arbeiten deren Leiter Prof. Dr. Matthias Haller und Prof. Dr. Walter Ackermann sowie lic. oec. Martin Jara an der hier dargestellten Thematik intensiv. Der Verfasser, der mit ihnen in dauerndem Kontakt steht, hat sich an deren Erkenntnissen orientiert. Literatur- und Quellennachweis stehen beim Verfasser auf Anfrage gern zur Verfügung.

KLAUS LAMBERT

AUS DER TRADITION IN DIE ZUKUNFT

KUNDENNÄHE DURCH MITGLIEDERFÖRDERUNG: DER ZWINGENDE ERFOLGSFAKTOR DER GENOSSENSCHAFTSBANKEN

„Alles gescheite ist schon gedacht worden; man muß nur versuchen es noch einmal zu denken." Johann Wolfgang von Goethe

Vertrauen ist das A und O des Geldgeschäfts. Um so bedenklicher muß es daher stimmen, wenn heute das Vertrauensverhältnis zwischen den Banken und ihren Kunden immer öfter und immer geräuschvoller in Frage gestellt wird. Da ist von „Raubrittern in Glaspalästen" die Rede, von „Bonzen, Banken und Behörden", vom „Kartell der Kassierer".

Natürlich wissen wir, daß diese Bankenschelte nichts oder doch nur sehr wenig mit der Realität zu tun hat. Klappern gehört zum publizistischen Geschäft. Trotzdem können wir diese Kritik nicht einfach vom Tisch wischen. Wenn die oben genannten Titel zu Bestsellern avancieren, müssen wir zur Kenntnis nehmen, daß sie - Wahrheit hin oder her - einen bestimmten Nerv getroffen haben. Und es stellt sich die Frage, wie wir - die Volksbanken und Raiffeisenbanken - in dieser Situation reagieren.

Der Kern des Problems ist psychologischer Natur: Wenn es um Vertrauen geht, entscheidet nicht die Wirklichkeit an sich, sondern die Art und Weise, wie die Menschen die Wirklichkeit wahrnehmen. Und die Wahrnehmung der Banken durch ihre Kunden läßt in der Tat zu wünschen übrig: Wo Vertrauen herrschen sollte, herrscht allzu oft Mißtrauen, Skepsis, ja Angst - fast immer aber das ungute Gefühl des Verbrauchers, daß im Zweifelsfall nicht sein Interesse, sondern dasjenige der Bank den Ausschlag gibt.

Diese Gefühlslage wird durch zahlreiche Verbraucherschutzberichte und Kundenbefragungen bestätigt. Ob sie uns gefällt oder nicht, sie ist die Realität, von der wir ausgehen müssen. Diese Wahrnehmungskrise, die sich hinter der Vertrauenskrise verbirgt, ist darum zur Zeit die vordringlichste Herausforderung der Banken und Sparkassen überhaupt – und zugleich die große Chance der Kreditgenossenschaften.

Bank ist nicht gleich Bank. Statt sich von einem negativen Branchenimage in die Defensive treiben zu lassen, sollten wir die Gelegenheit ergreifen, das positive Genossenschaftsimage zur offensiven Profilierung zu nutzen und die Volksbanken und Raiffeisenbanken als einmalige und unverwechselbare Marke im Finanzmarkt etablieren. Dabei können wir uns auf einen einzigartigen Wettbewerbsvorteil stützen, den wir seit unseren Anfängen besitzen und den kein Wettbewerber uns jemals streitig machen kann: Kundennähe. Sie ist die traditionelle Stärke unserer Organisation, die wir selbstbewußt auf die Schwächen konkurrierender Kreditinstitute richten müssen.

Um Mißverständnissen vorzubeugen: Kundennähe ist nicht zu verwechseln mit Kundenorientierung. Diese ist vielmehr Ausdruck von Kundenferne.

Wo Kundenorientierung nötig wird, hat man den Kunden schon so weit aus den Augen verloren, daß es einer grundsätzlichen Revision bedarf, um ihn überhaupt wieder in den Blick zu bekommen. Kundenorientierung geht darum fast immer einher mit der Minimierung des eigenen Anspruchs: Die Erzeugung von Kundenzufriedenheit verkommt zur Vermeidung von Kundenunzufriedenheit.

Ganz anders Kundennähe. Sie beweist sich in vier aufeinander bezogenen Dimensionen: Raum, Zeit, Image, Emotion. Dasein, wo der Kunde es braucht. Dasein, wann der Kunde es braucht. Seine Sprache sprechen, seine Ängste und Sehnsüchte teilen. Sich in seine Bewegungen hineinversetzen, seine Bedürfnisse und Erwartungen wie in einem Spiegel auffangen, damit er sich in jedem Angebot wiedererkennt. Ganz anders darum auch das Anspruchsniveau. Kundennähe begnügt sich nicht damit, den Kunden zu befriedigen – sie will ihn begeistern. Denn wer die Welt mit den Augen des Kunden ansieht, in seinen Gehirnwindungen denkt, mit seinen Nerven fühlt, gibt sich nicht eher zufrieden, als bis er ihn am Ziel seiner brennenden Wünsche weiß.

Um solche Kundennähe zu realisieren, reichen materielle Qualitäten nicht aus. Weder die lokale Verwurzelung als „Bank vor Ort“ noch ergonomisch perfekte Bankautomaten oder elektronisch gestützte 24-Stunden-Verfügbarkeit können die Erfüllung dieses Anspruches sicherstellen – nicht einmal die Kontinuität persönlicher Beziehungen zwischen Mitarbeitern und Kunden. All das gehört natürlich dazu, doch um wirkliche Nähe zu erzeugen, bedarf es einer immateriellen Qualität, eines geistigen Mehrwerts hinter jedem Produkt: einer bestimmten Lebensart und eines bestimmten Lebensgefühls. Sie geben den Ausschlag, warum der Kunde sich für oder gegen ein Angebot entscheidet, für oder gegen eine Bank.

Kundenbeziehungen sind Wertegemeinschaften, Wertegemeinschaften aber sind Gefühlsgemeinschaften: Sage mir, welche Werte Du vertrittst, und ich sage Dir, ob Du mein Freund bist. Wo immer Menschen Werte miteinander teilen, fühlen sie sich miteinander verbunden. Darum ist die emotionale Wellenlänge zwischen einer Bank und ihren Kunden wichtiger als alle materiellen Vorzüge ihres Leistungsangebots. Und aus demselben Grund ist die Orientierung, für welche Werte eine Bank steht, wichtiger als jede noch so vorteilhafte Produktinformation.

Genau an diesem Punkt greift das einmalige Beziehungs-Plus der Volksbanken und Raiffeisenbanken. Weil die Kunden als Mitglieder Teilhaber ihrer Bank sind, sind Bank und Kunde identisch.

Diese Identität garantiert hundertprozentige Kundennähe: Die Interessen der Bank sind buchstäblich die Interessen der Kunden und umgekehrt. Diese Interessen zu fördern ist der verbindliche Auftrag jeder Kreditgenossenschaft. Darum lautet die alles entscheidende Frage: Was verstehen wir unter Mitgliederförderung? Welche Menschen wollen wir zur Erreichung welcher Zwecke unterstützen?

Erinnern wir uns, wie alles begann. „Der Weg", so Gründervater Hermann Schulze-Delitzsch, „auf den die Genossenschaften ihre Mitglieder weisen, ist der Weg der Selbsthilfe, des Emporkommens durch eigene Tüchtigkeit."

Dieser unscheinbare Satz erhellt, worum es letztlich geht: Nicht finanzielle Förderung ist Sinn und Zweck der Organisation, sondern die Förderung der Selbständigkeit ihrer Mitglieder. „Nur wer auf eigenen Füßen steht, wer sich selbst zu helfen weiß, ist ein freier Mann." Finanzielle Förderung hat nur dort einen Sinn, wo sie dem Zweck der Selbständigkeit dient. Sie ist der nicht hinterfragbare Grundwert genossenschaftlicher Tätigkeit, das Maß, nach dem sich jede andere Zielsetzung bemißt.

Dieser Primat der Selbständigkeit ist zum einen Ausdruck einer bestimmten historischen Situation. Aus ihr spricht das Selbstbewußtsein eines aufstrebenden Bürgertums, das für sich das Recht einklagt, seinen Lebensvollzug in freier Eigenverantwortung zu gestalten.

„Freiheit und Verantwortlichkeit. Auf ihnen beruht unsere ganze genossenschaftliche Organisation." Zugleich aber ist dieser Primat der Selbständigkeit der Grund, warum der Genossenschaftsgedanke in über hundert Jahren stetig an Aktualität gewonnen hat. Weil die Freiheit, sein Leben nach eigenen Vorstellungen auszurichten, verbunden mit der Verantwortung, die daraus resultierenden Konsequenzen zu tragen, heute als zwei entscheidende Prinzipien unser ganzes Dasein durchdringen: in Staat und Gesellschaft ebenso wie in unseren Märkten oder in der persönlichen Lebensplanung.

In einem Wort: Mitgliederförderung heißt Förderung von Selbständigkeit. Selbsthilfe, Selbstverantwortung, Selbstverwaltung sind ihre Namen: In ihrem Zeichen konstituiert sich die Genossenschaft als Wertegemeinschaft. Sie ist das Band, das ihre Mitglieder als Organisation im Innersten zusammenhält.

Eine solche Mitgliederförderung aber setzt Geduld und langen Atem voraus. Sie kann nicht einmal im Jahr verordnet, sondern muß über Jahre gepflegt werden; sie ist nicht erklärter Wille am Sonntag, sondern täglich dienende Tat; sie läßt sich nicht auf einzelne Sektoren eingrenzen, sondern umfaßt jeden Tätigkeitsbereich; sie ist kein gegebenes Faktum, sondern ein sich immer wieder aufs neue entfaltender Prozeß.

Eine Problemlösung durchläuft in der Regel drei Stadien: Zuerst wird sie begeistert begrüßt, dann wird sie als selbstverständlich betrachtet, schließlich wird sie als hinderlich, weil unzeitgemäß, empfunden. Die Folge davon ist: Statt ihre Möglichkeiten auszuschöpfen, wird sie auf dem Altar des Zeitgeistes geopfert. Um nur ja auf der Höhe der Zeit zu sein, wird sie jedem Trend und jeder Mode angepaßt - und sei es um den Preis der Unkenntlichkeit.

In diese Modernitätsfalle tappen heute fast alle großen Institutionen: Diese Gefahr betrifft auch uns. „Wir fördern Deine Selbständigkeit!" Das war das klare und unverwechselbare Angebot, das die ersten Genossenschaften ihren Mitgliedern gemacht haben und dem sie ihren Erfolg verdanken.

Noch einmal Schulze-Delitzsch: „Die Leistungsfähigkeit des Menschen wächst um so mehr, je mehr er bei den Aufgaben, deren Lösung ihm obliegt, auf die eigene Kraft angewiesen ist."

Wenn wir unsere Unverwechselbarkeit erhalten wollen, müssen wir uns hüten, von dieser Philosophie des selbständigen Menschen und seiner Förderung durch die Gemeinschaft abzurücken. Kein noch so berechtigtes Bedürfnis nach Modernität darf uns dazu verleiten, unsere Kunden mit Angeboten zu bestürmen, die nicht unserer Identität entsprechen.

Denn wo das geschieht, verspielen wir unsere Glaubwürdigkeit und somit unser wertvollstes Kapital: das Vertrauen unserer Kunden. Und die „Bank für jedermann" wird zur „Bank wie jedermann".

Unsere Bankgesinnung ist darum wichtiger als jedes Bankprodukt, unsere Kundennähe wichtiger als jede Kundentechnik, unsere immaterielle Mitgliederförderung wichtiger als jede materielle. Vor allem aber müssen wir in jedem Mitarbeiter, in jedem Kunden und in jedem Mitglied das Bewußtsein schüren, daß wir mehr zu bieten haben als Geld und Zinsen.

Was immer wir tun: Wir wollen in allem dazu beitragen, die Selbständigkeit unserer Mitglieder und Kunden zu fördern. Wenn wir in diesem Bewußtsein denken und handeln, wissen wir im Alltagsgeschäft sehr genau, welche Angebote zu uns passen und welche nicht. Ob das Thema Jugendmarketing oder Altersvorsorge heißt: Jede Bankleistung ist genau so gut, wie sie unseren Grundanspruch erfüllt. Denn jede Bankleistung ist nichts anderes als eine Probe aufs Exempel unseres Förderungsauftrags.

Erneuerung durch Erinnerung! So lautet darum die Innovationsformel der modernen Kreditgenossenschaften. Wir müssen nichts Neues erfinden, um aktuell zu sein, sondern nur unsere alten Werte für die Gegenwart öffnen und spannend machen.

Denn solange wir die Idee der Selbständigkeit exklusiv und unverwechselbar als Marke besetzen, brauchen wir uns weder um unsere Modernität noch um unsere Akzeptanz im Markt zu sorgen.

Wenn wir unsere Zukunft aus unserer Herkunft heraus definieren, wissen wir nicht nur, welche Aufgaben wir anpacken und in welche Richtung wir selbst uns weiterentwickeln müssen; dann wissen wir auch, wo unsere künftigen Märkte liegen und welche Zielgruppen wir erreichen können.

Unsere Zielgruppen erklären sich aus unserer Einmaligkeit. Nicht Alter oder Geschlecht, Beruf oder Einkommen geben den Ausschlag. Unsere natürlichen Partner sind vielmehr alle Menschen, die nach Selbständigkeit und persönlicher Unabhängigkeit streben. Weil unsere Interessen mit ihren identisch sind, müssen wir ein ebenso brennendes Interesse an ihnen haben wie sie an uns.

Diese Zielgruppendefinition schließt den Mittelstand ein, ohne sich in ihm zu

erschöpfen. Damit befinden wir uns in bester Genossenschaftstradition: Mit den nach Selbständigkeit strebenden Menschen fördern wir genau jene qualifizierte Minderheit in unserer Gesellschaft, die diese in ihrem Entwicklungsprozeß vorantreibt wie keine zweite. Und indem wir diese Minderheit von heute fördern, sichern wir uns die Partnerschaft der Mehrheit von morgen.
„Genossenschaften sind immer das", schreibt Friedrich Wilhelm Raiffeisen, „was menschliche Einsicht, geistige Kraft und persönlicher Mut aus ihnen machen." 13 Millionen Mitglieder genossenschaftlicher Banken, die nach den Prinzipien Selbsthilfe, Selbstverwaltung und Selbstverantwortung handeln, zeugen heute von der Kraft der genossenschaftlichen Idee. Diese Kraft aber konnte sie nur entfalten, weil sie trotz allen Wandels der Moderne in ihrer Substanz stets unverwechselbar erhalten blieb.
Nicht durch Anpassung und Schnellebigkeit, sondern durch Langsamkeit und Beharrlichkeit ist es den Genossenschaften gelungen, über einhundert Jahre lang auf der Höhe der Zeit zu sein: als Wertegemeinschaft von Menschen, die ihren Auftrag in der wechselseitigen Förderung ihrer Selbständigkeit begreifen. Gleichzeitig war und ist die Mitgliederförderung der beste Garant für die Kundennähe der Kreditgenossenschaften, weil die Interessen der Bank per Stimmrecht identisch mit denen ihrer Kunden sind. Die nachweisliche Vertretung der Kundeninteressen aber ist die denkbar beste Voraussetzung, als Geldinstitut Glaubwürdigkeit und Vertrauen zu genießen.
Kundennähe durch Mitgliederförderung: Mit diesem zwingenden, weil ureigenen Erfolgsfaktor der Genossenschaftsbanken wollen wir die Wahrnehmungskrise der Banken nutzen, um uns als unverwechselbare Marke im Finanzmarkt zu profilieren. Dabei sind wir uns bewußt, daß auch dieser Erfolgsfaktor kein Patentrezept und keine Garantie für künftigen Erfolg sein kann.
Erfolg ist so wenig planbar wie die Zukunft selbst. Doch nirgendwo kann Erfolg entstehen, wo Skepsis und Selbstzweifel herrschen: Fehlt die eigene Zuversicht, zielt alles Wissen und Wollen ins Leere.
Erfolg ist kultivierte Leidenschaft, Leidenschaft aber speist sich aus dem festen Glauben an die eigene Sache. Was wir also mehr als alles andere brauchen, ist der Glaube an unsere eigene Kraft und unsere eigenen Werte. Dieser Glaube – und nur er allein – kann Berge versetzen. Darum zählt nicht der schnelle Erfolg hier und da – im Gegenteil, er weckt eher unser Mißtrauen. Worauf es

ankommt, ist die kontinuierliche und geduldige Ausgestaltung der Genossenschaftsidee.
Mit dieser Zuversicht hat der Genossenschafter Albert Weber stets gewirkt.

JÜRGEN PARTENHEIMER

AUTONOMIE UND VERANTWORTUNG

LOKALE GENOSSENSCHAFTSBANKEN IM MARKT

Die „Väter" des Genossenschaftswesens in Deutschland, Hermann Schulze-Delitzsch und Friedrich Wilhelm Raiffeisen, legten Mitte des letzten Jahrhunderts den Grundstein für die Autonomie der Volksbanken und Raiffeisenbanken.

Die Visionen von damals werden heute von 2.589 Instituten in 17.215 Zweigstellen (Stand 31. 12. 1995) praktiziert und im Sinne der Gründer mit hoher wirtschaftlicher Bedeutung fortgeführt: „Der Geist der freien Genossenschaften ist der Geist der modernen Gesellschaft." (Hermann Schulze-Delitzsch, 1808 bis 1883)

Über die letzten 150 Jahre hinweg haben sich die Genossenschaften jeweils den Markterfordernissen angepaßt, sei es durch die Übernahme neuer technischer Errungenschaften oder durch die Weiterentwicklung der eigenen Produktpalette. An dem Geist, der Autonomie, hat sich seitdem jedoch nichts geändert. Dieser „Geist der modernen Gesellschaft" lebt weiter, wie es Hermann Schulze-Delitzsch prophezeit hat. Einen Indikator für die ungebrochene Attraktivität der Volksbanken und Raiffeisenbanken stellt z. B. die hohe Zahl der bundesweit 13,44 Mio. Mitglieder (Stand: 31. 12. 1995) dar.

Diese Autonomie hat entscheidend zu dem heutigen Erfolg der Genossenschaftsbanken beigetragen. Vor Ort können sie besser auf regionale Eigenarten eingehen und Veränderungen schneller antizipieren. Auch die Entscheidungswege sind entsprechend kurz, und der Vorstand steht bei Bedarf als Ansprechpartner direkt zur Verfügung.

Zur Zeit gibt es in Deutschland 2.589 Volksbanken und Raiffeisenbanken. Die Bilanzsummen der einzelnen Genossenschaftsbanken reichten zum 31. 12. 1995 von knapp 9 Mio. DM bis über 22 Mrd. DM. Der Marktanteil der

Genossenschaftsbanken liegt in Deutschland z. B. im Bereich der Einlagen bei fast 30%.
Die dezentralen, mittelständischen Banken handeln nach dem sog. „Regionalprinzip“, da sie das jeweilige Geschäftsgebiet überwiegend auf das unmittelbare Einzugsgebiet beschränken. Diese Regelung hat den Vorteil, daß die Genossenschaft vor Ort ihre gesamte Geschäftspolitik auf die jeweilige Region abstimmen kann und kein bundesweites Filialnetz betreut werden muß. Mit diesem Grundsatz richten sich die deutschen Volksbanken und Raiffeisenbanken zum Wohl ihrer Kunden nach dem Motto „think global, act local“. Weit über 90 Prozent der deutschen Unternehmen sind nämlich mittelständisch organisiert. Sie brauchen einen Bankpartner, der vor allem die regionalen Wettbewerbsbedingungen kennt und gleichwohl Spezialisten für allumfassende Finanzdienstleistungen zur Verfügung stellen kann. Auch kurze Entscheidungswege sind in diesem Zusammenhang sehr wichtig.
Ganz zu schweigen von den Privatkunden, die eine Bank in unmittelbarer Nähe präferieren und über Jahrzehnte hinweg eine persönliche Beziehung zu ihrer „Hausbank“ aufbauen. Kurz gesagt, verstehen sich die genossenschaftlichen Institute als Bank des Mittelstands sowie des privaten Kunden, der Wert auf eine individuelle, kompetente Beratung und Betreuung legt.
Die Produkt- und Dienstleistungspalette hat sich über diesen langen Zeitraum hinweg den Bedürfnissen der Zeit angepaßt. Heute ist ein Filialbesuch nicht mehr unbedingt notwendig, Telefon- und Homebanking via T-Online (früher: Btx) machen dies möglich. Auch die Produktpalette hat sich verändert. Auf Wunsch erhält der Kunde jetzt am Bankschalter eine auf seine Bedürfnisse abgestimmte Allfinanzberatung, d. h., in Zusammenarbeit mit dem großen genossenschaftlichen FinanzVerbund können Lebens- und Sachversicherungen, Bausparverträge, Hypotheken sowie Leasing und Investmentfonds angeboten werden. Außerhalb der normalen Geschäftszeiten findet das Beratungsgespräch auch häufig zu Hause beim Kunden statt.
Trotz der erwähnten Selbständigkeit der Institute gibt es viele demokratisch gewählte Gremien innerhalb der regionalen Verbände oder im BVR-Verbund, wo Vertreter der Ortsbanken an der Gestaltung der genossenschaftlichen Geschäftspolitik im entscheidenden Maße mitwirken. Darüber hinaus haben sich im Laufe der Jahrzehnte Kreise gebildet – wie der Kreis der großen Volksbanken, in dem man sich regelmäßig auf Vorstands- und Bereichsleiterebene

zu Gesprächen zusammenfindet, um fachliche Erfahrungen auszutauschen und freundschaftliche Kontakte zu knüpfen.
Das gesamte deutsche Bankwesen, so auch das Genossenschaftswesen, unterliegt einem starken Strukturwandel. Eine Kostenexplosion durch den rasant gewordenen technischen Fortschritt, die Einführung von Telefonbanking und die Gründung von Direktbanken auf der einen Seite als auch sinkende Zinsspannen auf der anderen Seite machen ein Umdenken auf vielen Sektoren erforderlich. So bleibt es nicht aus, daß auch die Genossenschaftsbanken über Zweigstellenschließungen und Personalabbau nachdenken müssen, wie auch die erheblich gewachsene Konkurrenz größere Einheiten innerhalb der Volksbanken und Raiffeisenbanken nötig macht.
So drohen Zweigstellenschließungen und Personalabbau als Folge des rasanten technischen Fortschritts. Telefon- und Homebanking sowie die neu gegründeten Direktbanken führen zu Rationalisierungen und einem vermehrten Kosten- und Konditionsdruck. Gerade die deutschen Genossenschaftsbanken haben sich auf diese Veränderungen umgehend einzustellen und sich u. U. neu zu positionieren – nicht um Marktanteile zu verlieren, sondern, was viel wichtiger ist, um neue hinzuzugewinnen.
Wie kann man der starken Konkurrenz und der verschärften Kostensituation begegnen? Aus unserer Sicht am besten mit einer Qualifizierungsoffensive der Mitarbeiter, um dem Kunden bei allen Fragen des Bankgeschäfts hilfreich zur Seite stehen zu können.
Dabei führen unterschiedliche Wege zum selben Ziel. Während die Frankfurter Volksbank eG mit der Gründung der gif Gesellschaft für individuelle Finanzberatung mbH einen Teil ihrer Spezialisten ausgegliedert hat, bietet die Münchner Bank eG ein mobiles Team von Privat- und Firmenkundenbetreuern auf, die den Kunden auch zu Hause umfassend und kompetent in allen Finanzfragen beraten. Auf der Grundlage einer genauen und umfassenden Vermögens- und Einkommensanalyse werden in beiden Banken individuell zugeschnittene Konzepte zum Vermögensaufbau entwickelt und umgesetzt.
Diese Teams entlasten natürlich den stationären Vertrieb, den es als primären Vertriebsweg laufend zu optimieren gilt. Zwar stellt das Filialnetz traditionell die Basis für die Betreuung der Kunden dar, die aktuellen Entwicklungen im Bankensektor fordern jedoch neben einer Anpassung der Produktpalette auch die Konzeption neuer und flexiblerer Vertriebswege. So werden Standard-

bankgeschäfte heute rationell und kostengünstig über Geldausgabeautomaten, Kontoauszugsdrucker oder Serviceterminals abgewickelt.
Auf der anderen Seite kommen im gehobenen Privat- und Firmenkundengeschäft zunehmend nur noch Spezialisten zum Einsatz, die über das entsprechende Know-how verfügen. Produktivitäts- und Kostenbewußtsein führen dazu, daß das Zweigstellennetz weiter gestrafft wird, um die Überlebensfähigkeit der Bank und damit langfristig alle Arbeitsplätze zu sichern.
Wichtig erscheint mir in Kenntnis, daß wir den vielen Direktbanken keine genossenschaftseigenen Institute entgegensetzen wollen, die Chance noch mehr zu nutzen, daß nachweisbar gerade die qualifizierte Privat- und Firmenkundschaft mehr denn je eine sehr individuelle Beratung sucht und viele „fortschrittliche" Entscheidungen anderer Bankorganisationen ablehnt. Hier gilt es noch besser zu reagieren, z. B. durch die Verstärkung mobiler Beratungsteams, deren „Schreibtische" sich im übertragenen Sinne ständig beim Kunden befinden.
Auf die Chancen, die mit der Autonomie verbunden sind, wurde bereits im vorherigen Kapitel eingegangen. Die kurzen Entscheidungswege, eine anpassungsfähige, auf das Einzugsgebiet abgestimmte Geschäftspolitik und die Kompetenz für die speziellen Anforderungen der Region sind in diesem Zusammenhang zu nennen. Dabei gibt es keine optimale Betriebsgröße; sie richtet sich grundsätzlich nach den regionalen Märkten, dem Wettbewerbsgrad und der Mitgliederstruktur. Hier spielt die Leistungsfähigkeit eine entscheidende Rolle, das heißt: ob sie den betriebswirtschaftlichen Notwendigkeiten sowie den Ansprüchen ihrer Mitglieder voll genügt. Der Wettbewerb sowie die Anforderungen an Eigenkapitalausstattung, Technik, Personal, Beratung und Marketing sind für die optimale Betriebsgröße ebenso maßgebend und sichern langfristig die Autonomie.
Die Risiken, die mit einer Vielzahl autonomer Einheiten verbunden sind, wurden durch die Einrichtung der in Selbsthilfe betriebenen Sicherungseinrichtungen des Bundesverbandes der Deutschen Volksbanken und Raiffeisenbanken e.V. erfolgreich begrenzt. So hat seit über 60 Jahren kein Kunde einer Genossenschaftsbank auch nur eine Mark verloren. Dies liegt auch an der bewährten genossenschaftlichen Prüfung.
In Zusammenarbeit mit dem FinanzVerbund, bestehend aus u. a. der Bausparkasse Schwäbisch Hall AG, Deutsche Genossenschafts-Hypothekenbank AG,

DIFA Deutsche Immobilien Fonds AG, Münchener Hypothekenbank eG, R + V Versicherung, Union-Investment-Gesellschaft mbH, VR-Leasing, der DG Bank sowie den Genossenschaftlichen Zentralbanken GZB-Bank, SGZ-Bank und WGZ-Bank, ist es jeder Volks- und Raiffeisenbank als Universalinstitut möglich, eine Allfinanzberatung anzubieten – wie sie in diesem Umfang nicht einmal Großbanken und Sparkassen offerieren können.

Diesen genossenschaftlichen Verbund zu erhalten und auszubauen hat eine sehr aktuelle Priorität, weil er in seiner Art und Größe innerhalb des deutschen Bankwesens einmalig ist. Daher erscheint es mir wichtig, seitens der Verbundinstitute alles zu tun, um die Geschäfte der Volksbanken und Raiffeisenbanken in positiver Weise zu fördern und diese Institute nicht nur als „Geschäftsbringer“ anzusehen. Unser Verbund darf zukünftig keine Einbahnstraße mehr sein. Auch ist es für eine Stärkung des Verbundes wichtig, die Kapitalanteile der einzelnen Verbundunternehmen dort zu plazieren, woher sie täglich ihre Geschäfte bekommen. Auf das positive Beispiel der letzten Zeit, die R+V Versicherung, sei an dieser Stelle hingewiesen – dies war ein wichtiger Schritt in die richtige Richtung.

Die Verantwortung gegenüber der Gesellschaft hat verschiedene Facetten. Zum einen ist jede Genossenschaftsbank in ihrer Region ein bedeutsamer wirtschaftlicher Faktor. Sowohl als Arbeitgeber wie auch als Steuerzahler nimmt die Bank wichtige Funktionen wahr. Zum Beispiel greift das jeweilige Institut bei notwendigen Bauvorhaben meist auf Bauträger und Handwerker der Region zurück, um die örtliche Wirtschaft zu unterstützen. Zum anderen gibt es der regionalen Wirtschaft als Kreditgeber, z. B. an Existenzgründer, kontinuierlich neue Impulse, auch mit Hilfe staatlicher Fördermittel.

So lag in Bayern 1995 die Anzahl der Genossenschaftsbanken an der Darlehenszusage der Landesanstalt für Aufbaufinanzierung (LfA) für zinsgünstige Kredite, Zuschüsse und Bürgschaften bei 47%. Diese Mittel werden dringend gebraucht, denn nach Angaben des Bundesverbands mittelständische Wirtschaft (BVMW) in Bonn ist die Eigenkapitalquote deutscher Unternehmen 1995 konjunktur-, steuer- und wettbewerbsbedingt auf rund 15 Prozent gesunken, der Kreditbedarf dieser Firmen mithin zwangsläufig gestiegen.

Eine weitere wichtige Aufgabe sehen die Genossenschaftsbanken in der Unterstützung sozialer und kultureller Einrichtungen ihrer Region mit Geld- und Sachspenden. In ihren Filialräumen geben die Genossenschaftsbanken, z. B. im

Rahmen von Ausstellungen, jungen Künstlern die Möglichkeit, ihre Werke einem größeren Publikum vorzustellen oder auf sozial schwache Gruppen in vielfältiger Weise hinzuweisen.

Sowohl gegenüber ihren Mitgliedern als auch gegenüber ihren Kunden hat jede lokale Genossenschaftsbank die Aufgabe, eine Geschäftsoptimierung durchzuführen, um die Ertragslage zu stabilisieren und langfristig das Überleben zu sichern,

Der Zweck einer Genossenschaftsbank ist nach der Satzung „die wirtschaftliche Förderung und Betreuung der Mitglieder". Damit steht die Bank ihren Mitgliedern gegenüber in einer besonderen Verantwortung. Als primäres Anliegen ist hier die Erfüllung des genossenschaftlichen Förderauftrags gegenüber der mittelständischen Kundschaft aus Handwerk, Handel, Industrie und freien Berufen zu sehen.

Im Mittelpunkt der Geschäftstätigkeit von Genossenschaftsbanken befindet sich jedoch trotz zunehmenden Technisierungsgrades der Mensch. Die Kunden präferieren eine sehr individuelle, fachkompetente Beratung und schnelle Entscheidungen. Damit stehen die Genossenschaftsbanken im Gegensatz zu vielen Großbanken, insbesondere zu den von ihnen gegründeten Direktbanken.

Doch Telefon, PC oder Internet können den so dringenden persönlichen Kontakt nicht ersetzen, speziell weil es sich um eine optimale, den Kundenwünschen entsprechende Finanzberatung handelt. Eine 1995 durchgeführte Kundenumfrage bestätigt der Münchner Bank eG, auf dem richtigen Weg zu sein. So sind z. B. über 97% aller Kunden mit der Freundlichkeit und dem Kundenservice zufrieden.

Die Volksbanken und Raiffeisenbanken in Deutschland beschäftigten zum 31. 12. 1995 insgesamt 175.850 Mitarbeiter. Auch diesen gegenüber fühlen wir uns verantwortlich. Im Rahmen der beruflichen Erstausbildung nehmen die Genossenschaftsbanken mit fast 17.000 Auszubildenden einen beachtlichen Platz ein. Daneben spielen die berufliche Weiterbildung und die Ausbildung von Spezialisten in den jeweiligen Fachgebieten eine besonders wichtige Rolle.

Insgesamt versuchen die Genossenschaftsbanken durch kontinuierliche Investitionen in den Bildungssektor, den steigenden Ansprüchen der Kunden an eine qualifizierte und auf individuelle Wünsche abgestimmte Beratung ent-

sprechen zu können. Seit jeher greifen sie dazu auf die regionalen sowie die bundesweiten genossenschaftlichen Bildungseinrichtungen zurück, z. B. auf die Akademie Deutscher Genossenschaftsbanken in Montabaur.
Das vordringliche Ziel muß es dabei sein, die Leistungskraft jeder einzelnen Bank zu stärken und das wirtschaftliche Fundament zu festigen, damit die Arbeitsplätze nachhaltig gesichert werden können. Außerdem ist die Förderung der Mitglieder und Kunden auch in Zukunft so erfolgreich fortzuführen wie in den letzten 150 Jahren.
Eine neue Bankenwelt kündigt sich an, und auch die Genossenschaftsbanken sind im Aufbruch. Als lokale, mittelständische Institute sollten sich die Genossenschaftsbanken auf ihre Stärken besinnen, nämlich Freundlichkeit und Kompetenz. Jede technische Ausstattung ist austauschbar, im Gegensatz zu einer vertrauensvollen, dauerhaften Kundenbeziehung, die auch künftig aktiv gepflegt werden muß. Eine Abkehr von der produktfixierten Beratung hin zur Kundenbedürfnisorientierung ist die einzige Möglichkeit, sich als Bank von dem Konditionendruck etwas lösen zu können.
Das Selbstverständnis der genossenschaftlichen Bankengruppe ist geprägt durch Autonomie und Verantwortung, die jede Volks- und Raiffeisenbank für sich trägt. Die Zusammenarbeit mit dem FinanzVerbund sowie die Unterstützung durch die Verbände auf Landes- und Bundesebene ermöglichen und sichern ein leistungsfähiges Allfinanzangebot, das sich sehen lassen kann.
Die Zukunft wird geprägt durch Effizienz und Effektivität, die es in allen Bankbereichen zu erreichen gilt. Dazu gehören die Straffung des Zweigstellennetzes, Rationalisierung von Geschäftsabläufen und die Integration der elektronischen Möglichkeiten, aber auch das Zusammenwachsen zu größeren Einheiten. Nutzen wir diese neuen Möglichkeiten! Gerade die deutschen Genossenschaftsbanken haben auf Grund ihrer Kundennähe, Selbstverantwortung und Autonomie vielfältige Chancen, die es zu ergreifen gilt.
Lassen Sie mich meine Ausführungen zu „Autonomie und Verantwortung – lokale Genossenschaftsbanken im Markt“ mit einem Zitat von Friedrich Wilhelm Raiffeisen beenden: „Genossenschaften sind immer das, was menschliche Einsicht, geistige Kraft und persönlicher Mut aus ihnen macht.“
Albert Weber hat mit seinem großen Engagement, seiner hohen fachlichen Kompetenz und seinem Mut über siebzehn Jahre das Gesicht der Frankfurter Volksbank und in vielerlei Hinsicht jahrzehntelang die genossenschaftliche

Organisation in Deutschland geprägt. Als Vorsitzender des Verbandsrates des Bundesverbands der Deutschen Volksbanken und Raiffeisenbanken (BRV) sowie als Vorsitzender des Verbandsrates des Genossenschaftsverbandes Hessen/Rheinland-Pfalz/Thüringen hat er in der genossenschaftlichen Gruppe bedeutende Akzente gesetzt. Mein persönlicher Dank gilt Herrn Albert Weber für sein berufliches und privates Engagement sowohl im genossenschaftlichen Verbund als auch für die lange Zeit unserer gemeinsamen Zusammenarbeit und seine vielfältige Unterstützung.

VOLKER BEUTHIEN

GENOSSENSCHAFTLICHE SELBSTVERWALTUNG DURCH REGIONALORGANE

MEHR MITGLIEDERTEILHABE ODER NEUES LEITUNGSINSTRUMENT?

Die förderwirtschaftliche *Selbsthilfe* mittels eines gemeinschaftlichen Geschäftsbetriebes soll sich nach gefestigter und immer wieder beschworener genossenschaftlicher Tradition in *Selbstverwaltung* und Selbstverantwortung der Genossenschaftsmitglieder vollziehen. Dabei besagt der Selbstverwaltungsgrundsatz, daß die Mitglieder einer Vereinigung ihre gemeinsamen Angelegenheiten mittels gesellschaftsrechtlicher Mitverwaltungs- und Kontrollrechte selbst regeln. Insoweit gilt der Grundsatz der Mitgliederselbstverwaltung auch bei Personen- und Kapitalgesellschaften. Sein eigens genossenschaftlicher Sinn zielt darauf ab, daß die Genossen möglichst weitgehend an der Genossenschaftsverwaltung beteiligt sein sollten. Dahinter steckt nicht nur genossenschaftliche Ideologie, sondern darin äußert sich eine förderwirtschaftliche Notwendigkeit. Denn der Fördererfolg des genossenschaftlichen Unternehmens läßt sich betriebswirtschaftlich nur an den Wirtschaftsergebnissen der Mitgliederunternehmen und Mitgliederhaushalte ablesen. Deshalb muß die eingetragene Genossenschaft derart organisiert sein, daß das Führungshandeln des Vorstandes und Aufsichtsrates fortlaufend durch die Mitglieder selbst legitimiert wird. Im geltenden Recht kommt der genossenschaftliche Selbstverwaltungsgrundsatz allerdings nur darin zum Ausdruck, daß Vorstand und Aufsichtsrat aus Genossen bestehen müssen (§ 9 Abs. 2 GenG; sog. Selbstorganschaft) und daß die Generalversammlung das oberste und grundsätzlich allzuständige Genossenschaftsorgan ist (§ 43 Abs. 1 GenG), das vor allem die Satzungshoheit (§ 18 S. 1 GenG), die Personal- (§§ 24 Abs. 2

S. 1 und Abs. 3, 36 Abs. 1 S. 1 und Abs. 3 GenG) und die Finanzhoheit (§ 46 Abs. 1 GenG) besitzt.

Indes hat sich die unmittelbare Selbstverwaltung der Genossenschaft durch ihre Mitglieder in den letzten Jahrzehnten insbesondere seit der Genossenschaftsgesetznovelle 1973 gesellschaftsrechtlich erheblich abgeschwächt. Denn seitdem leitet der Vorstand die Genossenschaft und das von dieser betriebene Unternehmen in eigener Verantwortung, d.h. insbesondere frei von geschäftspolitischen Weisungen der Generalversammlung. Das kraft Gesetzes der Generalversammlung zustehende Recht der Vorstandswahl und -abwahl ist der Mustersatzung entsprechend durchweg dem Aufsichtsrat übertragen worden. Bei den Kreditgenossenschaften sind zudem die Generalversammlungen in der Regel im Zuge steigender Unternehmensgröße durch Vertreterversammlungen ersetzt worden. In der Vertreterversammlung aber sitzt nur ein Bruchteil der Genossen. Damit ist dem nicht in die Vertreterversammlung gewählten einzelnen Mitglied von seinem Stimmrecht praktisch nur das aktive und passive Vertreterwahlrecht geblieben. Dieses wiederum wird meist durch das Statut und die Wahlordnung eingeschränkt.

Hinzu kommt, daß sich die meisten Kreditgenossenschaften unter dem Druck des Wettbewerbs zu größeren Unternehmenseinheiten zusammenschließen und damit in einem größeren Gebiet, das sie mittels Filialen und Geschäftsstellen zu durchdringen suchen, tätig sind. Infolgedessen ist der räumliche Abstand zwischen dem einzelnen im täglichen Geschäftsbetrieb Förderung suchenden Mitglied und dem Genossenschaftsvorstand gewachsen. Darunter leidet die genossenschaftstypische Nähe zum Mitgliederkunden. Das aber ist für die kreditgenossenschaftliche Förderwirtschaft zweifach gefährlich. Auf der einen Seite drohen dem Vorstand die regional verschiedenen Mitgliederbedürfnisse aus den Augen zu geraten. Auf der anderen Seite verlieren viele Genossen das Vertrauen, persönlich eigens als Mitglied betreut zu werden.

Um der drohenden Entfremdung der Mitglieder entgegenzuwirken, bilden Kreditgenossenschaften, deren örtlicher Geschäftsbereich sich infolge von Unternehmensverschmelzungen stark ausgedehnt hat, zunehmend Regionalorgane, und zwar *regionale Mitgliederversammlungen* und *regionale Beiräte*. Man spricht insoweit unter dem Schlagwort „Näher am Kunden und stärker in der Region“ geschäftspolitisch von einer „Stärkung des Regionalbezugs“.

Das Genossenschaftsgesetz regelt nur die Generalversammlung (§ 43 Abs. 1 GenG) sowie (statt dieser) die Vertreterversammlung (§ 43a Abs. 1 GenG). Die Generalversammlung ist, wie schon ihr Name sagt, die Versammlung aller Mitglieder. Dementsprechend ist die Vertreterversammlung eine Generalversammlung, die aus Vertretern aller Genossen besteht. Das Genossenschaftsgesetz sieht für beide Arten der Mitgliederversammlung keine Teilversammlungen vor. Angesichts der grundsätzlichen Satzungsstrenge (§ 18 S. 2 GenG) fragt sich daher, inwieweit Regionalmitgliederversammlungen gesellschaftsrechtlich zulässig sind. Indes gibt es, wie § 27 Abs. 2 S. 2 GenG zeigt, keinen geschlossenen Kreis (numerus clausus) der Genossenschaftsorgane. Vielmehr gestattet das Gesetz dort ausdrücklich „andere Genossenschaftsorgane", solange diese nicht in die zwingend festgelegten Zuständigkeiten und Befugnisse der drei Stammorgane (Generalversammlung, Vorstand, Aufsichtsrat) eingreifen. Deshalb sind neben der Generalversammlung oder der Vertreterversammlung regionale Mitgliederversammlungen zulässig, solange sich diese auf die Mitgliederinformation einerseits und die Vorstandsberatung andererseits beschränken. Unzulässig wäre es dagegen, in der Regionalmitgliederversammlung „wie in den früheren Generalversammlungen" der verschmolzenen Ortsgenossenschaften bindende Beschlüsse zu fassen, die, wie etwa die Entlastung des Vorstandes und Aufsichtsrates und das Verabschieden der Bilanz, kraft Gesetzes und Satzung ausschließlich der General- oder der Vertreterversammlung vorbehalten sind. Insbesondere gibt es keine regionalen Teilentlastungen der Genossenschaftsverwaltung, auch nicht im voraus und vorbehaltlich der Gesamtentlastung durch die General- oder Vertreterversammlung.
Regionalmitgliederversammlungen finden zum Teil statt, ohne daß die Satzung der Genossenschaft sie vorsieht. Es handelt sich dann um rein tatsächliche Veranstaltungen ohne jede gesellschaftsrechtliche Relevanz. Mit ihnen wird den Mitgliedern vorgetäuscht, daß sie in einem genossenschaftsrechtlich verfaßten Selbstverwaltungsorgan mitwirken. Rein faktische Gesellschaftsorgane aber sind unzulässig, weil sie in nicht klar überschaubarer und beherrschbarer Weise neben die gesetzlich oder statutarisch vorgesehenen Organe treten, die nur faktisch Beteiligten nicht zur Verantwortung gezogen werden können und sich die Art und das Ausmaß der Einflußnahme auf die Geschäftsleitung schwer nachweisen lassen. Die gesellschaftsrechtliche Organbildung wiederum ist kein Akt der Geschäftsführung, sondern eine grundlegende Organisa-

tionsentscheidung der Generalversammlung. Deshalb können weder der Vorstand noch der Aufsichtsrat, noch beide zusammen von sich aus eine Regionalmitgliederversammlung einrichten. Auch die Generalversammlung oder die Vertreterversammlung kann sie nicht mit einfacher Mehrheit beschließen. Vielmehr muß die Regionalmitgliederversammlung in der Satzung vorgesehen werden.

Regionale Beiräte sind ebenfalls als sonstige Genossenschaftsorgane i. S. des § 27 Abs. 2 S. 2 GenG zulässig. Da der Regionalbeirat den Vorstand nur geschäftspolitisch beraten und diesen nicht beaufsichtigen soll, besteht weder ein funktionaler Konflikt mit dem Leitungsrecht des Vorstandes (§ 27 Abs. 1 S. 1 GenG) noch mit den Kontrollbefugnissen des Aufsichtsrats (§ 36 GenG). Auch einen Regionalbeirat kann nur die Satzung selbst vorsehen.[1] Das ist offenkundig, weil das diesem Beirat zugewiesene geschäftspolitische Beratungsrecht eine organisationsrechtlich bedeutsame Kompetenz darstellt und den Beiratsmitgliedern daher ein gesellschaftsrechtliches Amt zugewiesen wird. Ohne statutarische Ermächtigung sind Vorstand und Aufsichtsrat daher nicht befugt, einen Regionalbeirat einzurichten.

Die Tätigkeit des Regionalbeirats vollzieht sich nach einer *Geschäftsordnung*. Damit fragt sich, wer die Geschäftsordnung für den Regionalbeirat zu erlassen hat. Grundsätzlich gibt sich ein Gesellschaftsorgan selbst seine Geschäftsordnung. Aber Gesetz und Satzung können insoweit etwas anderes bestimmen. Deshalb darf die Satzung vorsehen, daß die Geschäftsordnung des Regionalbeirates „vom Vorstand im Einvernehmen mit dem Aufsichtsrat aufgestellt wird“.[2] Dagegen ist der Vorstand weder allein noch zusammen mit dem Aufsichtsrat schon kraft seiner Geschäftsführungsbefugnis berechtigt, dem Regionalbeirat eine Geschäftsordnung zu geben. Ebensowenig darf das „der Aufsichtsrat im Einvernehmen mit dem Vorstand“.

Die Regionalmitgliederversammlung soll (wie es in der Satzung einer durch Fusion einzelner Ortsbanken entstandenen genossenschaftlichen Regionalbank heißt) „zur verstärkten Wahrnehmung der Rechte der Mitglieder der Genossenschaft und zur Pflege der Information zwischen den Mitgliedern und den Organen stattfinden“, also zwei Zwecken dienen. Indes wird nicht recht einsichtig, inwiefern die regionale Mitgliederversammlung die Rechte der Mitglieder „verstärken“ soll. Denn die auf das aktive und passive Vertreterwahlrecht verkümmerten Mitgliedschaftsrechte der außenstehenden (d. h. nicht in der Vertreterversammlung sitzenden) Genossen werden weder vergrößert, noch wird deren tatsächliche Ausübbarkeit gesteigert. Vielmehr wird der Gesamtmitgliedschaftstatus um den Sitz und die Stimme in der Regionalmitgliederversammlung erweitert.

Der wesentliche Zweck der Regionalmitgliederversammlung liegt im stärkeren Informationsaustausch zwischen den regionalen Mitgliedern und dem Genossenschaftsvorstand, damit dieser den genossenschaftlichen Förderauftrag wirksam zu erfüllen vermag. Denn das setzt (wie es in der Präambel der Geschäftsordnung der Regionalbeiräte einer genossenschaftlichen Regionalbank zutreffend heißt) „die vertiefte Kenntnis der wirtschaftlichen Gegebenheiten der Mitglieder und die Vertrautheit mit den gesellschaftlichen und regionalen Rahmenbedingungen voraus". Dieses Ziel sollen (wie sich zeigen wird) vor allem die Regionalbeiräte erreichen helfen. Die Regionalmitgliederversammlung dient diesem vornehmlich als organisationsrechtlicher Unterbau, indem sie „aus ihrer Mitte einen Regionalbeirat bildet".

In der regionalen Mitgliederversammlung sitzen sämtliche Mitglieder der betreffenden Region. Die mitgliedschaftspolitisch entscheidende Frage ist freilich, wer die *Region* festlegt. Die organisationsrechtliche Zuweisung der Mitglieder zu bestimmten Mitgliederbezirken ist eine Grundlagenangelegenheit und damit an sich Sache der Generalversammlung oder der Vertreterversammlung. Indes darf die Satzung auch bestimmen, daß der Vorstand „die jeweilige Region in Abstimmung mit dem Aufsichtsrat festsetzt". Letzteres ist zweckmäßig, weil die Genossenschaftsleitung auf diese Weise etwaigen Streit über die regionale Mitgliedergliederung zu vermeiden vermag, insbesondere für den Minderheitenschutz kleinerer, sich als regional eigenständig empfindender Teilbezirke sorgen und diese vor der Majorisierung durch die Gesamtmitgliedermehrheit schützen kann.

Fraglich ist, ob auch der *Prüfungsverband* anwesend sein darf. Dieser ist berechtigt, an der Generalversammlung beratend teilzunehmen (§ 59 Abs. 3 Halbs. 1 GenG). Da sich die Pflichtprüfung i. S. des § 53 GenG auf die gesamte Genossenschaft und damit auf die Tätigkeit sämtlicher Genossenschaftsorgane erstreckt, dürfte das auch dann zu bejahen sein, wenn die Satzung ein solches Teilnahmerecht nicht vorsieht.

Die Regionalmitgliederversammlung wird laut Satzung vom Vorsitzenden des Regionalbeirates geleitet. Das ist sachlich angemessen, weil dieser die örtli-

chen Mitglieder, deren Eigenart und Förderbedürfnisse aus der Nähe kennt und daher auch die Versammlung, vor allem die Diskussion, besonders gut zu leiten versteht. Das Recht zur Einberufung der Regionalmitgliederversammlung müßte an sich bei deren Vorsitzendem (also beim Vorsitzenden des Regionalbeirates) liegen, zumal dieser am ehesten zu beurteilen vermag, ob aus der Sicht der örtlichen Mitglieder regionaler Bedarf für das Zusammentreten der Regionalmitgliederversammlung besteht. Aber die Regionalmitgliederversammlung verursacht erhebliche Kosten, die geschäftspolitisch der Vorstand zu verantworten hat. Der Vorstand muß auch dafür sorgen, daß die Regionalmitgliederversammlung nur ergänzende Bedeutung gegenüber der Generalversammlung oder der Vertreterversammlung behält, die das eigentliche und oberste Mitgliederorgan ist. Die regionalen Mitglieder haben also *faktisch kein Selbstversammlungsrecht!* Mittels der regionalen Mitgliederversammlung vermag daher nur der Vorstand die Nähe der regionalen Mitglieder zu suchen, nicht dagegen aus eigener Initiative diese den Vorstand. Insofern dient die Regionalmitgliederversammlung stärker dem Vorstand als geschäftspolitische denn den regionalen Mitgliedern als basisdemokratische Plattform.
Die einzige statutarisch besonders festgelegte Kompetenz der Regionalmitgliederversammlung ist die Wahl des Regionalbeirates, der aus bis zu acht Mitgliedern besteht, die Genossen sein müssen und auf die Dauer von vier Jahren gewählt werden. Die Befugnis zur regionalen Selbstorganisation ist also auch insoweit eingeschränkt. Aus wie vielen Mitgliedern der Regionalbeirat besteht, bestimmt nicht die Regionalmitgliederversammlung, sondern „im Einvernehmen mit dem Aufsichtsrat der Vorstand". Die Größe des Regionalbeirates liegt mithin im Ermessen der Genossenschaftsleitung, nicht der regionalen Mitglieder.
Nicht ganz eindeutig geregelt ist, wer den maßgeblichen Einfluß auf die *personelle Zusammensetzung des Regionalbeirates* haben soll: die in der Regionalmitgliederversammlung sitzenden regionalen Mitglieder oder der Genossenschaftsvorstand? Denn insoweit heißt es in der Satzung und in der Geschäftsordnung der Regionalbeiräte, daß die Beiratsmitglieder zwar von der Regionalmitgliederversammlung gewählt werden, daß aber „der Vorstand der Regionalmitgliederversammlung in Abstimmung mit dem Aufsichtsrat Bewerber vorschlagen kann". Hieße das, daß der Vorstand ein ausschließliches Vorschlagsrecht hat, so könnte die Genossenschaftsleitung zu Lasten der inner-

genossenschaftlichen Demokratie ihm nicht genehme Bewerber von der Wahl in den Beirat ausschließen. Jedoch gehört zum Wahlrecht der Regionalmitgliederversammlung auch deren eigenes Wahlvorschlagsrecht. Deshalb ist die obige Satzungsklausel dahin zu verstehen, daß sie dem Vorstand nur ein zusätzliches Wahlvorschlagsrecht geben will, insbesondere für den Fall, daß die Regionalmitgliederversammlung keine oder zu wenige Bewerber benennt. Für diese Auslegung sprechen auch der Satzungs- und der Geschäftsordnungswortlaut („kann vorschlagen" statt „schlägt vor").

Der Regionalbeirat (so heißt es in der Satzung einer genossenschaftlichen Regionalbank) „berät und unterstützt den Vorstand in seiner Geschäftsführung. Er vertritt die Interessen der Mitglieder und Kunden in dieser Region, sofern dies nicht durch Gesetz und Satzung bereits geregelt ist". Die Geschäftsordnung der Regionalbeiräte ergänzt: „Der Beirat hat die Aufgabe, die Leitung der Bezirksdirektion und/oder den Vorstand in Angelegenheiten des regionalen Marktes zu beraten und ihn bei der Erreichung der Unternehmensziele in diesem Markt mittels einer engen kundenbezogenen Geschäftspolitik zu unterstützen".[3)] „Denn genaue Kenntnis und Vertrautheit mit den örtlichen Gegebenheiten sind nur über funktionierende, institutionalisierte Informationswege und einen kontinuierlichen Dialog der Beteiligten möglich".

Dem Regionalbeirat gehören (nach den mir vorliegenden Satzungen und Beiratsgeschäftsordnungen) nicht nur die gewählten Mitglieder der Regionalmitgliederversammlung, sondern mit beratender Stimme auch „die Leitung der Bezirksdirektion" an.

Nach der Beiratsgeschäftsordnung einer anderen Volksbank „finden Sitzungen des Beirates nur in Anwesenheit eines Vorstandsmitglieds der Bank oder eines vom Vorstand hierzu beauftragten Geschäftsstellenleiters oder Mitarbeiters statt". Auch werden „die regional zuständigen Aufsichtsratsmitglieder zu den Sitzungen des Beirates eingeladen". Alles das ist zweckmäßig und entspricht der Aufgabe des Regionalbeirates. Denn, wenn die Regionalorgane dem wechselseitigen Informationsaustausch zwischen den regionalen Mitgliedern und dem Genossenschaftsvorstand dienen sollen, so müssen beide Seiten in dementsprechender Weise organisatorisch zusammenarbeiten. Das wiederum kann, da die Regionalbeiratsmitglieder nicht dem Vorstand angehören, nur auf regionaler Ebene geschehen. Ein gewisser Nachteil dieser Regelung ist allerdings, daß die Regionalbeiratsmitglieder sich niemals allein versammeln können, um Anregungen, Sorgen und geschäftspolitische Kritik zunächst einmal „frisch von der Leber weg" ohne die unter Umständen lähmend wirkende Anwesenheit von Vorstandsmitgliedern „unter sich" zu äußern und zu erörtern.

Aber das hindert die Regionalbeiratsmitglieder, die ohnehin keine regionale Nebenregierung bilden sollen, nicht daran, sich bei Bedarf vorab untereinander ohne förmliche Beiratssitzung auszusprechen und zu verständigen.

Ebenso wie der *Prüfungsverband* kein Recht hat, an Vorstands- und Aufsichtsratssitzungen teilzunehmen, hat er auch von Rechts wegen keinen Anspruch auf Anwesenheit in den Regionalbeiratssitzungen.

Die Sitzungen des Regionalbeirates werden laut Satzung selbstverwaltungsgerecht von dessen Vorsitzendem geleitet. Unterschiedliche Regelungen finden sich indes in bezug auf die Befugnis, den Regionalbeirat einzuberufen. Zum Teil werden die Sitzungen des Beirates laut Beiratsgeschäftsordnung „durch den Vorsitzenden in Abstimmung mit der Leitung der Bezirksdirektion einberufen". Da die Bezirksdirektion kein Vetorecht hat, kann der Regionalbeirat dann aus eigenem Willen zusammentreten.

Nach anderen Geschäftsordnungen lädt dagegen der Vorstand oder in dessen Auftrag der örtliche Geschäftsstellenleiter zu den Beiratssitzungen ein. Auf diese Weise kann der Vorstand ihm nicht genehme Regionalbeiratssitzungen verhindern. Das beschneidet indes das Selbstversammlungsrecht des die regionalen Mitglieder repräsentierenden Regionalbeirates zu sehr, zumal dessen Sitzungen vergleichsweise geringe Kosten verursachen. Denn die Regionalbeiratsmitglieder werden ehrenamtlich tätig und erhalten lediglich eine vom Vorstand im Einvernehmen mit dem Aufsichtsrat festgelegte Aufwandsentschädigung.

Die regionalen Beiräte treten „nach Bedarf", mindestens aber ein- bis zweimal jährlich zu Sitzungen zusammen. Darüber, ob ein solcher Bedarf besteht, muß der Beiratsvorsitzende in eigener Verantwortung entscheiden können. Der gehörige Mitgliedereinfluß wird dadurch gewährleistet, daß der Regionalbeirat unverzüglich einzuberufen ist, „wenn mindestens ein Drittel seiner Mitglieder es verlangt". Da die Einberufung mit einer Frist von zwei Wochen erfolgen soll, vermag der Beirat auch auf akute Mitglieder- oder Vorstandsbedürfnisse einzugehen.

Der Regionalbeirat hat ausschließlich regionale Beratungsfunktion.

„Dazu gehören vor allem:

a) Beratung in allen marktpolitischen Fragen der Region, insbesondere Vermittlung von Erfahrungen und Erwartungen aus Wirtschaft, Handwerk sowie aus den kommunalpolitischen Bereichen,
b) Entgegennahme von Berichten der Leitung der Bezirksdirektion und/oder des Vorstandes über die Lage und Entwicklung der Bank, insbesondere der regionalen Entwicklung,
c) Beratung bei der Durchführung von mitgliederbezogenen grundsätzlichen Sachentscheidungen in der Region,
d) Beratung bei der Zusammenarbeit mit regionalen Einrichtungen,
e) Beratung bei Maßnahmen zur Öffentlichkeitsarbeit der Bezirksdirektion und zur Unterstützung der Unternehmenspolitik der Gesamtbank".

Der Regionalbeirat vermag freilich den Vorstand nur dann wirksam zu beraten, wenn dieser den Beirat seinerseits geschäftspolitisch hinreichend ins Vertrauen zieht. Dementsprechend sieht die Beiratsgeschäftsordnung einer regional tätigen Volksbank insoweit vor:

„Zu diesem Zweck wird der Vorstand den Beirat über grundsätzliche Fragen sowie über die Entwicklung der Bank unterrichten. Insbesondere wird dabei der Vorstand geschäftspolitisch wichtige Entscheidungen und Investitionen, die den örtlichen Geschäftsbereich betreffen und die Interessen der Mitglieder und Kunden dieses Geschäftsbereiches berühren, mit dem Beirat besprechen und dessen Unterstützung zur wirksamen Wahrnehmung der wirtschaftlichen Interessen der Mitglieder und Kunden in Anspruch nehmen".

Fraglich ist, ob es sich bei der geschäftspolitischen Unterrichtung des Regionalbeirates nur um eine im eigenen Leitungsinteresse liegende *Auskunftsobliegenheit* des Vorstandes handelt oder ob der Regionalbeirat ein Recht darauf hat, vom Vorstand hinreichend unterrichtet zu werden. Die (mir vorliegenden) Regionalbeiratsgeschäftsordnungen schweigen insoweit oder betonen ausdrücklich, daß der Vorstand dem Regionalbeirat keine weitergehenden Auskünfte zu geben braucht als einem Vertreter in der Vertreterversammlung. Eine solche Vorsicht wäre zwar gegenüber einem Auskunftsverlangen in der regionalen Mitgliederversammlung folgerichtig, erscheint aber gegenüber dem Regionalbeirat übertrieben. Denn dieser ist ein nicht öffentlich tagendes Mitverwaltungsorgan, dessen wenige Mitglieder zudem nach der Geschäftsordnung kraft Amtes ausdrücklich nicht nur gegenüber Dritten, sondern auch

gegenüber den regionalen Genossen zur *Verschwiegenheit* verpflichtet sind. Insofern dürfte in der Regel kaum zu besorgen sein, daß eine im Regionalbeirat erteilte Auskunft „nach vernünftiger kaufmännischer Beurteilung geeignet ist, der Genossenschaft einen nicht unerheblichen Schaden zuzufügen".
Dem regionalen Beirat obliegt ferner „insbesondere die Gestaltung der in den Regionalbereichen der Bank jährlich durchzuführenden Mitgliederversammlung". Das bietet sich insofern an, als der Regionalbeirat insoweit über besonderes Gespür für das verfügt, was die örtlichen Mitglieder besonders interessiert.
Gelegentlich sieht die Beiratsgeschäftsordnung auch vor, daß die „Mitglieder des Beirates bei Inventuren im Warenbereich hinzugezogen werden".
Eine wesentliche Aufgabe des Regionalbeirates liegt schließlich darin, daß seine Mitglieder zugleich dem *Wahlausschuß* gemäß der Vertreterwahlordnung angehören oder daß der Beirat das Recht hat, dem Wahlausschuß Vorschläge für die Vertreterwahl zu machen. Dadurch wird die Wahl der Vertreter sehr viel ortsgebundener, als wenn die Auswahl der Bewerber für das Vertreteramt weitgehend beim Vorstand und Aufsichtsrat liegt.
Mitgliedernahe Gesellschaftsorgane stärken das Zusammengehörigkeitsgefühl. Auf diese Gefühlsbindung der Mitglieder sind insbesondere Genossenschaften angewiesen, die wie die Kreditgenossenschaften im großen Umfang auch das Nichtmitgliedergeschäft betreiben. Denn der Kern allen fördergeschäftlichen Wirtschaftens, die Identität zwischen Mitglied und Kunden, bleibt nur solange für das genossenschaftliche Unternehmen prägend, wie die Genossen überzeugt bleiben, im Geschäftsverkehr mit diesem und innerhalb der Genossenschaft selbst eine besondere Rolle zu spielen. Dazu aber gehört, daß sich die Mitglieder unmittelbar angesprochen, informiert und nach ihren Förderbedürfnissen und Basiserfahrungen befragt sehen. Regionalorgane gestatten eine eingehende, weniger als sonst durch Verfahrensförmlichkeiten (Regularien) belastete Diskussion und erhalten nicht zuletzt auch die für den Zusammenhalt der Genossenschaft wichtigen persönlichen Kontakte der Mitglieder untereinander und zu den Vorstandmitgliedern. ***Regionalorgane sind daher eine Quelle genossenschaftlicher Identität.*** Von dieser *Identität* lebt die Genossenschaft, und diese nützt den Genossen. Deshalb lautet die Antwort auf die Eingangsfrage, ob die Regionalorgane mehr Mitgliederteilhabe ermöglichen oder dem Genossenschaftsvorstand nur ein neues Leitungsinstrument

an die Hand geben: Sie tun, obschon mit unterschiedlichem Gewicht, beides, und zwar zu Recht. Denn beides ist unerläßlich, damit die Kreditgenossenschaften im immer unerbittlicher werdenden Gruppenwettbewerb mit den Banken und Sparkassen ihre auf organisationsrechtliche Mitgliederteilhabe und fördergeschäftspolitische *Regionalität* gegründete traditionelle Eigenart bewahren können.

---

1) Daß der Aufsichtsrat laut Satzung „auf Vorschlag des Vorstands Beiräte bilden kann", reicht insoweit nicht aus. Denn die Regionalbeiräte werden nicht vom Aufsichtsrat gebildet, sondern werden von der jeweiligen Regionalmitgliederversammlung gewählt.

2) Wiederum reicht insoweit nicht aus, daß der „Aufsichtsrat auf Vorschlag des Vorstands Beiräte berufen kann". Denn das tut der Aufsichtsrat in bezug auf den Regionalbeirat nicht. Deshalb darf er diesem auch keine Geschäftsordnung geben.

3) Die Beiratsgeschäftsordnung einer anderen Volksbank lautet insoweit: „Der Beirat hat die Aufgabe, den Vorstand zu beraten und die Zusammenarbeit der Bank mit den Mitgliedern und Kunden des örtlichen Geschäftsbereiches durch Anregungen, Stellungnahmen, Kritik und Informationen gegenüber dem Vorstand der Bank einerseits und gegenüber den Mitgliedern und Kunden des örtlichen Geschäftsbereiches andererseits zu fördern".

PETER C. VON HARDER

KONTINUITÄT UND WANDEL

ZUR FUNKTION DES VERSICHERUNGSGESCHÄFTES IM GENOSSENSCHAFTLICHEN FINANZVERBUND

Enge Zusammenarbeit von Banken und Versicherungen ist heute auch in Deutschland ganz selbstverständlich geworden. Noch vor eineinhalb Jahrzehnten war das ganz anders. Nur der genossenschaftliche FinanzVerbund verfügte bis dahin über eine systematische und flächendeckende Kooperation, die den Vertrieb von Bank- und Versicherungsprodukten aus einer Hand erfolgreich gemacht hatte. Aus welchen Initiativen und welchen strategischen Konzepten ist dieses Ergebnis erzielt worden? Und: Haben Versicherungsprodukte auch künftig für die genossenschaftlichen Banken eine wesentliche Bedeutung und wenn ja, unter welchen Voraussetzungen?

Die Ergänzung der Angebotspalette von Genossenschaftsbanken durch Versicherungen hat schon bei den Gründungsvätern vor weit über 100 Jahren eine wichtige Rolle gespielt. Friedrich Wilhelm Raiffeisen schrieb beispielsweise in bezug auf die Lebensversicherung 1872 an die Landwirtschaftliche Kreditbank in Frankfurt: „Mit ihrer Bank, welche gleichsam die Generalbank bilden würde, würde eine Lebensversicherungs- und Altersversorgungsanstalt einzurichten sein. Dieses Institut würde ... die sämtlichen nötigen Geldmittel reichlich liefern. Beide zu vereinigende Institute würden sich sehr zweckmäßig ergänzen. Die regionalen Zentralbanken mit ihren Organen, welche durch Darlehenskassenvereine bis in jedes Dorf hinabreichen, würden zuverlässige Agenturen für die Versicherungsbank abgeben."

Das Verbundkonzept für die genossenschaftlichen Organisationen, wie es in der 2. Hälfte des 20. Jahrhunderts sehr erfolgreich praktiziert wird, ist also bereits damals vor 125 Jahren von Raiffeisen visionär formuliert worden. Aber erst vor 75 Jahren gelang es den ländlichen Genossenschaftsorganisationen, eigene Versicherungsunternehmen zu gründen, die sich im Laufe der Jahrzehnte zu leistungsfähigen Verbundpartnern entwickelt haben. Die Wirtschaftskrise der 20er Jahre, Beschränkungen während des Dritten Reiches und verheerende Kriegsfolgen haben die Geschäftsentwicklung bis in die 50er Jahre deutlich gehemmt. Nach dem Krieg baute der Neuanfang zunächst auf den bestehenden Vertragsbeziehungen mit den Kredit- und Warengenossenschaften der ländlich orientierten Raiffeisen-Organisationen auf. Bald jedoch konnten auch die ersten gewerblichen Genossenschaften, insbesondere die Volksbanken, dazu gewonnen werden, die Vermittlung von Versicherungen an ihre Mitglieder und Kunden aufzunehmen. Ein besonders wichtiger Meilenstein auf diesem Weg zum einheitlichen FinanzVerbund war die wechselseitige Beteiligung der Zentralbanken der Volksbanken bzw. Raiffeisenbanken an der Raiffeisenversicherung - heute R+V Versicherung - und der Bausparkasse Schwäbisch Hall, die im Jahre 1958 aufgrund einer weitsichtigen, klugen Perspektive vollzogen wurde. Nach wie vor überwog aber im Volksbankenbereich noch die Zusammenarbeit mit verbundfremden Versicherungsunternehmen unterschiedlichster Herkunft. Systematisch konnten diese Geschäftsbeziehungen erst ab 1970 auf die R+V Versicherung überführt werden, nachdem die Kooperationsverträge der gewerblichen Zentralbanken mit anderen Versicherungsunternehmen bis auf zwei süddeutsche Ausnahmen abgelöst worden waren.

Die Entwicklung des Konzeptes „FinanzVerbund“ hatte Anfang der 70er Jahre einen weiteren entscheidenden Schub erhalten durch die Verschmelzung der ländlichen und gewerblichen Regionalverbände und Zentralbanken sowie durch die Umstrukturierung der Spitzenverbände. Nun konnte ein einheitliches Verbundkonzept für die gesamte Bankengruppe umgesetzt und ein gemeinsames Erscheinungsbild für alle Volksbanken und Raiffeisenbanken geschaffen werden.

Dieses strategische Vorgehen hat sich als sehr wirkungsvoll erwiesen. Es hat ganz wesentlich zur erfolgreichen Weiterentwicklung der genossenschaftlichen Bankenorganisation beigetragen. Die subsidiären Dienste der Verbundunternehmen konnten der großen Zahl der Primärbanken sehr hilfreich bei ihrer Entwicklung zu leistungsfähigen Universalbanken zur Seite stehen. Mit Hilfe der vielfältigen Ergänzungsleistungen durch die Verbundunternehmen konnten die Genossenschaftsbanken ihren Kunden gleiches oder sogar mehr bieten als die Wettbewerber. Trotz sehr erheblicher Betriebsgrößenunterschiede gegenüber Sparkassen und Großbanken blieben die Volksbanken und

Raiffeisenbanken wettbewerbsfähig, ohne die Vorteile ihrer großen Kundennähe zu verlieren und ohne ihre Autonomie aufzugeben. Allerdings ist es bis heute nicht gelungen, ein komplettes Marketingkonzept für den gesamten FinanzVerbund zu entwickeln und umzusetzen. Die lokalen Konzepte der einzelnen Banken verbinden deshalb die Teilleistungen der Verbundunternehmen in sehr unterschiedlicher Weise, was einerseits den Vorteil großer Individualität hat, aber andererseits den Nachteil uneinheitlicher Effizienz, so daß diese in der gesamten Gruppe unter dem erreichbaren Optimum bleibt.
Aufgrund iher Gründungsgeschichte ist die R+V Versicherung - wie dargelegt - immer ein Teil der konzeptionellen und geschäftlichen Entwicklung der genossenschaftlichen Organisation gewesen. Sie war somit von Anbeginn auch Teil der Verbundstrategie, die der gesamten Organisation zu erhöhter Schlagkraft in der Marktdurchdringung und zur Festigung der Kundenverbindungen verholfen hat. Die geschäftspolitische Bedeutung, die die Versicherung im Produktangebot der Genossenschaftsbanken ausfüllen kann, hat sich im Laufe der Zeit ständig erhöht und wird in Zukunft eher noch stärker werden. Zu diesen Aufgaben des Versicherungsgeschäftes zählen aus der Sicht der Banken vor allem folgende:

- Sicherung der Bankverbindungen zu den Mitgliedern und Bestandskunden,
- Unterstützung bei der Gewinnung von neuen Mitgliedern und Kunden,
- Verstärkung der Provisionserträge,
- Kostenträgerfunktion für Mitarbeiter, die für das Bankgeschäft benötigt werden, dort aber nicht voll ausgelastet sind (Zweigstellen),
- Finanzierungsquelle für Kunden und Banken,
- Deckung der bankeigenen Risiken in optimaler Form.

Diesen Aufgaben hat sich die R+V Versicherung im FinanzVerbund der Volksbanken und Raiffeisenbanken mit Konsequenz gewidmet. Hierdurch konnten überdurchschnittliche Erfolge bei der Gewinnung von Marktanteilen erreicht werden. Die beiden großen Gesellschaften der Gruppe belegen heute den 2. und 3. Rang unter den deutschen Versicherungsunternehmen gemessen an den inländischen Beitragseinnahmen der Teilbranchen Komposit- und Lebensversicherung. Auch als Gruppe gehört die R+V Versicherung mit über 9 Mrd. DM Beiträgen im Jahr 1996 zu den großen Versicherungsunternehmen in Deutschland. Insbesondere die R+V Allgemeine konnte ihre Marktposition im Zuge der Wiedervereinigung noch deutlich ausbauen. In Verbindung mit einer

energisch betriebenen Markterschließung ist es der R+V Gruppe gleichzeitig gelungen, in den neuen Bundesländern eine lückenlose Zusammenarbeit mit den Volksbanken und Raiffeisenbanken zu etablieren.
Aus den engen Geschäftsbeziehungen erwächst allen Partnern erheblicher finanzieller Nutzen. Mehr als 75% der Gesamtbeitragseinnahmen der R+V Versicherung stammen aus der Zusammenarbeit mit der genossenschaftlichen Organisation. Umgekehrt fließt ein entsprechend großer Anteil der Provisionen zurück. Für die Banken waren dies im Jahr 1996 rd. 360 Mio. DM. Auch die Kapitalanlagen der R+V werden größtenteils in Form von Wertpapierkäufen, Geldanlagen, Hypotheken und Darlehen über den genossenschaftlichen Sektor disponiert.
Aus ihrer Aufgabe als Verbundunternehmen hat die R+V Versicherung in ihrem Unternehmensleitbild den Anspruch formuliert, der alleinige Versicherer der genossenschaftlichen Organisation zu sein. In weiten Bereichen ist ihr dies gelungen durch flächendeckende Präsenz sowie Produktangebote und eine Vertriebsorganisation, die konsequent auf die Zusammenarbeit mit den Genossenschaftsbanken ausgerichtet sind.
Da jedoch viele Volksbanken und Raiffeisenbanken älter sind als die Verbundidee und auch älter als die R+V Versicherung, gibt es nach wie vor Kooperationen auch mit verbundfremden Wettbewerbern. In größerer Zahl ist dies in Bayern und in Baden zu beobachten. Einzelfälle in anderen Regionen beruhen meistens auf selektiven Kampfangeboten von konkurrierenden Versicherungsunternehmen. R+V ist hier als Verbundunternehmen daran gehindert, mit Sonderkonditionen gegenzuhalten. Für sie lautet die selbst auferlegte Vorgabe: „Gleiche Konditionen für gleiche Leistungen der Vertriebspartner . . ."
Aber nicht nur die Provisionshöhe kann im Einzelfall ein Problem sein. Im Verlauf der Zinszyklen am Kapitalmarkt ist die Nachfrage nach Lebensversicherungshypotheken durch die Genossenschaftsbanken vorübergehend immer einmal wieder so stark, daß R+V dann bei weitem nicht über genügend Mittel verfügt. Soweit Wertpapiergeschäfte eine Rolle spielen, bestehen für das Verbundunternehmen R+V sogar noch viel engere Begrenzungen.
Es unterliegt den autonomen Entscheidungen jeder Genossenschaftsbank, auch verbundfremde Wettbewerbsangebote zu akzeptieren. Abgesehen von der generellen verbundstrategischen Problematik, die hieraus entsteht, erhält bei solchen Geschäften noch mehr als in der Vergangenheit die Frage an

Bedeutung, ob dadurch Kundenbeziehungen im originären Bankgeschäft gefährdet werden können. Diese Gefahr ist dadurch viel größer geworden, daß die konkurrierenden Allfinanz-Gruppierungen aus Banken und Versicherungen in den letzten eineinhalb Jahrzehnten erheblich an Marktanteilen gewonnen haben. Neuere Erhebungen lassen den Schluß zu, daß bereits rund ein Viertel des Lebensversicherungsgeschäftes in Deutschland über Banken vermittelt wird. Über diesen Bankenvertriebsweg werden auch zunehmend Schadenversicherungen und andere banknahe Produkte angeboten. „Lock"-Konditionen zielen dann darauf, die gesamte Kundenverbindung abzuziehen. Das Gefährdungspotential durch Zusammenarbeit mit verbundfremden Anbietern wächst auch dadurch, daß die Allfinanz-Gruppierungen infolge von Käufen, Fusionen oder neuen Kooperationen ständigen Veränderungen unterliegen, die schwer voraussehbar sind. Für die genossenschaftliche Bankengruppe muß insbesondere die jüngst von den meisten regionalen Sparkassenorganisationen vorgenommene Formation zu straffen Allfinanz-Konzernen mit besonderer Aufmerksamkeit bewertet werden. Diese Entwicklung bei den wichtigsten Wettbewerbern erfordert konsequenterweise eine weitere Intensivierung auch in der Zusammenarbeit im genossenschaftlichen Verbund. Bestehende Kooperationsbeziehungen von genossenschaftlichen Organisationen und Instituten zu Gruppierungen, die von den Sparkassen beherrscht werden, sind strategisch und im Marketing-Auftritt nun nicht mehr haltbar.

Um Wettbewerbern keine Gelegenheit zu geben, über Lücken im Produktangebot in die genossenschaftliche Organisation einzudringen, hat die R+V Versicherung Anfang der 80er Jahre als letzte wichtige Sparte auch die Krankenversicherung in ihr Angebot aufgenommen. Dies war ein schwieriger Prozeß, denn verschiedene Krankenversicherungen hatten bereits Kooperationsbeziehungen zu regionalen Genossenschaftsorganisationen aufgebaut. Gemeinsam mit der Süddeutschen Krankenversicherung (SDK) wurde schließlich im Jahr 1987 die R+V Krankenversicherung AG gegründet. In Baden-Württemberg und Bayern blieb dabei die Bearbeitung der genossenschaftlichen Organisation der SDK vorbehalten. Eine Gesamtlösung für das Angebot von Krankenversicherungen in der genossenschaftlichen Organisation konnte bisher nicht gefunden werden.

Große Veränderungen hat der Europäische Binnenmarkt nicht zuletzt auch für den Versicherungsmarkt gebracht. 100 Jahre materielle Staatsaufsicht wurden

1994 durch weitgehende Deregulierung im Bereich der Versicherungsbedingungen und der Preisgestaltung abgelöst. Auf die daraus absehbar resultierende Verschärfung des Wettbewerbs hat sich die R+V Versicherung seit den 80er Jahren vorbereitet: Eine wichtige Maßnahme war die Umwandlung der R+V Leben von einem Gegenseitigkeitsverein in eine Aktiengesellschaft. Dies ermöglichte externe Kapitalerhöhungen für weiteres Wachstum und verstärkte kapitalmäßige Integration der gesamten Gruppe in den Bankenverbund – bis hin zur erstmaligen unmittelbaren Beteiligung von über 700 Ortsbanken an der R+V Versicherung.

Durch die Zusammenführung der beiden getrennt operierenden Vertriebsorganisationen konnten neue Formen der Betreuung der Volksbanken und Raiffeisenbanken realisiert und damit den Veränderungen des Marktes und auch der internen Bankorganisationen entsprochen werden. Die Bildung von „strategischen Geschäftsfeldern" macht künftig eine noch gezieltere Marktbearbeitung nach geschäftspolitischen Vorgaben möglich. Hierdurch kann die bewährte Organisation nach Vertriebswegen bei R+V konsequent weiterentwickelt werden.

Aufgrund der erfolgreichen Expansion in den ostdeutschen Markt waren ab 1990 die Prioritäten für den Inlandsmarkt noch eindeutiger als zuvor zu definieren: Trotz des leichteren Zugangs zu ausländischen – insbesondere den europäischen – Märkten sieht die R+V Versicherung auch für die Zukunft den Schwerpunkt ihrer unternehmerischen Aufgaben in Deutschland. Da noch über 80% der Kunden der Volksbanken und Raiffeisenbanken nicht Kunden der R+V sind, existiert hier ein großes Geschäftspotential für dieses Unternehmen und seine Vertriebspartner, das mit Präferenz erschlossen werden soll. Die westeuropäischen Versicherungsmärkte erfordern dagegen vergleichsweise hohe Investitionen, die mit geringen Renditen verbunden sind. Westeuropa wird deshalb von R+V vor allem mit dem Ziel effizienter Kundenbegleitung bearbeitet, nicht aber um Marktanteile zu gewinnen. Osteuropa legt allerdings die Prüfung auch anderer Strategien nahe.

Der Bedarf an Versicherungsschutz ist in Deutschland vor allem im privaten Bereich nur zum Teil gedeckt. Die künftige Nachfrage hängt maßgeblich von der Entwicklung der verfügbaren Einkommen sowie der Vermögenswerte und von den gesetzlichen Rahmenbedingungen ab. Zunehmende Bedeutung erhält die private Vorsorge für Alter, Hinterbliebene und Invalidität aufgrund

der sinkenden Leistungen der gesetzlichen Sozialversicherung. Die Lebensversicherung wird deshalb – trotz der Besteuerungspläne der Bundesregierung – einen weiter wachsenden Anteil in den Vorsorgekonzepten der Bürger einnehmen.
Obwohl grundsätzlich positive Marktaussichten für Versicherungen bestehen, haben der zunehmende Wettbewerb infolge der europäischen Deregulierungsmaßnahmen und die aktuellen volkswirtschaftlichen Probleme wesentlich zugenommen. Die dadurch veränderten Nachfrage- und Angebotsbedingungen stellen für die Versicherungswirtschaft eine große Herausforderung dar. Für die R+V Versicherung besteht aufgrund der engen Zusammenarbeit mit den Genossenschaftsbanken zwar ein relativ großes Marktpotential, dessen Erschließung aber davon abhängt, daß der Verbundversicherer in seinem Preis-Leistungs-Verhältnis und hinsichtlich der Qualitätsanforderungen an Beratung und Verwaltung voll wettbewerbsfähig ist. Das bedeutet, daß auch R+V alle Möglichkeiten der Leistungsverbesserung im Interesse der Kunden- und Verbundorientierung ausschöpfen muß. Die jüngste Entwicklung der DV-Technologien ermöglicht in vielen Bereichen revolutionäre Veränderungen, die diesen Anforderungen entgegenkommen. Davon wird die Zusammenarbeit zwischen R+V und ihren Bankagenturen durch unkomplizierte Einbindung des Versicherungsgeschäftes in die Abläufe der Banken profitieren können.
Die Realisierung der Europäischen Währungsunion führt zusätzlich zu einer Intensivierung des grenzüberschreitenden Wettbewerbs. Bei Wegfall von Wechselkursrisiken und Transferkosten werden die ausländischen Angebote in Deutschland zunehmen. Andererseits bietet der vergrößerte Kapitalmarkt zusätzliche Ertragschancen – auch für den Verbundversicherer. Bezüglich der Lebensversicherung kommt es entscheidend darauf an, daß die Währungsunion eine Währungsstabilität gewährleistet, die keine nachhaltigen Inflationsängste aufkommen läßt.
In einer Gesamtbewertung darf festgestellt werden, daß der verbundeigene Versicherer seit dem 2. Weltkrieg zur erfolgreichen Entwicklung der Volksbanken und Raiffeisenbanken sichtbar beigetragen hat. Diese Rolle ist für die Zukunft von noch wachsender Bedeutung: Bei der Deckung des Bedarfs an Finanzdienstleistungen werden die Allfinanz-Anbieter weiter zunehmende Marktanteile an sich ziehen. Damit erhält der unmittelbare Wettbewerb zwischen den einzelnen Finanzgruppen steigendes Gewicht. Vor diesem Hinter-

grund bekommt das genossenschaftliche Verbundkonzept noch mehr Bedeutung. Aus den bereits weit entwickelten Kooperationsbeziehungen mit den Verbundunternehmen kann die genossenschaftliche Bankengruppe höchste Effizienz erreichen, wenn sie sich auf diese Zusammenarbeit konzentriert. Vieles spricht dafür, daß eine gemeinsam entwickelte und durchgängig getragene Verbundstrategie, in die alle Gliederungen der Organisation eingebunden sind, nicht nur wichtig ist, sondern sogar der entscheidende Erfolgsfaktor in der Zukunft sein wird. Mit einer starken Verbundpraxis vermag die genossenschaftliche Bankenorganisation ihre erfolgreiche Entwicklung zweifellos fortzusetzen. Die R+V Versicherung kann darin einen wichtigen Teilbereich ausfüllen.

HORST KLEINER

INNOVATION IST UNERLÄSSLICH

DIE WOHNUNGSBAUPOLITIK MUSS DAS EIGENTUM FÖRDERN

Der Wohnungsmarkt ist in Deutschland in eine sozial orientierte Marktwirtschaft eingebettet. Die soziale Marktwirtschaft und das Sozialstaatsprinzip unserer Verfassung weisen der staatlichen Wohnungsbaupolitik eine wichtige Rolle zu: Der Staat muß überall da für soziale Gerechtigkeit bei der Wohnraumverteilung sorgen, wo der einzelne ohne fremde Hilfe keine Chance hat. Auf diesem Gedanken baut das Zweite Wohnungsbaugesetz auf. Dieses Gesetz formulierte bereits 1956 das Ziel der Wohnungsbaupolitik, „für weite Kreise der Bevölkerung breitgestreutes Eigentum zu schaffen". Mit dieser gesetzlichen Verpflichtung trägt die staatliche Wohnungsbaupolitik eine sozialpolitische Verantwortung.

Darüber hinaus muß die staatliche Wohnungsbaupolitik jedoch auch private wohnungswirtschaftliche Initiativen unterstützen. Das heißt, sie muß Anreize zum Bau von Eigenheimen und zur Bildung von Wohneigentum schaffen. Denn bleibt das Interesse privater Investoren aus, sinkt das Angebot an Wohnungen, und das wohnungspolitische Anliegen, nämlich „die angemessene Versorgung breiter Schichten der Bevölkerung mit Wohnraum", wird gefährdet. Die eigentliche Aufgabe der Wohnungsbaupolitik besteht somit darin, einerseits einkommensschwache Haushalte in ausreichendem Maße mit Wohnraum zu versorgen und andererseits privates Kapital zu aktivieren. Daher muß die Wohnungsbaupolitik gleichzeitig eine ordnungspolitische und eine gesellschaftspolitisch-soziale Aufgabe erfüllen.

Doch die öffentlichen Kassen sind leer. Die Gesamtverschuldung der öffentlichen Hand von fast zwei Billionen DM gefährdet inzwischen die Manövrierfähigkeit der Finanzpolitik. Bund, Länder und Gemeinden sind längst an ihre finanziellen Grenzen gestoßen. Trotz der hohen politischen Priorität einer quantitativ und qualitativ ausreichenden Versorgung der Bevölkerung mit

Wohnraum kann die staatliche Wohnungsbaupolitik den Wohnungsbau daher nicht mehr in dem Maße subventionieren wie bisher.

Das Problem, daß den rückläufigen öffentlichen Finanzmitteln für den Wohnungsbau ein anhaltend hoher Bedarf an Wohnungen für die unteren und mittleren Einkommensschichten gegenübersteht, läßt sich durchaus lösen. Dazu muß sich die staatliche Wohnungspolitik jedoch jenen Formen der Förderung des Wohnungsbaus zuwenden, die einen vergleichsweise geringen Einsatz öffentlicher Mittel verlangen, aber viel privates Kapital mobilisieren: dem Bau von Eigenheimen und Eigentumswohnungen.

Immer noch fehlen in Deutschland rund 2 Millionen (bezahlbare) Wohnungen. Zwar ist 1995 die ungewöhnlich hohe Zahl von 600.000 Wohnungen fertiggestellt worden, doch wurden 1996 rund 100.000 Wohnungen weniger gebaut. Und trotz einer im historischen Vergleich hohen Zahl von Baufertigstellungen und Bauanträgen darf zudem nicht vergessen werden, daß der Anteil selbstgenutzten Wohneigentums an den insgesamt neuerrichteten Wohnungen in den vergangenen Jahren rückläufig war. Während 1980 von 363.000 neuen Wohnungen noch etwa 247.000 auf selbstgenutztes Wohneigentum entfielen, wurden 1993 von 374.000 fertiggestellten Neubauwohnungen nur noch schätzungsweise 155.000 von ihren Eigentümern bezogen.

Um angesichts leerer öffentlicher Kassen auch weiterhin die Wohnungsbaunachfrage zu beflügeln, muß die Wohnungswirtschaft die Eigenverantwortung und Privatinitiative des einzelnen stärken. Dazu ist eine klare Arbeitsteilung zwischen öffentlicher und privater Hand vonnöten. Staatliche Aufgabe ist es, den rechtlichen Rahmen so zu ziehen, daß hinreichend Anreize zum privaten Bau von Eigenheimen und Eigentumswohnungen geschaffen werden und das dazu erforderliche Kapital dorthin gelenkt wird. Immer noch fehlt eine ausreichende Bereitschaft, Sachkapital in Form von Wohneigentum zu bilden, da staatliche Subventionen und Eingriffe die Bildung selbstgenutzten Wohneigentums nicht interessant genug erscheinen lassen.

Erste politische Versuche, das Maß staatlicher Interventionen zu vermindern und die Privatinitiative zu stärken, unternahm der frühere Minister für Wohnungswesen, Städtebau und Raumordnung, Paul Lücke (CDU), der „Vater des Wohnungsbaus". Lücke erkannte bereits 1957, daß die Eigentumsbildung die tragende Säule nicht nur für die Wohnversorgung, sondern auch für die Familien-, Sozial- und Vermögenspolitik ist. Darüber hinaus enthielt der „Lücke-

Plan" Gesetze zum Abbau der Wohnungszwangswirtschaft und zur Schaffung eines sozialen Miet- und Wohnrechts. Diese Vorschriften zur Deregulierung der Wohnungsmärkte haben dann spätere Bundesregierungen wieder rückgängig gemacht, insbesondere wegen der einsetzenden Kritik an steigenden Mieten. In der Zwischenzeit hat sich der Glaube an den Sozialstaat verstetigt, an die Unbegrenztheit seiner Mittel und an die Fähigkeit, diese gerecht zu verteilen. Allein im Jahr 1995 wurden schätzungsweise rund 20 Milliarden DM für den sozialen Wohnungsbau aufgebracht, dazu kommen – dem 14. Subventionsbericht zufolge – noch knapp 10 Milliarden DM für die steuerliche Eigentumsförderung, 7 Milliarden DM für Wohngeldzahlungen in der Hauptsache an Mieter und knapp 700 Millionen DM für die Bausparförderung.

Der versiegende Überfluß öffentlicher Mittel zwingt inzwischen politische Parteien und gesellschaftliche Interessengruppen, umzudenken und den Kurs der Wohnungsbaupolitik in Richtung Eigeninitiative zu ändern. Umsteuern in diese Richtung läßt nicht nur ein bewährtes ökonomisches Rezept wirksam werden. Es knüpft auch an Bestrebungen und Einstellungen an, die von dem überwiegenden Teil der deutschen Bevölkerung geteilt werden: sich und seiner Familie ein eigenes Domizil zu schaffen. Rund 80% der Mieterhaushalte möchten einer repräsentativen Umfrage zufolge gern in den eigenen vier Wänden wohnen. Nur 40% der Haushalte in Westdeutschland und nur 25% in Ostdeutschland haben sich diesen Wunsch bisher erfüllen können. Auch im internationalen Vergleich ist die Wohneigentumsquote in Deutschland mit 40% ausgesprochen gering. Die Vergleichszahlen für Spanien und Irland sind doppelt so hoch. In Ungarn, Italien und Großbritannien verfügen immerhin zwei Drittel der Haushalte über Wohneigentum und in Frankreich mehr als die Hälfte.

Die Gründe, warum im europäischen Ausland die Wohneigentumsquote – trotz des meist niedrigeren Massenwohlstandes – weitaus höher liegt, sind vielschichtig. Für viele ist der Bau eines Eigenheims im Blick auf die hohen Baulandpreise und die durch eine Flut staatlicher Vorschriften nach oben getriebenen Baukosten immer wieder in weite Ferne gerückt. Gründe sind zudem die steigende Zahl der Single-Haushalte, der hohe Verstädterungsgrad und die Subventionierung des Mietwohnungsmarktes. Bemerkenswert ist die niedrige Eigentumsquote in Ostdeutschland in Höhe von nur 25% als Folge der eigentumsfeindlichen Politik in der ehemaligen DDR. Kommunistische Thesen, daß

der Staat für das Wohnen sorgt – und zwar zu äußerst niedrigen Mieten –, behindern noch heute die Bildung von Wohneigentum. Gleichwohl wächst auch hier das Interesse am Erwerb von Wohneigentum. Dies belegt der beachtliche Zulauf, den die Bausparkassen dort verzeichnen.
Vor diesem Hintergrund muß die bisherige Wohnungsbaupolitik umschwenken. Die neue Strategie muß auf weniger Staat und mehr private Initiative von Markt und Menschen gerichtet und damit effizienter sein. Dazu brauchen wir eine neue Philosophie des Wohnens, die aus unserer Sicht von vier Säulen getragen wird:

1. die Renaissance des Bausparens, die Mobilisierung privaten Kapitals, um den Staat zu entlasten,
2. eine familienfreundliche Wohneigentumsförderung,
3. eine neue Philosophie kostengünstiger Baulanderschließung sowie
4. eine neue Philosophie des kostengünstigen Bauens.

Die Wohnungsbaupolitik hat vor allem die Aufgabe, ein quantitativ und qualitativ ausreichendes Wohnungsangebot zu tragbaren Kosten bereitzustellen. Um diesen Zielen näherzukommen, hat der Gesetzgeber besonderen Wert auf die Förderung von Wohneigentum gelegt. Im Zweiten Wohnungsbaugesetz (§ 1 Absatz 2) heißt es hierzu ausdrücklich, daß „die Förderung des Wohnungsbaus ... überwiegend der Bildung von Einzeleigentum" dienen soll.
Für die Förderung von Wohneigentum sprechen vor allem zwei Gründe. Zum einen dürften Haushalte mit geringem Einkommen künftig noch weniger in der Lage sein, allein und aus eigener Kraft Eigentum zu bilden. Im Gegenteil: Steigende Steuern und Versicherungsbeiträge lassen die Realeinkommen in den kommenden Jahren weiter sinken, und es werden immer weniger Haushalte jene Einkommensstufen erreichen, auf denen die Bildung von Wohneigentum problemlos möglich ist. Zum anderen kann ein Staat, von Finanznot geplagt, mit den für die Förderung des Wohnungsbaus bestimmten Mitteln noch am meisten bewirken, wenn er damit den privaten Bau von Eigenheimen und Eigentumswohnungen unterstützt. Der Grund: Für die Förderung des Baus einer Sozialwohnung entstehen der öffentlichen Hand üblicherweise vier- bis fünfmal so hohe Kosten wie bei der Förderung von Wohneigentum.
Die wohnungspolitischen Ziele des Staates und die Wünsche der privaten Haushalte sind ganz offensichtlich deckungsgleich. Zudem profitieren von einem breitgestreuten und selbstgenutzten Wohneigentum nahezu alle Teile

der Gesellschaft, denn es leistet auch einen wesentlichen Beitrag zur Altersversorgung. Die demographische Entwicklung führt bereits heute zu absehbaren Problemen bei der Finanzierung der Rentenversicherung. Insbesondere Rentner und Pensionäre des übernächsten Jahrzehnts müssen sich auf deutlich sinkende Bezüge einrichten. Entschuldetes und nur mit geringen Abgaben belastetes Wohneigentum wird so zu einem wesentlichen Beitrag zur Stabilisierung des Lebensstandards nach dem Ausscheiden aus dem Berufsleben und entlastet das soziale Sicherungssystem. Denn während die Belastung durch Mietzahlungen einschließlich Nebenkosten bei rund 30 % des verfügbaren Einkommens der älteren Generation liegt, ist sie beim Wohneigentum mit etwa 12 % noch nicht einmal halb so hoch.

Die seit Beginn des Jahres 1996 geltende neue Wohneigentumsförderung wirkt wie ein mächtiges Schwungrad, das ein Vielfaches an Kapital für den Wohnungsbau zu mobilisieren hilft. Da mit der neuen Wohnungsbauförderung die Einkommensgrenzen für das prämienbegünstigte Bausparen nahezu verdoppelt wurden (Ledige 50.000 DM und Verheiratete 100.000 DM), haben heute Millionen mehr Haushalte die Möglichkeit, Eigenkapital mit einem Bausparvertrag zu bilden. Ziel unserer „Philosophie des Wohnens" ist es, daß immer mehr Haushalte dazu bewogen werden, sich von der Miete loszusagen und die Verantwortung für das Wohnen in die eigenen Hände zu nehmen. Nicht zuletzt sind für große Teile der Bevölkerung die eigenen vier Wände die einzige Vermögenssubstanz, die sie im Laufe ihres Lebens aufbauen können. Fest steht: Ein erheblicher Teil des für den privaten Wohnungsbau verwendeten Kapitals entstammt dem Zwecksparen. Nicht zuletzt organisiert es eine stabile Nachfrage in einer sonst durch Abschwächung gekennzeichneten Marktsituation.

Bislang ist es der Wohnungsbaupolitik nur begrenzt gelungen, den gesetzlichen Auftrag zu erfüllen und überwiegend das selbstgenutzte Wohneigentum zu fördern. Die geringe Wohneigentumsquote belegt dies. Was als sozial gedachte Korrektur der Marktprozesse daherkam, war zumeist viel zu wenig auf jene Bevölkerungsschichten ausgerichtet, die der Hilfe wirklich bedurften: Haushalte mit niedrigem und mittlerem Einkommen, Familien mit Kindern, alleinerziehende Mütter und Angehörige von Randgruppen.

Gleichwohl befindet sich die Bonner Wohnungsbaupolitik in einem deutlichen Umbruch. Erste Schritte in Richtung einer familienorientierten Wohnei-

gentumsförderung markieren – neben den ersten Anstrengungen Paul Lückes – die Abschaffung des § 7b Einkommensteuergesetz (EStG), der die steuerliche Förderung des selbstgenutzten Wohneigentums regelte. Er wurde 1987 von dem damaligen Bundesbauminister Dr. Oscar Schneider durch den § 10e EStG ersetzt. Wichtigste Neuerung war die Anhebung der steuerlichen Bemessungsgrenze der Herstellungs- und Anschaffungskosten auf 300.000 DM.
Drei Jahre später – in der Ära der Bundesbauministerin Gerda Hasselfeldt – begann die Diskussion um die „richtige" Förderung erneut. Kritisiert wurde, daß sich die Förderung nach § 10e bei steigendem Einkommen erhöht. In der Tat krankte diese Wohnungsbauförderung daran, daß sie sich an der Steuerbelastung der Haushalte orientierte und nicht an der tatsächlichen wirtschaftlichen Ausgangssituation der Bauwilligen. Anders gesagt: Wer eine hohe Steuerschuld nachweisen konnte, wurde gefördert; wer über kein nennenswertes Steueraufkommen verfügte, fiel bei der Förderung durch.
Es bedurfte noch weiterer sechs Jahre, bis ein breiter Konsens gefunden wurde und die Wohneigentumsförderung unter Bundesbauminister Prof. Dr. Klaus Töpfer durch eine von der Steuerprogression unabhängige Eigenheimzulage ersetzt werden konnte. Seit 1. Januar 1996 nun fällt die Förderung nicht mehr um so höher aus, je höher das zu versteuernde Einkommen ist. Dadurch werden mit Vorzug vor allem junge Familien bessergestellt, wobei auch Kinder eine erhöhte Förderung auslösen (die Kinderzulage beträgt 1.500 DM statt bisher 1.000 DM pro Jahr). Da der Staatszuschuß als Zulage (maximal 40.000 DM Grundförderung für einen Neubau und 20.000 DM für den Erwerb einer Bestandsimmobilie zuzüglich Kinderzulage und Ökozulage) unabhängig von der Steuerschuld gezahlt wird, wirkt er direkt auf sogenannte Schwellenhaushalte. Weiterer Vorteil: Eine Familie kann sich heute weitaus leichter errechnen, was sie über einen definierten Zeitraum jährlich als unmittelbare Finanzierungshilfe beanspruchen kann.
Dies war auch dringend geboten. Denn hochkomplizierte Bestimmungen, die ohne Steuerberater nicht mehr umgesetzt werden können, sind für den einzelnen nicht mehr durchschaubar und verunsichern Bauwillige. Die steuerliche Förderung des selbstgenutzten Wohneigentums wurde in der Vergangenheit immer wieder geändert, ergänzt, eingeschränkt und wieder ausgebaut. Nahezu für jeden Jahrgang der Baufertigstellungen gelten besondere Vorschriften über die steuerliche Berücksichtigung von Schuldzinsen, über Ein-

kommensgrenzen, über zulässige Absetzungsbeträge, über die Objektbegrenzung und vieles andere mehr. Es bleibt zu hoffen, daß mit der derzeit geltenden Förderung nun eine langfristige Planungssicherheit verbunden ist.
Nicht nur die steuerlichen Rahmenbedingungen und die Einkommenssituation privater Haushalte entscheiden über die Realisierbarkeit von Bauabsichten. Auch die Höhe der Grundstückskosten sowie der Bau- und Baunebenkosten können schwer überwindbare Hindernisse auf dem Weg zum Wohneigentum sein. Steigende Baukosten sind zwar auch das Resultat hoher Ansprüche, was die Lage und die Größe des Grundstücks angeht. Zumeist sind hohe Grundstückspreise jedoch auf staatliche Regulierungen, das Planungsverhalten der Gemeinden, die kommunale Erschließungspraxis sowie eingefahrene Interessen zurückzuführen. Immer noch betreiben zahlreiche Städte und Gemeinden eine viel zu restriktive und preistreibende Baulanderschließung und behindern damit den Bau kostengünstiger Wohnungen.
Da müssen Bebauungspläne in langwierigen Verfahren genehmigt werden, die aus Flächennutzungsplänen entwickelt wurden und damit längst die Behörden passiert haben. Auch Vorschriften über Ausgleichsflächen zugunsten des Naturschutzes, die bis zum geforderten Nachweis von „Ackerwildkrautstreifen" auf Privatgrundstücken gehen, erschweren und verteuern das Bauen in unangemessener Weise. Städte und Gemeinden sollten vielmehr ein langfristiges Baulandmanagement anstreben, mehr private Erschließungsmaßnahmen zulassen und überhöhte Erschließungsstandards reduzieren. Zudem müßten sie dringend zusätzliches Bauland aus ihrem eigenen Bestand zu günstigen Preisen zur Verfügung stellen.
Insbesondere in Ballungszentren ist es wichtig, neue Wege der Baulanderschließung zu finden, da die Grundstückspreise dort besonders hoch sind. Hohe Grundstückspreise sind kein unabwendbares Schicksal. Kommunen und Kirchen könnten beispielsweise mehr Bauland in der Form des Erbpachtrechts ausweisen und somit einen entscheidenden Beitrag für die günstige Bereitstellung von Bauland leisten.
Wegweisende Beispiele gibt es bereits. So hat der Oberbürgermeister der Stadt Karlsruhe und Präsident des Deutschen Städtetages bereits vor 10 Jahren durch die Vergabe von Erbbaurechten ganz gezielt Familien mit Kindern das Bauen ermöglicht. Interessant war bei dieser Initiative, daß die Erbpachtnehmer 15 Jahre lang die Option hatten, das Grundstück zu kaufen – und zwar zu

dem Preis, der zu Beginn der Nutzung galt. Das Karlsruher Modell hat zudem verhindert, daß mittlere Einkommensschichten und Familien mit Kindern ins günstige Umland abwandern. Erbpachtmodelle haben - neben der Unterstützung einkommensschwacher Haushalte - noch einen weiteren Vorteil: Statt mit Grundstücksverkäufen kurzfristig Haushaltslöcher zu stopfen, ist es für die öffentlichen Kassen weitaus sinnvoller, die Grundstücke zu verpachten und daraus regelmäßige Einnahmen zu erzielen.
In den Niederlanden bauen die Menschen ihr Ein- oder Zweifamilienhaus viel billiger als in Deutschland. Es ist deshalb billiger, weil dort sehr viel weniger Bauauflagen gemacht werden, was die Stärke der Wände, die Dämmung der Fenster, die Steilheit der Treppen und die Qualität und Beschaffenheit der Heizungskörper betrifft. Um die deutschen Baukosten nachhaltig zu senken, müssen in Deutschland die technischen Normen überdacht werden und alle Stufen des Baugeschehens, von der Planung bis zur Ausführung, effizienter werden. Zudem lassen sich durch Senkungen der Standards, wie Verzicht auf Unterkellerung oder über Putz verlegte Leitungen, erhebliche Kosten sparen. Und trotz der Erkenntnis, daß in Deutschland zu teuer gebaut wird, ist die traditionelle Bauweise „Stein auf Stein“ immer noch die vorherrschende Methode auf den Baustellen.
Einer repräsentativen Befragung der Mieterhaushalte zufolge wollen rund 20% von ihnen Wohneigentum bilden, sofern das Eigenheim nicht mehr als rund 350.000 DM kostet. Dies entspräche einem Potential von 4,4 Millionen Haushalten. Um diese Haushalte mobilisieren zu können, müssen das Baugewerbe und die Politik auch in Deutschland kostengünstige Lösungen für das Baugeschehen anbieten.
Die von Bundesbauminister Klaus Töpfer beauftragte Kostensenkungskommission plädierte mit ihrer Initiative „Junges Haus“ erstmals für wiederholbare und standardisierte Haustypen. Die Bausparkasse Schwäbisch Hall und die Baufirma Dyckerhoff und Widmann AG haben diese Initiative aufgegriffen. Gemeinsam werden wir zwei Modellsiedlungen realisieren, die sowohl in den neuen als auch in den alten Bundesländern innovative Formen des Bauens, neue Wege der Architektur sowie den schonenden Umgang mit den Ressourcen Boden und Energie anschaulich machen sollen. Damit wollen wir dazu beitragen, solche Formen preiswerten Bauens durchzusetzen, die fortschrittlichen Siedlungsformen als Vorbild dienen können. Diese Modellsiedlungen ver-

körpern die neue „Philosophie des Wohnens“ und berücksichtigen die Anforderungen an kostengünstiges, umweltgerechtes und soziales Bauen.
In Abkehr von der traditionellen „Stein-auf-Stein-Methode“ nutzen wir hier die Vorteile einer Modulbauweise, die eine hohe Vor- und Serienfertigung ermöglicht. Mit vorgefertigten Elementen, die auf der Baustelle montiert werden, lassen sich zudem Bauzeiten erheblich verkürzen und die reinen Baukosten auf 1.700 DM je Quadratmeter Wohnfläche senken - ein Preis, der für viele den Traum von den eigenen vier Wänden erschwinglich werden läßt. Die Maxime „kostengünstig“ ist jedoch nur dann erreichbar, wenn gleichzeitig - wie beschrieben - kostensenkende Faktoren bei der Baulandbereitstellung und -erschließung wirksam werden. Günstige Erwerbsfaktoren, sparsamer Flächenverbrauch bei der Bebauung sowie neue Erschließungs- und Bauverfahren sind Grundvoraussetzungen.
Die deutsche Volkswirtschaft lebt derzeit über ihre Verhältnisse. Zu den wichtigsten Herausforderungen gehört deshalb, die übergroße öffentliche Neuverschuldung zu reduzieren. Um dieses Ziel zu erreichen, müssen die öffentlichen Ausgaben zwingend verringert werden - auch die Wohnungsbaupolitik muß dieser Erkenntnis folgen. Kürzungen in diesem Bereich sind ein Gebot der Wirtschaftlichkeit, denn ein vergleichbares Neubauvolumen kann auch mit wesentlich geringeren öffentlichen Ausgaben über andere Wege und mit Unterstützung der Bausparkassen erreicht werden. Ziel unserer „Philosophie des Wohnens“ ist es, möglichst viele Haushalte in die Lage zu versetzen, die Verantwortung für das Wohnen in die eigenen Hände zu nehmen.

HANS-JOACHIM TONNELLIER

DIE FRANKFURTER VOLKSBANK

STRATEGIEN FÜR EIN MITTELSTÄNDISCHES INSTITUT AUF EINEM HARTUMKÄMPFTEN MARKT

Wer sich im vergangenen Jahrhundert der Stadt Frankfurt näherte, sah eine mittelalterlich anmutende Silhouette: Mächtig beherrschte der Dom das Bild der Stadt, sicherlich hätte man auch die Türme von Sankt Leonhard und der Alten Nikolaikirche ausgemacht.
Wer heute nach Frankfurt kommt, dem präsentiert sich die Main-Metropole in ganz anderen Dimensionen: Keine andere deutsche Großstadt hat eine solche Skyline zu bieten. Und den Dom und die Alte Nikolaikirche wird man vielleicht beim zweiten Hinsehen als historische Akzente wahrnehmen – das Stadtbild aber bestimmen die Wolkenkratzer. Sie gehören vor allem den Banken. In den verspiegelten Zwillingstürmen der Deutschen Bank zeigt sich im Widerschein das Bild der Alten Oper, stolz reckt sich ob seiner Größe der schlanke Turm der Commerzbank in den Himmel. Ganz aus der Nähe grüßen DG BANK und Eurotower. Selbst in den oberen Etagen des Messeturms geht es im weiteren Sinne um Bankgeschäfte: Hier residieren in luftiger Höhe einige Abteilungen der Deutschen Bundesbank. Auch der Vorläufer der Europäischen Notenbank, das Europäisches Währungsinstitut, hat seinen Sitz in der Main-Metropole gefunden. Institut und Notenbank werden ohne Zweifel weitere Banken und Repräsentanzen in die Stadt locken.
Schon heute liegt die Zahl bei rund 410. Kurzum: Frankfurt ist eine Geldhauptstadt. Und inmitten all dieser metropolitanen Hochhausherrlichkeit befindet sich in bescheidener Blockrandbebauung – und mit gerade einmal fünf Stockwerken – die Frankfurter Volksbank.
Die Frankfurter Volksbank hat es schwerer als Volksbanken vergleichbarer Größe in ländlichen Gebieten. Rund 700 Mitarbeiter stehen im Wettbewerb mit etwa 60.000 Beschäftigten anderer Banken. Die geballte Konkurrenz der Anbieter sorgt für aufgeklärte Märkte wie sonst vielleicht noch in New York,

London oder Tokio. Als Konsequenz ergeben sich geringe preispolitische Spielräume, aber hohe Preise für den Einkauf betriebsnotwendiger Ressourcen.
Da die Bank aufgrund ihrer regionalen Selbstbeschränkung die ungünstigen Kosten- und Erlösverhältnisse interregional nicht kompensieren kann, muß sie sich früher und intensiver mit den Märkten auseinandersetzen als Kreditgenossenschaften an Standorten, die dem Gesetz gehorchen: „Don't push the river, it flows." Dies freilich macht auch den besonderen Charme des Frankfurter Reizklimas aus: Es fordert die Frankfurter Volksbank permanent, sich eine schlanke Struktur zu geben und innovative Produkte zu entwickeln.
Wer unter diesen Vorzeichen Zukunftsstrategien entwickeln will, tut gut daran, einen näheren Blick auf das regionale Handlungsumfeld zu werfen: Die Frankfurter Volksbank ist in einem Wirtschaftsraum mit rund zwei Millionen Menschen tätig. Einschließlich der beiden Landeshauptstädte Wiesbaden und Mainz in unmittelbarer Nachbarschaft Frankfurts hat das Rhein-Main(z)-Gebiet drei Oberzentren. Dieser politische Polyzentrismus, gepaart mit dem Prinzip der regionalen Selbstbeschränkung, stellt alle Kreditgenossenschaften der Region vor besondere Herausforderungen. Denn immer mehr Privatpersonen und Betriebe wandern aus dem eigentlichen Frankfurter Kernmarkt der Volksbank ab in die neuen Wohngebiete und Gewerbezentren des Umlands. Die Frankfurter Volksbank ist deshalb ständig bemüht, für ihre Kunden neue Vertriebs- und Beratungsstrategien zu entwickeln. Flächendeckend können wir nicht tätig werden, deshalb müssen wir durch Angebot und Service überzeugen. Im Marketing-Deutsch gesprochen: Wir wollen die exklusive Marke für den Mittelstand sein.
So ist es in der Vergangenheit unter Führung Albert Webers gelungen, durch mutige unternehmenspolitische Entscheidungen und den Einsatz der Mitarbeiter die Frankfurter Volksbank zu einem erfolgreichen Unternehmen zu machen. Die gleichermaßen zielstrebige wie zuverlässige Führung hat nicht nur sichergestellt, daß manche Turbulenz der Branche bewältigt werden konnte, sondern auch mit nachdrücklichem persönlichem Engagement und einer stets spürbaren Leidenschaft für die Sache dafür gesorgt, daß die Weichen für eine weiterhin erfolgreiche Zukunft gestellt wurden. Mit einer Bilanzsumme von rund fünf Milliarden Mark zählt die Frankfurter Volksbank heute zu den führenden Genossenschaftsbanken in Deutschland.

Dieser Erfolg hat auch etwas zu tun mit Traditionen: Die im Jahre 1862 gegründete Frankfurter Volksbank hat sich von jeher dem Mittelstand verschrieben. In einer Zeit, als niemand den kleinen Gewerbetreibenden, den Handwerkern und Firmengründern helfen wollte, halfen sie sich selbst, indem sie sich zusammentaten und als Genossenschaft für ein gemeinsames Risiko einstanden. Albert Weber hat in der Festschrift für Hans-Wolfgang Pfeifer auf diese Anfänge zurückgeblickt (Von der Gewerbekasse zur Volksbank, in: Freiheit und Verantwortung, Festschrift für Hans-Wolfgang Pfeifer, München 1991, S. 382 ff.): „Die auf Handarbeit und Familiengröße zugeschnittenen Handwerksbetriebe konnten nicht das Geld aufbringen, um sich mit Maschinen und neuen Organisationsstrukturen den Fortbestand im Industriezeitalter zu sichern." Der Empfehlung Schulze-Delitzschs folgend, schlossen sich Handwerker, Händler, kleine Unternehmer, Facharbeiter und Werkmeister zusammen zu Kreditgenossenschaften, die sie in eigener Verantwortung betrieben.

Dieses Prinzip der Selbsthilfe und gegenseitigen Haftung war (und ist es bis heute) der Motor des Erfolgs; der in der genossenschaftlichen Bewegung ganz am Anfang erwogene oder beabsichtigte karitative Impuls wurde schnell aufgegeben zugunsten dieses auf Tätigkeit setzenden Prinzips. Deshalb setzten Schulze-Delitzsch, Raiffeisen und ihre Mitstreiter - anders als beispielsweise Lassalle - nicht auf staatliches Handeln, sondern auf die Eigendynamik, die aus dem Tatendrang, dem Sachverstand und vor allem der Eigeninitiative einer bürgerlichen, mittelständischen Gesellschaft ihre Kraft schöpft.

Damals wie heute bekennen wir uns in der Frankfurter Volksbank zu den Prinzipien der Selbstverantwortung, der Selbsthilfe und der Selbstverwaltung. Das sind auch im Jahr 1997 und darüber hinaus keine leeren Begriffe: Keine anonyme Bankenmacht steuert das Geschehen, sondern hier geben die Eigentümer ihr Kapital der Bank, und die Kunden der Bank sind ihre Eigentümer. Noch konkreter: 60.000 Mitglieder wählen 600 Vertreter, die wiederum den Aufsichtsrat bestimmen.

Diese Eigentümer (Mitglieder) der Frankfurter Volksbank gehören dem Mittelstand an. Da die Mitglieder ihre eigenen Kunden sind, wissen sie besser als andere, was der Mittelstand will. Diese Konstruktion wirkt wie ein permanent tätiger Transmissionsriemen: Im Unterschied zu Unternehmen, die nicht tradierten Werten verpflichtet sind, ist die Frankfurter Volksbank ganz auf das „Dienen und Leisten" gegenüber ihren Mitgliedern und Kunden eingestellt.

Unser Haus versteht sich als Promoter des Mittelstandes im Frankfurter Wirtschaftsraum.
Gerade Frankfurt ist in seinem Erscheinungsbild über die Zentralen großer Banken und Unternehmen geprägt. Dennoch ist auch hier der Mittelstand ein wichtiger Motor für Wachstum und Beschäftigung. Die Frankfurter Volksbank fühlt sich vor allem aus ihrer Tradition heraus, die von Anfang an auf die Selbstinitiative setzte, dem gewerblichen wie dem privaten Mittelstand verpflichtet.
Das Institut unterstützt damit jene Bevölkerungsgruppe, die das Rückgrat der wirtschaftlichen Leistungsfähigkeit bildet und die politische Stabilität des demokratischen Systems gewährleistet. Es ist nach wie vor ein gutes Zeichen für den Zustand dieses Staates, daß sich so viele seiner Bürger diesem Stand zugehörig fühlen und alle demokratischen Parteien um ihn buhlen.
Den privaten wie den gewerblichen Mittelstand zu definieren fällt nicht ganz leicht. Bei der Frankfurter Volksbank kommt es uns auch gar nicht auf streng normierte Kategorien an wie Umsatz, Zahl der Beschäftigten oder verfügbares Haushaltseinkommen.
Mittelstand, wie wir ihn verstehen, das ist vor allem eine Eigenschaft. Den Mittelständler erkennt man weniger an seinem Status als an seiner Einstellung.
Mittelstand - das ist der Architekt, der wie selbstverständlich auch samstags in seinem Büro anzutreffen ist, der Handwerker, der die Erbschaft nicht in Golfkurse und Urlaubsreisen steckt, sondern in die Erweiterung seines Betriebs, es ist der Gastronom, der täglich seinen Mitarbeitern vorlebt, daß in dem Wort „Dienstleistung“ das (nur scheinbar) altmodische Wort „dienen“ steckt. Zum Mittelstand zählen die jungen Familien der Existenzgründer, für die die 35-Stunden-Woche ein Fremdwort ist, und es zählen Menschen dazu wie der Autovermieter Erich Sixt, der über sich gesagt hat: „Ich habe die notwendige Besessenheit und den bedingungslosen Willen, der Beste zu sein.“
Mittelstand ist Einsatz, Fleiß, Begeisterung, Risikofreude.
Und Mittelstand ist Ärger über Reglementierung, Bürokratismus, lebensfremde Gesetze, geistige Immobilität und Weinerlichkeit.
Wer sich als Bank diesem Mittelstand und seinen Vertretern widmet, muß so leistungsbereit sein wie sie und muß auf seine Weise ihre Tugenden leben. Weil 60.000 Mitglieder am Kapital der Frankfurter Volksbank beteiligt sind, prägen sie den Charakter des Hauses als „Privat“-Bank. Entsprechend hoch sind die

Ansprüche an die Qualität der Produkte und an die Leistungsbereitschaft der Mitarbeiter. Aus den genossenschaftlichen Werten und der breitgefächerten Eigentümerschaft resultiert jene Einzigartigkeit, die der Bank ein unverwechselbares Markenpotential verleiht und die Distanz zu den Mitbewerbern sichert: Der Kunde ist zugleich Vorgesetzter.

Eine solche Konstruktion ist von Vorteil. Denn jedes Handeln im Markt muß hilflos bleiben, wenn sich darin nicht die unverwechselbare Eigenart des Unternehmens spiegelt. Die Einzigartigkeit der Frankfurter Volksbank als genossenschaftlicher Bank für den Mittelstand konsequent weiter auszubauen ist deshalb oberstes Ziel aller unserer strategischen Absichten. Dem Vorstand kommt dabei die Aufgabe zu, diese fundamentalen Werte des Hauses zu hüten und in alle notwendigen Veränderungen immer wieder einzubringen.

Es kommt auf die Kunden an, unsere Mitglieder. Jeder Schritt nach vorn kann nur dann zum Erfolg beitragen, wenn er stets auch nachdrückliche Bestätigung dessen ist, was unsere Tradition und unseren Existenzgrund ausmacht.

Orientierung und Beweglichkeit: Dies sind die zwei wichtigsten Grundpfeiler der strategischen Ausrichtung der Frankfurter Volksbank. Dem Vorstand kommt es dabei – in enger Zusammenarbeit mit dem Aufsichtsrat und unter intensiver Einbeziehung aller Mitarbeiter – zu, einen strategischen Korridor zu entwickeln, in dem wir auf neue Herausforderungen ebenso schnell wie flexibel reagieren können.

„Orientierung" drückt sich dabei an der Ausrichtung nach den genossenschaftlichen Grundwerten aus; „Beweglichkeit" ist in einem sich ständig ändernden Markt überlebenswichtig. Sie wird begünstigt durch unsere überschaubare Größenordnung.

In den vergangenen Jahren konnte die Frankfurter Volksbank ihre Marktposition ausbauen.

Mit den traditionellen und den aus der Zugehörigkeit zu einem starken Finanzverbund resultierenden Stärken wollen wir in der Zukunft auf unserem Kernmarkt qualitativ und quantitativ wachsen. Wir konzentrieren deshalb unsere Kräfte

- auf eine konsequente Kundenorientierung,
- auf den Ausbau nachhaltig rentabler Geschäftsfelder und
- auf ein striktes Kosten- und Risikomanagement.

Unsere Strategie setzen wir mit folgenden Schwerpunktaktivitäten um:
- Aufbau einer neuen Vertriebsstruktur,
- Ausbau des Wertpapiergeschäfts und
- Kostendegression durch einen Serviceverbund.

Wer groß ist, kann Leistungen preiswerter anbieten. Da die Frankfurter Volksbank nur von eingeschränkter Größe sein kann, schließt sie sich für bestimmte Leistungen mit befreundeten Volksbanken aus der Region zusammen und mit den am Frankfurter Platz tätigen Instituten des genossenschaftlichen Finanzverbundes. Dadurch entstehen finanzielle und sachliche Optimierungen.

Die Angriffe unterschiedlicher Anbieter auf die mittelständische Zielgruppe der Bank machen differenzierte Abwehrkonzepte unabdingbar. So attackieren, gewissermaßen von oben, die Großbanken mit intensiver Betreuung das Segment der Privatkunden. Gleichzeitig peilt beispielsweise die Citibank mit hoher Automatisierung, die eine schnelle und einfache Abwicklung ermöglicht, diese Zielgruppe „von unten" an. Mit dem Slogan „The City Never Sleeps" wird das Lebensgefühl der jungen Großstadtgeneration punktgenau getroffen.

Zu dieser in beiden Fällen emotionalen Ansprache entwickeln wir eigene Strategien. Dabei orientieren wir unseren Vertrieb gezielt auf drei große Kundengruppen:
- die Servicekunden,
- die regionalen Großkunden und
- die zentralen Großkunden.

Getreu dem Motto „Structure follows Strategy" haben wir eine Veränderung der Betriebsstrukturen beschlossen. Maßgeschneiderte Speziallösungen im gehobenen Firmen- und Privatkundengeschäft werden zentral angeboten. Die neu geschaffene zentrale Abteilung für Firmen- und Privatkundengeschäft übernimmt die Betreuung der großen Kunden.

Das kundenorientierte Filialnetz der Frankfurter Volksbank wird nach unterschiedlichen Angeboten und Kompetenzen neu ausgerichtet. Die Kopfstellen werden nach dem Bank-in-der-Bank-Modell zu Regionaldirektionen zusammengefaßt. Für die Basisbedürfnisse haben wir die Angebotspalette um SB-Banking und um Electronic-Banking erweitert. Diese klare Aufteilung, verbunden mit einer konsequenten Delegation der personalen Handlungs- und Ergebnisverantwortung, wird es in der Zukunft ermöglichen, die Bank noch effektiver als bisher auf Zielgruppen auszurichten und unseren Kunden nah zu bleiben. Alle diese Maßnahmen ebnen den Weg für eine Vertriebsorganisation, die ganz sicher zumindest bis zur Jahrtausendwende Bestand haben wird:

- SB-Vertrieb,
- Direkt-Vertrieb,
- Mobiler Vertrieb und
- Stationärer Vertrieb.

Wir tun dies, weil wir der Überzeugung sind, daß im Jahr 2000 nur noch maximal 70% der Vertriebsleistungen auf stationärem Weg erbracht werden. In den Kernkompetenzen, dem Immobilien- und Beratungsgeschäft, ergänzen bereits heute Tochtergesellschaften das universalbanktypische Angebot. So zählt die Immobiliengesellschaft mbH der Frankfurter Volksbank zu den Marktführern am Platz. Eine vergleichbare Entwicklung erwarten Vorstand und Aufsichtsrat auch für die auf ganzheitliche Vermögensberatung ausgerichtete gif-Gesellschaft für individuelle Finanzberatung mbH, die im vierten Jahr ihres Bestehens eine Vermittlungsleistung von über 200 Millionen DM erreicht hat. Bei der gif geht es darum, den Kunden im besten Sinne zu beraten - nicht in einer kurzfristigen Viertelprozent-Mentalität, sondern unter Berücksichtigung aller steuerlichen und vermögensstrategischen Belange. Zur mittelständischen Dienstleistungsorientierung der Frankfurter Volksbank gehört, daß die gif-Berater zu praktisch jeder Tages- und Nachtzeit zum Kunden kommen.
Die gif und die Immobilien-Gesellschaft bilden die Speerspitze unseres Vertriebs. Durch sie werden wir künftig noch verstärkt konsequent eigene Stärken auf die Schwächen unserer Wettbewerber fokussieren.
Angesichts fallender Margen im Kredit- und Einlagengeschäft ist der Ausbau des Provisions- und Dienstleistungsgeschäfts von essentieller Bedeutung. Am internationalen Börsenplatz Frankfurt und aufgrund hervorragender Wachstumschancen spielt hierbei das Wertpapiergeschäft die entscheidende Rolle. Die Frankfurter Volksbank ist seit 1948 an der Börse vertreten. Auf diese Tradition hat sich das Haus in den vergangenen Jahren verstärkt besonnen. Mit den Abteilungen Research, Vermögensverwaltung, Renten- und Aktienhandel bietet die Frankfurter Volksbank auch den Kunden im institutionellen und Interbanken-Geschäft ein hohes Kompetenzprofil. Zudem sind die hochqualifizierten Treasury-Mitarbeiter im Dienste der Kunden zu professionellen Risk-

Managern in den Bereichen Aktien, Renten und Devisen ausgebildet. Als Depotbank betreut das Haus heute ein Spezialfondsvolumen für Aktien und Renten in beachtlicher Größenordnung.
Externe Untersuchungen belegen, daß sich Kostensenkungen in der Zentrale nur durch strukturelle Änderungen realisieren lassen. Die Frankfurter Volksbank sucht deshalb nach neuen Lösungen, mit denen sich die zentralen Betriebskosten eindrücklich und nachhaltig senken lassen. Gemeinsam mit befreundeten Volksbanken wollen wir einen Service-Verbund entwickeln, der durch die Auslagerung von Betriebsbereichen in eine gemeinsame Dienstleistungsgesellschaft die Kernvorteile klassischer Fusionen realisiert, ohne deren Nachteil des geringeren Einflusses in Kauf nehmen zu müssen.
Kluge Leute behaupten, daß den Banken nach dem „Goldenen Zeitalter" der siebziger und achtziger Jahre mit ihren satten Erträgen im Firmen- und Privatkundengeschäft nun das Inferno der neunziger Jahre bevorstehe. Die Frankfurter Volksbank sieht die Zukunft des Gewerbes optimistischer. Dennoch bleibt festzustellen, daß wir uns in einer Phase schwieriger struktureller Umbrüche befinden.
Strategische Planung muß sich deshalb auch an voraussichtlichen Entwicklungstendenzen ausrichten, die für die Zukunft des Bankgeschäftes weitreichende Folgen haben können. Beispielhaft seien hier nur vier generelle Trends aufgezeigt, auf die wir mit vier Antworten in die Offensive gehen werden. Bevor hier diese Offensiven im einzelnen dargestellt werden, soll zunächst auf die Ausgangsbedingungen eingegangen werden.
Zunehmende Komplexität, immer schnellerer Wandel bestimmen die Zukunft. Prognosen werden immer schwieriger und kurzlebiger. Folglich müssen wir danach trachten, die Strukturen der Frankfurter Volksbank so flexibel wie möglich zu gestalten. Deshalb steht der Grundsatz größtmöglicher Beweglichkeit und Anpassungsfähigkeit im Zentrum unserer strategischen Überlegungen.
Die Kunden werden anspruchsvoller und gleichzeitig bindungsloser. Konsequenz: Die Bank-Kunden-Beziehung ist volatiler geworden. Solche abnehmende Bindungskraft wird durch den weiter zunehmenden Einsatz technischer Mittel unterstützt. Im Zuge dieses Prozesses nehmen die persönlichen Begegnungen zwischen Mitarbeitern und Kunden, wie wir sie heute noch kennen, höchstwahrscheinlich weiter ab. Diese Entwicklung macht aber deutlich, wie

wichtig die persönlichen Kontakte des Kunden zur Frankfurter Volksbank sein können. Manchem Kunden mag es lieber sein, mit dem ihm seit Jahren bekannten Zweigstellenleiter einen Plausch über Zinsentwicklung und Lokalpolitik zu halten, als daheim an Telefon oder Computer seine Bankgeschäfte abzuwickeln. Hier kommt der Frankfurter Volksbank aufgrund ihrer mittelständischen Dienstleistungsorientierung eine Art Heimvorteil zu, den wir auch weiter durch Mitarbeiterschulung konsequent nutzen werden.
Gleichwohl wächst mit der Entwicklung benutzerfreundlicher Oberflächen bei den Bankkunden die Akzeptanz neuer computergestützter Systeme. Überdies ist das Zweigstellennetz der deutschen Banken im Weltmaßstab zu dicht und also zu aufwendig. Die Restrukturierung des Vertriebs ist deshalb Aufgabe der kommenden Jahre, zumal vor allem die Direktbanken im Mengen- und Standortgeschäft den Preiswettbewerb nachhaltig verschärfen. Daraus ergibt sich zwingend die Herausforderung permanenter Kostenreduktion.
Die deutsche Wirtschaft steckt nach wie vor in einer Strukturkrise, deren Auswirkungen und Bewältigungen nicht zu überschauen sind. Sicher ist: Sie wird an den Banken nicht spurlos vorübergehen. So zeigt sich bereits heute, daß sich der Wettbewerb etwa bei Kreditprodukten längst in einen Wettbewerb um Bonitäten verwandelt hat. Solche Wandlungsprozesse brauchen im Rahmen eines konsequenten Risk-Managements organisatorisch verankerte Antworten. Gerade in Zeiten höherer Risiken sollte sich niemand aufgrund der Wirksamkeit der verlustzersetzenden Sicherungssysteme zum Beispiel unserer genossenschaftlichen Organisation in Sicherheit wiegen. Schon gar nicht dürfen sie zu Übermut Anlaß geben. Vielmehr kommt es heute darauf an, sich mit besonderer Aufmerksamkeit effektiven Maßnahmen zur Verlustvorbeugung zu widmen.
Selbst wenn es in den freundschaftlichen Beziehungen zu unseren Kunden und Mitgliedern nicht deutlich wird: Niemand darf sich darüber hinwegtäuschen, daß das Bankgewerbe sich insgesamt in einem von Mißtrauen geprägten Klima bewegt, dem wir offensiv entgegentreten müssen. Die Sonderstellung des Kreditgewerbes beruht auf der grundlegenden Bedeutung des Vertrauens – zumal in einem Land, das zwei Inflationen erlebte. Dieser Sonderstellung werden die Banken nicht gerecht, solange sie in der publizistischen Defensive bleiben. Es genügt nicht, sich auf Vertrauensbildung im eigenen Hause, bei den eigenen Kunden und Mitgliedern zu beschränken. Gefragt ist

vielmehr jene offensive Einflußnahme, die die kritische Distanz der Öffentlichkeit zum Kreditgewerbe insgesamt in die Bereitschaft zum Vertrauen zurückverwandelt. Gefordert ist Agieren statt Reagieren. Denn Vorbehalte zielen meist auf die Großen, treffen aber auch die Kleinen. Zur positiv gestalteten Meinungsbildung wird die Frankfurter Volksbank vor Ort und ganz konkret beitragen, unter anderem auch durch regelmäßige Vertreterversammlungen und andere Veranstaltungen für unsere Kunden und Mitglieder im Taunus und in den Frankfurter Stadtteilen.

Mit den folgenden vier Kern-Offensiven reagiert die Frankfurter Volksbank auf die geschilderten Entwicklungstendenzen.

Erstens: die Orientierungs-Offensive

Die Frankfurter Volksbank weiß: Ihr größtes Kapital sind die Mitarbeiter. Ohne sie geht nichts. Deshalb müssen sie auf den Wandel in der Branche eingestimmt und vorbereitet werden. In der internen Kommunikation zielen wir deshalb vor allem auf Überzeugungskraft, auf eine Begeisterung für die Chancen, die sich für das Haus und damit für jeden einzelnen eröffnen. Hier wird unser nach außen so erfolgreiches Wertefundament auch nach innen wirksam: Es bildet Vertrauen zwischen Mitarbeitern und Bank.

Zweitens: die Vertriebs-Offensive

Um den veränderten Bedürfnissen der Kunden gerecht zu werden und ihnen nah zu bleiben, ist, wie zum Teil bereits beschrieben, die Restrukturierung des Vertriebs geplant. Die Implementierung neuer Vertriebswege und die Verschlankung sind mit Erfolg in Angriff genommen. Dabei geht es aber nicht um Modernisierung um jeden Preis, sondern um einen schrittweisen und sicheren Umbau. Kundenbindung geht vor Technisierung.

Drittens: die Einsparungs-Offensive

Die konsequente Reduktion der Kosten ist eine strategische und operative Kernaufgabe, die die Führung der Frankfurter Volksbank in den kommenden Jahren begleiten wird. Wir werden dieser Herausforderung begegnen, indem wir mit den Kernstärken unseres Hauses antworten, also mit Flexibilität, Kundennähe und unserer genossenschaftlichen Verfaßtheit, die uns von anonymen Großinstituten unterscheidet. Die wesentlichen Spareffekte beruhen auf der systematischen Eingrenzung des Kostentreibers „Produktkomplexität". Außerdem spielt die Umwandlung von fixen in variable Kostenblöcke eine tragende Rolle für die Eröffnung neuer Spielräume im Preiswettbewerb.

Viertens: die Mitglieder-Offensive
Die Frankfurter Volksbank wird das Bekenntnis zu ihren historischen Wurzeln und zu den genossenschaftlichen Grundwerten künftig vielfältiger und vitaler kommunizieren. Genossenschaftsbanken sind mehr als die mittelständische Alternative zu Großbanken und Sparkassen. Dies aber muß den Kunden und Mitgliedern intensiver als bisher spürbar werden. Der Kern der Marke „Frankfurter Volksbank" liegt in der mentalen Nähe und der fundamentalen Bindung an unsere mittelständischen Kunden. Die Mitglieder sollen die besonderen Vorteile unserer konsequenten Ausrichtung auf die Werte von Selbstverantwortung, Selbstverwaltung und Selbsthilfe durch offensive Förderung erleben. Daß wir dadurch auch der kritischen Distanz der Öffentlichkeit gegenüber Finanzdienstleistungen entgegenwirken, ist ein erwünschtes Nebenprodukt.

Die besonders harte Wettbewerbssituation in der Finanzmetropole Frankfurt stellt eine Belastung dar, die aber auch eine besondere Chance bietet. Wir wollen sie beherzt ergreifen: im Vertrauen auf unsere erfolgreiche Geschichte und mit dem entschlossenen Willen zum Erfolg.

Wir werden die Zukunft meistern, wenn es gelingt, in unserem Hause eine Kultur aufzubauen und zu pflegen, in der scharfsinnige Analytiker und phantasievolle Visionäre nebeneinander wirken und sich gegenseitig stimulieren. Von jedem einzelnen ist in diesem Prozeß Selbstdisziplin, Rücksicht und Ehrlichkeit gefordert. Wir alle werden unsere Einstellungen und Haltungen verändern müssen. Wir werden aber auch Geduld üben müssen gegenüber jenen, die sich veränderten Ansprüchen nicht so schnell anpassen können.

Gerade in schwierigen Zeiten ergeben sich für den Tüchtigen immer auch Chancen. Entscheidend wird nicht sein, was uns in Zukunft begegnet, sondern wie wir der Zukunft entgegentreten. Geprägt durch unsere Grundwerte, in der Besinnung auf unsere Kernstärken blicken wir illusionsfrei, aber optimistisch in die Zukunft.

Unser Markt ist der Frankfurter Wirtschaftsraum. Zu diesem Raum bekennen wir uns, hier agieren wir, hier leben unsere Kunden. Auch wenn sich auf keinem der Frankfurter Banktürme das Signet der Frankfurter Volksbank befindet, so wird sie doch das Bild der Finanzmetropole mitprägen, indem sie auf dem Boden bleibt: um wirklichkeitsverbunden den Erfolg um so nachhaltiger zu suchen.

Im Dienst an den Menschen und Unternehmen im Frankfurter Wirtschaftsraum, als zuverlässige Stütze des Mittelstands, historisch verwurzelt, kundennah verankert und gerüstet mit einer Strategie der Offensive, stellt sich die Frankfurter Volksbank dem Wettbewerb auf einem hartumkämpften Markt voller Zuversicht.

Maß und Mitte und Visionen: Festschrift für Albert Weber

Herausgeber: Hans-Wolfgang Pfeifer, Hans-Joachim Tonnellier, Frankfurt am Main.

Gesamtherstellung: Brönners Druckerei Breidenstein GmbH.

ISBN 3-87151-011-4

Bestell-Nr.: 960 010 DG VERLAG